목회상담과 영성

김상백 지음

Pastoral Counseling and Spirituality

by

Sang Baek Kim, Ph. D.

영원한 내 영혼의 동반자이자 상담자인

아내 전지현과

사랑하는 딸 은이

사위 성현 손녀 리나에게

이 책을 바칩니다.

＊＊＊＊＊

　　김상백 박사의 "목회상담과 영성"은 현대 사회의 목회자와 상담자를 위한 필독서이다. 이 책은 목회상담의 이론적 기초와 실제적 접근 방식을 총망라하여, 목회 현장에서 적용할 수 있는 실질적인 지침을 제공한다. 김 박사는 깊이 있는 신학적 통찰과 풍부한 현장 경험을 바탕으로, 인간의 영적, 심리적, 사회적 문제를 포괄적으로 다루고 있다. 목회상담의 의미와 역사, 성령과 성경의 역할, 영성과 교회의 관계, 그리고 심리학과의 통합 등 다양한 주제를 심도 있게 탐구한다. 특히, 상담자의 윤리와 귀신들림, 중독의 이해와 치유, 화해에 대한 영성 목회적 고찰 등의 주제는 목회자들에게 꼭 필요한 실천적 지혜를 제공한다.

　　김상백 박사의 글은 읽기 쉽고 이해하기 쉬우며, 실제 사례와 이론을 적절히 결합하여 독자들에게 깊은 감동을 준다. 이 책을 통해 목회자들은 자신의 사명을 다시 한번 되새기고, 교회와 사회에서 치유와 화해의 사역을 효과적으로 수행할 수 있는 능력을 배양할 수 있을 것이다.

　　『목회상담과 영성』은 오늘날의 복잡하고 도전적인 목회 환경에서 길을 찾고자 하는 모든 이들에게 큰 도움이 될 것이다. 이 책을 강력히 추천한다.

한사무엘
독일 보쿰대학교 구약학 박사(Dr. Theol)
순복음대학원대학교 총장

이 책의 저자 김상백 박사는 목회상담학자이며, 현장목회자이고 또한 한국 실천신학의 발전을 이끌어 온 탁월한 지도자이다. 너그러운 인품과 부드러운 인간관계 그리고 세미한 부분까지 놓치지 않는 섬세함과 깊이 있는 학술적 역량은 그를 아는 모든 사람을 풍성하게 해주는 매력과 향기의 원천이다.

저자는 인간을 '창조의 면류관'으로 규정하며, 한 인간이 주어진 삶을 일구어 갈 때 반드시 영적으로 회복되어야 함을 강조하였다. 그리고 인간 개인과 그가 속한 공동체 속에서 어떻게 목마름을 해갈할 수 있는지에 대하여 기독교 목회상담학자로서 섬세한 논의를 풀어내었다.

저자는 단지 책 속에 파묻혀 있는 이론가만이 아니다. 여러 가지 문제를 끌어안고 살아가는 사람들을 현장 속에서 만나는 목회자로서 그리고 인간이 문제를 영적인 맥락에서 해석하며 심리학적인 관점에서 분석하고 목양적인 안목으로 해결책을 제시해주는 탁월한 저술이다.

저자는 목회현장을 떠나지 않으면서 신학교 강단을 지켜왔고 더군다나 한국실천신학회를 앞장서서 이끌어 온 학문성과 목회성 그리고 영성을 겸비한 목회상담학자이다. 저자는 목회상담의 개념을 잘 이해할 수 있도록 조화롭고 균형있게 설명해주었다. 특히 귀신들림, 중독, 화해 등 현대인들이 맞닥뜨리고 있는 영적, 정신적, 육체적 문제에 대한 실제적인 해답을 영성이해와 목회상담학적 관점에서 풀어내주었다. 그리고 모든 논의를 성경과 심리학 그리고 영성학인 토대 위에서 전개하였다. 이것은 여타의 목회상담학 저술과 확연히 구별되는 특징으로서 이 저술이 갖는 탁월성이라 할 수 있다.

목회자는 물론 신학을 배우는 목회 후보생들에게, 또 목회상담학을 전공하는 신학도에게, 나아가 교회에서 지도자로서 사역하는 모든 분에게 이 책을 권한다.

이명희
전, 한국침례신학대학교(Ph.D.) 대학원장
전, 한국복음주의실천신학회 회장
생명빛교회 담임목사

추천사 3

필자는 김상백 박사와 한국실천신학회에서 처음 만나 오랜 시간 함께 학문적 여정을 걸어온 실천신학자이자 목회자이다. 김 박사는 학문 간의 대화와 융합을 중시하는 한국실천신학회에서 총무, 학회장, 이사장 등을 역임하며 학회의 발전에 크게 기여했다. 또한, 목회상담학과 영성신학 분야에서 탁월한 학문적 연구를 수행하였다.

김 박사의 저서『목회상담과 영성』은 일반상담학, 목회상담학, 그리고 영성신학의 융합을 추구하는 학문적 성찰이 돋보이는 역작이다. 이 저서는 목회상담학의 정체성을 목회의 필수적 요소로 명확히 규정하고, 그 학문적 위치를 확립하는 데 중요한 기여를 하고 있다.

이 책은 이론과 실제를 균형 있게 다루고 있다. 이론적 측면에서는 상담에서의 성령의 역할, 상담 과정에서의 성경 활용, 목회상담과 영적 지도의 관계, 상담과 교회의 연계성, 현대 심리학과의 통합 문제, 그리고 인간 이해에 대한 신학적 관점을 심도 있게 논의한다. 실제적 측면에서는 상담의 기본 요소인 상담자와 내담자의 역할, 상담 준비와 과정, 다양한 상담 유형과 윤리적 문제 등을 명확히 설명하며, 특히 귀신들림, 중독, 화해와 같은 현대적 이슈를 영성 목회적 관점에서 통찰하는 데 있어 매우 의미 있는 학문적 공헌을 하고 있다.

김 박사는 오랜 시간 동안 선지동산에서 목회상담을 학문적으로 연구하고 가르치며, 실제 목회 현장에서 실천한 자료들을 바탕으로『목회

상담과 영성』이라는 소중한 결실을 맺었다. 이 저서는 목회상담을 공부하는 신학도들과 실제 목회나 선교 현장으로 나아가는 목회자들에게 큰 도움이 될 것이다. 필자는 이 책을 일독할 것을 권한다.

황병준
전, 한국복음주의실천신학회, 이사장
한국실천신학회 「신학과실천」 편집위원장
호서대학교 기독교학과 실천신학전공 주임교수

21세기 현대목회에 있어서 목회상담은 선택이 아니라 필수다. 4차 산업혁명, AI 기술과 같은 비약적인 기술발달과 더불어 괄목할 경제발전을 이룬 21세기에 오히려 정서적, 정신과적 문제로 고통당하는 이들이 급격히 증가하고 있기 때문이다. 과거 목회상담이 전문성이 약하거나 혹은 일반상담과 크게 다르지 않다는 비판을 받아왔다. 그 이면에는 하나님의 형상으로 지음받은 영적 존재인 사람을 다루면서 영성의 중요성을 간과했기 때문이다. 김상백 박사의『목회상담과 영성』은 목회상담의 전 영역을 간결하면서도 핵심을 놓치지 않는 탁월함으로 독자들의 이해를 돕기에 충분하다. 특히 영성에 대한 강조와 적절한 조화는 목회상담이 가지고 있는 특징을 드러냄과 동시에 이 책의 가치를 보여준다. 독자들은 이 책을 통해 일반상담에서 다루기 힘든 귀신들림이나 최근 많은 이슈가 되고 중독의 문제 등 목회상담의 이론과 실제, 주요 주제들에 폭넓은 이해를 갖게 될 것이다.

구병옥
개신대학원대학교 교수
한국복음주의실천신학회 회장

　목회 상담은 목회자를 찾아오는 성도들과 상담실을 찾아오는 내담자들의 주호소 문제 해결을 신학적 측면과 심리학적 측면에서 통합적으로 접근해야 한다. 첫째, 신학적 측면은 인간 삶의 문제가 죄성으로부터 비롯되며 구원의 역사를 통해 근본적인 영적 회복을 경험하여야 치유된다는 전제를 가지고 있다. 둘째, 심리학적 측면은 인간 내면의 부정적 감정과 사고, 행동, 내적 표상, 가족관계, 사회적 대인관계의 문제 발생 원인이 상담 과정에서 이루어지는 교정적 정서 체험을 통해 치료가 가능하다는 것이 전제이다. 김상백 박사님의 옥고인『목회 상담과 영성』은 신학적 측면과 심리학적 측면의 균형을 탁월한 수준으로 제시하여 주고 있다. 본 저서를 통하여 독자들은 하나님께서 허락하신 특별 계시로써의 신학적 측면과 일반계시로써의 심리학적 측면을 통합한 목회 상담의 정석을 사역 현장에서 이론적, 임상적으로 적용할 수 있는 최고의 길잡이를 만나게 될 것이다.

박은정
웨스트민스터 신학대학원 상담심리학 교수(학과장)

목 차

표 목차

그림 목차

창조의 면류관으로, 천지(天地)의 관리자로 인간을 마지막에 창조하심으로 그 위대하신 창조의 역사를 마치신 하나님은 당신이 만드신 천지 만물을 바라보시며 아주 흡족해하셨다. 한 마디로 하나님의 평가는 '심히 좋았다'(It was very good)였다. 이것은 원래 인간을 창조하실 때 하나님의 목적이며, 의도였다. 그러나 오늘날 21세기를 살아가는 우리 인간 세상의 모습은 결코 '심히 좋은 상태'가 아니다. 자연 환경적으로 온 세계 지도자들이 모여 지구의 온난화(global warming)로 인한 인류 대재앙을 걱정해야 하는 지경에 이르렀다.[1]

그리고 사회 환경적으로는 심각한 가정해체 현상과 이혼율, 자살률의 급속한 증가는 현재 우리 사회가 얼마나 살기 힘든 사회인지를 웅

---

1 지구의 온난화(global warming)는 온실효과의 결과로 지구의 평균 대기 온도가 상승하는 현상을 말하는데, 그 원인으로는 화석연료의 사용 증가, 수림 벌채의 증가, 농업·공업 등 각종 산업 활동의 확대, 프레온 가스의 사용 등으로 인해 대기 중에 이산화탄소(CO_2 : 탄산가스), 프레온 가스(CFC), 메탄가스(CH_4) 등의 온실효과 가스가 급격히 증가하는 데 있다. 만약 이러한 추세로 온실효과가 더욱 증대하여 지구의 온도가 계속 상승하면 빙하와 빙산이 녹아내리고 해수면이 상승하는 등 인간을 둘러싼 환경에 커다란 변화와 대재앙이 초래할 것으로 예상된다. "지구온난화" [온라인 자료]; http://enc.daum.net/dic100/contents.do?query1=rts02j203; 2009년 2월 23일 접속.

변하고 있다. 봇물 터지듯 쏟아져 나오는 다양한 상담심리학적 이론과 시적, 상담학 학위 프로그램, 상담세미나, 상담에 관한 TV나 라디오 프로그램 등의 "상담 붐"(Counseling Boom)은 여리고 같이 우뚝 서 있는 힘든 인생의 문제에 대해 심리학적으로 해결해 보려는 우리 인간들의 반작용(reaction)이라고 할 수 있다.[2] 인간 이성의 산물인 심리학적인 발견들이 우리 인생의 문제를 분석하고 해결하는 데 어느 정도 도움을 줄 수 있겠지만, 인간 문제에 대한 보다 근본적인 진단과 해답은 인간을 창조하신 하나님이 갖고 계시다. 성경은 인생 문제의 근원을 인간들이 생수의 근원 되는 하나님을 버린 것과 스스로 물을 가두지 못할 터진 웅덩이를 판 것에 있다고 진단한다(예레미야 2:13). 그러므로 모든 문제의 근본 원인은 하나님과의 관계의 문제기 때문에 하나님을 떠난 상담심리학적 처방은 모두 터진 웅덩이며, 결코 진정한 해결책이 될 수 없다.

교회는 예수님의 목회를 계속 해야 하는 예수님의 몸이다. 예수님은 복음 전도(preaching), 제자 양육(teaching), 그리고 치유(healing) 사역에 전념하셨는데, 코로나 팬데믹(COVID-19) 이후 오늘날 한국 사회는 특히 치유 사역이 필요한 상처가 많은 세대이다. 그러므로 이 시대의 모든 목회자는 능력 있고 지혜로운 상담자로서 성령의 임재 속에서 성경과 기독교 세계관에 기반을 둔 영성적인 목회 상담을 통해 예수님이 만난 수가성 여인처럼 영적 목마름으로 방황하는 영혼들을 효과적으로 치유하고 지도하고 성장시켜야 할 사명이 있다.

---

2 Gary R. Collins, 『창의적 상담 접근법』, 정동섭 역 (서울: 두란노, 1995), 9.

■ 본서의 특징

목회상담의 실천신학적 위치를 생각해 보면, 목회적 돌봄(pastoral care)의 한 부분이다. 그러나 필자가 보기에는 지금까지 목회상담학적 연구들이 다소 현대심리학 이론과 실제에 기울어진 경향이 있어서 목회 현장에 적용하기 어려운 점이 있었다. 고로 필자는 기독교 영성(Christian Spirituality)에 대한 이해를 바탕으로 하나님 형상으로 지음을 받은 영성적 존재인 내담자에 대해 영혼 돌봄과 영적 지도의 입장에서 본서를 저술하였다.

첫째, 1부에서는 목회상담의 이론 부분으로서 목회상담의 개념, 본질에 대해 서술했으며, 목회상담의 실질적 인도자이신 상담자로서 성령의 역할에 대한 신학적 이해와 목회상담의 기준이 되는 성경 활용의 대한 이해, 영성과 상담과의 관계를 정리한 영성과 상담, 목회상담에서의 교회의 위치에 대한 이해, 현대심리학과 상담과의 관계, 현대사회와 인간에 대한 이해 등에 대해 논의했다.

둘째, 2부에서는 목회상담의 실체적 부분으로서 상담의 가장 기본적인 관계인 상담자와 내담자에 대한 이해를 서술했고, 실제로 상담의 준비와 과정, 그리고 상담 기술의 핵심적 원리인 경청과 공감 기술에 관해 설명했다. 그리고 상담 과정에서 나타나는 여러 상담 유형과 상담의 진정한 성공을 위해 윤리적인 부분들을 짚어보았다.

셋째, 3부에서는 지금까지 교회를 도운 주요 목회상담의 방법론들과 필자가 그동안 학회과 학교 강의 현장에서 연구하고 발표한 주요 목회상담의 주제들인 귀신 들림과 중독에 대한 이해와 치유, 그리고 갈등의 시대 화해에 대한 영성 신학적 이해를 바탕으로 한 목회상담적 전략을 제시해 보았다.

지난 30여 년간 목회 현장에서, 그리고 신학의 전당에서 목회 상담을 가르치고 펼쳤던 필자는 오래전에 썼던『성령과 함께 하는 목회상담』(서울: 도서출판 영성, 2010)을 수정 보완하고, 그동안의 강의와 연구 자료들을 모아 하나님의 동역자들이 실제적인 교회와 선교 목회현장에서 시대적 사명을 감당하는 데 부족하지만, 조금이나마 도움이 되고자 하는 작은 열망에서 새롭게 본서를 세상에 내놓는다.

좁은길교회 목양실에서

저자 김 상 백

Pastoral Counseling and
Spirituality

목회상담과
영성

제1부

목회상담의 이론

Pastoral Counseling and
Spirituality

목회상담과
영성

제1장 목회상담의 개념(槪念)

　한국은 10만 명당 24.1명이 자살로 죽는, OECD 국가 중 압도적으로 자살률 1위 국가이다(22년 12월 기준). 이것은 OECD의 평균값이 11.1명이므로 2배 이상의 수치이다. 자살의 급증은 우리 사회가 참 살기 힘든 사회이며, 우울하고 불행하다는 증거이다. 진정한 기독교 영성은 현실에서 그 가치를 드러낸다. 그러므로 이러한 우울한 사회현실에 대해 한국교회는 더욱 적극적인 치유공동체(Healing Community)의 사명을 감당해야 할 것이며, 그 일선에 목회자들이 있다. 지금 이 시대는 그 어느 때보다 전인을 치유하고 구원할 수 있는 능력 있는 상담자로서 하나님의 일군을 참으로 필요로 하는 시대라고 할 수 있다. 그러면 일반상담과 구별되는 목회상담의 의미와 정의, 그 중요성과 가치 등 목회상담의 개념에 대해 살펴보자.

1. 목회상담의 의미

웹스터(Webster) 사전에서는 상담을 '다양한 심리학적인 방법을 이용하여 개인적으로 전문적인 지도(guidance)를 하는 것'이라고 했다.[1]

그러나 목회상담은 단순히 인간을 심리사회적 존재로 보지 않는다. 목회상담에서의 인간은 하나님의 형상을 따라 지음 받은 영적인 존재이나, 죄로 말미암아 타락한 존재이며, 그리고 예수 그리스도를 통해 구원 받고 회복되어야할 존재이다. 그러므로 목회상담은 일반상담과 달리, 인간영혼의 깊은 곳을 터치한다. 보통 상담은 일반상담, 기독교상담, 목회상담으로 나뉜다.

1) 상담의 정의

상담이란 말은 우리는 흔히 듣고, 사용하고 있다. 친구들 간에 생각을 나누고, 가까운 지인(知人)을 찾아가서 고민을 털어 놓는 것도 그저 상담이란 말로 쉽게 사용한다. 그러나 엄밀하게 상담은 이러한 일상적인 대화와는 확연한 차이가 있다. 일상적인 대화는 자연스럽고, 비격식적이며, 특별한 대화의 목적이나 기술이 필요치 않고, 비밀유지에 대한 강요도 없지만, 상담은 개인적인 선입견을 극복하고 적극적으로 경청(敬聽)하고 공감(共感)하는 훈련을 한 상담자가 있고, 다양한 상담 기술을 활용하는 목적 있는 대화이기 때문에 다소 부자연스럽고, 비밀유지 또한 필요하다.[2] 그러면 과연 상담이란 무엇인가? 어원적 의미와 그 정의들을 살펴보자.

(1) 어원적 의미

상담(相談)은 영어로 counseling이라고 하는데 라틴어 consul라는 말에서 유래되었다. 이 말은 consido, consultus, counsel로 점차 변화되어 오늘에 이르고 있다. consul은 council(협의, 회의 , 자문)과 sel(soul, 영혼, 정신, 혼 등)의 합성어이며,[3] 그 뜻을 살펴보면 고려하다 (to consider), 반성하다(to reflect), 숙고하다(to deliberate), 조언을 받다 (to take counsel), 문의하다(to consult) 등의 의미가 있다. 이렇게 어원적으로 상담은 심사, 숙고, 반성, 조언, 고려, 문의 등의 뜻이 내포되어 있지만, 전문적인 상담의 역영에서는 단순히 문의하고 조언해 주는 것 이상의 독특한 인간관계 속에서 이루어지는 활동이다.[4]

(2) 상담에 대한 학자들의 정의

상담에 대한 정의를 보다 명확히 하기 위해 몇몇 상담학자들의 의견을 정리해보자. 목회상담도 물론 기본적으로 이러한 개념을 공유하고 있다.

- 버크(J. F. Burke)는 "상담이란 내담자의 행동을 변화시키기 위해 심리학적인 지식과 기술들을 과학적으로 끌어내는 예술적인 적용(the artful application)이다"라고 정의했다.[5]
- 콜미어와 해크니(L. S. Cormier & H. Hackney)는 그들의 책 *The professional counselor: A process guide to helping*(1987)에서 상담을 정의하기를 "도움을 주고 받을 수 있는 적절한 환경 속에서 도움을 구하는 어떤 사람(내담자)과 도움을 줄 수 있는 준비와

의지를 가진 어떤 사람(상담자)을 포함하는 조력관계(a helping relationship)"라고 했다.[6]

● 비지시적 상담(Non-directve Method)으로 유명한 로저스(Carl R. Rogers)는 "상담은 내담자가 상담자와의 안전한 관계 속에서 과거의 부정했던 경험을 다시 통합하여 새로운 자기로 변화하는 과정이다."라고 했다.[7]

● 권면적 상담의 아담스(Jay E. Adams)는 "상담이란 내담자의 문제 해결을 위해 옛 습관을 버리고 새로운 습관을 입게 해 주는 것이다."[8]라고 정의하면서 상담은 변화의 과정이며, 이 변화는 참으로 어렵다고 했다. 그러므로 이러한 변화가 성공하기 위해서는 성령의 도우심이 꼭 필요하고, 진정한 상담은 성령의 회심(conversion)과 성화(sanctification)의 사역 과정 속에서 이루어져야 한다고 성령의 역할을 강조했다.[9]

● 허딩(Roger Hurding)은 상담은 광범위한 가정과 목표와 기술들 때문에 한 마디로 정의하기가 상당히 어렵다고 하면서 신중하게 다음과 같이 정의했다. "상담이란 합의된 경계선이 있고, 심리적 기제가 적절히 강조되는 돌봄의 관계를 통해서 삶의 어느 한 측면 또는 모든 측면에서 건설적인 변화를 일으키도록 다른 사람들을 돕는 것을 목표로 하는 활동이다."[10]

● 콜린스(Gary R. Collins)는 상담이란 인간의 성장을 돕기 위한 한 방법으로서 인격의 발달을 자극하려고 노력한다고 했다. 즉 개인으로 하여금 삶의 문제들, 내적인 갈등, 또한 불안정한 정서 등을 효과적으로 처리할 수 있도록 도와주며, 상실이나 실망에

직면해 있는 사람들을 격려하고 지도한다고 했다.[11]

결론적으로 상담이란 "도움을 필요로 하는 사람(내담자)이 전문적인 지식을 가지고 있는 사람(상담자)과 독특한 관계를 이루어 나가면서 그 속에서 내담자가 변화를 통해 자신의 문제를 해결하고 성숙을 향해 가는 과정"이라고 정의할 수 있다. 그리고 목회상담은 이러한 성숙의 과정 속에서 심리학적인 지식과 기술을 넘어선 성령의 절대적 역할을 주장한다.

2) 목회상담의 정의

목회상담을 명확하게 정의하기 위해 앞서 일반적인 상담의 어원적 의미와 학자들의 정의들을 살펴보았다. 일반적으로 상담은 상담자(counselor)와 내담자(counselee)가 친밀한 관계 속에서 나누는 문제해결과 성숙을 위한 목적 있는 대화라고 할 수 있다. 여기에 목회상담은 좀 더 영적인 의미가 내포되어 있다. 목회상담은 목회적 돌봄(pastoral care)의 한 부분이다. 성경에는 상담을 어떻게 정의하는가? 야고보서 1장 19절─20절에 "내 사랑하는 형제들아 너희가 알지니 사람마다 듣기는 속히 하고 말하기는 더디하며, 성내기도 더디하라. 사람의 성내는 것이 하나님의 의를 이루지 못함이라"라고 말씀하신다. 결국 목회상담은 기본적으로 말하는 것과 듣는 것에 대한 이론과 기술이며, 분노와 같은 상함 감정을 처리하는 것을 말한다.

(1) 목회의 어원적 의미

목회상담을 정의하기 위해 목회의 의미를 살펴보자. 목회(牧會)는 헬라어 ποιμαινω(양떼를 먹이고 돌본다)에서 나온 말인데, 명사 형태로 ποιμην(목양, 목자, 감독자, 장로)이 된다. 목회를 독일어로는 seelsorge 란 말인데, seele(영혼)와 sorge(돌봄)의 합성어이다. 즉 목회란 것은 인간 영혼에 대한 돌봄이라는 의미이다. 영어로는 목회를 pastoral care 라고 한다.[12] 이러한 어원적 의미들을 종합해 보면, 목회의 어원적 의미는 목회자가 개인의 영혼이 건강하게 성장하도록 치료하고 돌보는 것이라고 할 수 있다. 목사(牧師)라는 말은 양을 돌보는 목자의 의미에 나왔다고 생각해 볼 때, 목자 다윗이 양을 지키기 위해 사자나 곰과 같은 맹수들과 목숨 걸고 싸워 그 입에서 새끼를 건져낸 것과 같은 사명감과 헌신을 목회자들을 가져야 한다(삼상 17:34-35). 예수님도 자신을 "양을 위하여 목숨을 버리는 선한 목자"라고 분명히 말씀하셨다(요 10:11). 목회상담자는 이러한 선한 목자의 심정을 가져야 상담에 좋은 열매를 기대할 수 있을 것이다. 이것이 목회상담자의 정체성(identity)의 근원이다. 미국 침례교회의 대표적인 목회상담학자인 오츠(Wayne E. Oates)는 목회자의 상징적 역할을 다음과 같이 설파했는데, 이것은 정체성이 흔들리고 있는 현대 목회자들에게 중요한 근거를 제공해 준다.[13]

- 하나님의 대표자(a representative of God)
- 예수님을 기억나게 하는 자(a reminder of Jesus Christ)
- 성령의 도구(follower of the leading of the Holy Spirit)

- 개 교회 대표자(a representative of a specific church)

(2) 목회상담의 의미

목회상담이란 목회자가 중심이 되어 하는 상담을 의미하며, 넓은 의미에서는 상담자가 확실한 기독교적 세계관과 가치관을 가지고 상담하는 "기독교 상담"(Christian Counseling)이라고 할 수 있다. 이러한 의미에서 목회상담과 일반상담은 영적 세계에 대한 이해나 인간이해, 그리고 삶의 여러 문제에 대해서 바라보는 세계관(world view)의 차이가 대단히 크다고 할 수 있다. 그러면 목회상담학자들의 다양한 목회상담의 정의를 살펴보자.

- 아담스(Jay E. Adams): 목회상담은 목자가 피곤하고 지치고 힘이 빠진 양들을 돌보아 주는 것이다. 양들은 또한 낙심할지도 모른다. 목회사역의 큰 부분은 양을 소생시키는 것이다. 목회자들은 피곤해 하고 낙심한 양을 쉴 만한 물가와 푸른 초장으로 인도해 가는 방법을 알아야 한다. 목회자들은 또한 자기의 양들을 위험에서 보호해야 한다.[14]
- 하워드 클라인벨(Howard Clinebell): 목회상담은 목회자가 일대일 또는 소집단과의 관계성 속에서 내담자로 하여금 현재 직면해 있는 문제와 위기를 성장 지향적으로 대처해서 자기네 상처의 치유를 경험하고 성장하도록 돕는 목회의 한 차원이다.[15]
- 안태길: 목회상담은 목회적 돌봄(pastoral care)이라고 하는 교회목회의 한 분야이다. 넓은 의미에서는 기독교 상담이 기독교 세

계관에 입각해서 모든 그리스도인들이 상담할 수 있다면, 목회상담은 대개 신학교육을 받고 교회에서 공식적으로 안수 받은 책임 있는 목회자가 제공하는 상담을 말한다.[16]

- 쏜톤(Edward E. Thornton): 인간 위기들의 와중에서 하나님과 인간의 만남의 길을 예비하려는 노력 속에서 행동과학의 발견들과 신학을 통합하는 기독교 목회의 형태이다.[17]

- 홍인종: 목회상담은 기독교적 세계관을 갖고 있는 목회상담자와 내담자사이에서 이루어진다. 그러므로 목회상담은 목회적 차원(교회와 신앙)을 고려하면서 목회자(상담자)가 교인(내담자)의 내적(영적, 정서적, 행동적, 감정적) 그리고 관계적(가족, 타인 또는 하나님) 문제를 성경적 진리(권위)를 손상시키지 않으면서 기독교적 세계관을 가지고 다양한 상담적 이론과 실제적 기법들을 사용하여 해결하려는 모든 과정이라고 할 수 있다.[18]

목회상담은 기독교 세계관이라는 넓은 의미에서는 기독교 상담 속에 있지만, 목회자가 상담자로서 제공하는 상담이다. 그리고 이 상담은 자연계시인 심리학적 발견들과 특별계시인 신학의 통합을 통해 위기 속의 인간을 돕는 목회의 한 형태라고 할 수 있다. 결국 목회상담은 목회 전 분야에 걸쳐 일어나는 모든 문제를 상담해 주는 과정이며, 상담자는 목회자이고, 내담자는 그가 돌보는 성도 전체가 된다고 하겠다. 그러므로 "목회 = 상담과정"인 것이다. 목회자는 내담자가 현재 직면해 있는 문제해결이나 내적 치유 뿐 아니라 근본적으로 내담자의 전인적 성장에 힘써야 한다.

2. 목회상담의 중요성과 가치

현대사회는 과거 어느 때보다 목회상담이 필요한 시기이다. 그만큼 사람들이 상처가 많고, 자신의 문제를 함께 나눌 현명하고 지혜로운 상담자를 찾고 있다. 교회가 이 사회에 대해 깊은 영성을 가진 상담자와 치유자의 역할을 다하지 못할 때, 방황하는 영혼들의 발걸음은 더욱 교회와 멀어지게 될 것이다.

1) 목회상담의 중요성

목회상담은 목회영역의 한 부분이지만, 목회상담의 가치와 중요성은 앞으로 더욱 강조될 전망이다. 이것은 물질문명의 발달로 삶은 더욱 편리해지고 있지만, 이것이 꼭 인간의 행복을 담보하지 않음을 증명하는 것이다. 워커(Paul L. Walker)는 이러한 목회적 도전에 지혜롭고 능력 있게 대처하기 위해 현대목회자가 갖추어야할 세 가지 영역을 이렇게 말했다.[19]

① 성도들의 성장과 그들의 개인적, 가정적인 필요를 살피고 도와 주는 목양자로서의 영역
② 둘째, 효과적인 상담을 해 주는 촉진자로서의 영역
③ 셋째, 문제를 치유하는 치료자로서의 영역

목양자, 촉진자, 치료자는 모두 목회상담자가 갖추어야할 덕목이

다. 그만큼 목회상담은 중요한 하나님의 은총의 수단으로 이 시대에 필요한 것이다. 그러면 구체적으로 목회상담의 중요성을 고찰해보자.

급변하는 시대, 물질문명이 고도로 발달한 시대 속에서 상대적 박탈감과 비인간화로 인하여 현대인들은 소외감과 허무감을 더욱 느끼고 있으며 이로 인하여 깊은 좌절 속에 빠져들고 있다. 목회상담은 이러한 시대를 살아가고 있는 교인들이나 교회는 다니지 않지만 위기 상황에서 찾아오는 사람들을 목회자가 돕는 것이다. 그러므로 목회자가 상담에 대한 전문적인 지식이 있든지 없든지 절망적인 상황 속에 있는 내담자들은 목회자가 자신을 도와줄 것으로 기대한다.

- 웨인 오츠(Wayne E. Oates)는 목회상담의 중요성과 목회상담자의 교육의 필요성을 이렇게 역설했다: "훈련정도에 관계없이 목사는 자신이 교인들과 상담을 하고 안하고를 선택할 수 있는 특권을 누리지 못한다. 교인들은 최선의 지도와 가장 현명한 배려를 얻기 위해 자신들의 문제를 가지고 늘 목사에게 온다. 그가 목회를 계속하는 한 이런 일을 피할 수는 없다. 그가 선택할 수 있는 것은 상담을 하고 안하고의 문제가 아니다. 문제는 훈련된 기술적인 방법으로 상담을 하는가 아니면 훈련이 안된 미숙한 방법으로 하는가이다."[20]
- 하워드 클라인벨(Howard J. Clinebell): "교인들은 목사를 능력 있고 신뢰할 수 있는 목자로 보고 있다. 그들은 자신의 어두운 삶의 계곡을 목사와 함께 걷기를 요청한다. 그러나 만약 그가 기술

이 부족할 때는 빵 대신 돌을 줄지도 모른다." [21]

위기 상황 속에서 마음의 상처를 받고 약해져 있는 내담자들을 목회 상담자가 만날 때, 상담자는 내담자들의 문제를 해결하고 영혼을 구원하는 과정 속에서 절대적인 영향력을 미친다. 그러므로 목회 상담자는 훈련되어야 하며 노련한 접근 방법을 가지고 있어야 한다. 이러한 의미에서 목회상담은 학문 연구로서 존재하는 것이 아니라 영혼을 치유하고 구원하는 하나님의 뜻을 이 땅에 실현하는 노력이어야 하며, 하나님 나라를 선포하는 과정 중에 하나가 되어야 한다.

2) 목회상담의 가치

목회상담이 현대교회목회에서 차지하는 영향력과 가치는 점점 증가하고 있다. 목회자가 목회현장에서 목회상담을 잘 활용한다면, 치유공동체(Healing Community)로서 교회의 건강한 성장과 부흥에 큰 역할을 할 수 있다.

(1) 문제해결의 기회

도시화, 산업화, 정보화 사회 등으로 표현되어지고 있는 오늘날의 현대사회는 참으로 복잡하고 다양하다. 인류역사상 그 어느 때보다 물질문명은 발전하여 삶은 편리해졌을지라도 사람들의 마음은 더욱 피폐(疲弊)해져 가고 있다. 가족해체, 마약이나 약물남용, 자살률의 증가, 더욱 흉포화 되어가는 불특정다수를 향한 테러적 범죄의 증가 등

사회 심리적 문제가 심각해져가고 있다. 이러한 사회 속에서 각 사람은 여러 가지 문제의 굴레 속에서 살고 있다. 그러므로 그 어느 때보다 교회의 목회상담의 기능이 강조되고 있는 것이 사실이다. 목회상담의 과정을 통해 일상생활이나 정신생활에서 야기되는 이러한 문제들을 해결하는 기회가 된다.

(2) 그리스도인의 성숙한 생활

성숙하고 훈련된 목회상담자와의 상담을 통하여 문제가 해결되면, 그 사람은 그리스도인으로서의 성숙한 생활을 하게 된다. 아픈 만큼 성숙한다는 말이 있다. 그리스도인들도 때때로 좌절과 실패를 경험하지만 이를 잘 극복하면 오히려 성장의 기회가 되며 그 결과 보다 성숙한 인격과 행복한 가정생활의 축복을 누리게 된다.

(3) 목회 성공의 길

효과적인 상담을 통해서 교인들의 여러 가지 복잡한 문제가 해결되고 나면, 지도자로서 신뢰와 존경을 받게 되고 나아가서 능력 있는 리더십으로 교회 성장을 이끌게 된다. 그리고 교인들의 실생활과 밀접한 관련이 있는 은혜로운 설교로 교인들의 필요를 채워줄 수 있게 된다. 요즘 문제해결식의 목회 상담적 설교를 잘 하는 목회자의 교회가 크게 성장하는 것도 이러한 이유 중 하나라고 할 수 있다.

(4) 건강한 신앙공동체 형성

하나님 앞에서 자신의 문제를 해결한 그리스도인들이 모여서 신앙

공동체를 형성하는 것은 매우 중요한 일이다. 신자 상호 간에 문제가 해결되면 사신에게 주어진 은사와 재능을 더욱 활발하게 개발 사용하게 되고, 서로에게 큰 유익을 주게 되어 건강한 영적 공동체를 이루게 된다. 그러므로 목회상담은 단순히 문제해결의 차원을 넘어 목회자를 중심으로 그리스도의 지체들을 하나로 만들어 아름다운 그리스도의 몸을 이루게 하는 중추적 활력소 구실을 하는 것이다.

3. 목회상담의 성경적 기초

성경에는 "상담"이라는 말이 직접 나오지는 않는다. 단지 상담과 관계된 용어, "토의하다", "해결하다", "모략을 주다", "계획하다", "상의하다" 등이 많이 나온다.

- 잠언 11장 14절에 보면, "도략이 없으면 백성이 망하여도 모사가 많으면(many advisers) 평안을 누리느니라."
- 잠언 15장 22절에 보면, "의논이 없으면 경영이 파하고 모사가 많으면 경영이 성립하느니라."(Plans fail for lack of counsel, but with many advisers they succeed.)

여기서 모사(謀士)는 율법과 외교에 능한 지략가로서 왕의 정책결정에 상담 또는 조언하는 자였다(대하 25:16; 사 1:26을 참조).[22] 그러므로 모사는 왕에 있어서 중요한 상담자(adviser)였다. 대표적인 모사(謀

士)로는 요셉, 나단(삼하 12장), 엘리사(왕하 6:12), 다니엘, 아히도벨(삼하 15:31-34) 등이 있다.

1) 모세의 장인 이드로의 충고

모세의 장인인 미디안의 제사장 이드로가 그의 딸이며 모세의 아내인 십보라와 두 아들 게르솜, 엘리에셀을 데리고 모세가 거쳐하는 광야의 진을 찾아왔다. 그 이튿날 이드로는 모세에게 재판을 받기 위해 아침부터 저녁까지 줄서 있는 백성들을 보고 깜짝 놀랐다. 그는 모세의 일이 너무 과중할 뿐 아니라 탈진(burnout)할까봐 걱정했다(출 18:18). 그는 모세의 행동이 옳지 못하다고 직면하면서 다음과 같이 권면했다.

> 이제 내 말을 들으라. 내가 네게 방침을 가르치리니 하나님이 너와 함께 계실지로다. 너는 하나님 앞에서 백성을 위하여 그 사건들을 하나님께 가져오며, 그들에게 율례와 법도를 가르쳐서 마땅히 갈 길과 할 일을 그들에게 보이고, 너는 또 온 백성 가운데서 능력 있는 사람들 곧 하나님을 두려워하며 진실하며, 불의한 이익을 미워하는 자를 살펴서 백성 위에 세워 천부장과 백부장과 오십부장과 십부장을 삼아 그들이 때를 따라 백성을 재판하게 하라. 큰일은 모두 네게 가져갈 것이요, 작은 일은 모두 그들이 스스로 재판할 것이니 그리하면 그들이 너와 함께 담당할 것인즉 일이 네게 쉬우리라. 네가 만일 이 일

을 하고 하나님께서도 네게 허락하시면 네가 이 일을 감당하

고 이 모든 백성도 자기 곳으로 평안히 가리라(출 18:19-23)

이드로는 모세의 좋은 상담자였다. 모세는 장인 이드로의 충고를 그대로 받아들여 성공적으로 200만 명이 넘는 큰 무리들을 잘 이끌었다(출 18:24-27). 그리고 천 부장, 백부장, 오십 부장, 십 부장은 단순히 법적인 판결을 하는 재판관들이 아니라 모든 문제를 상담하는 상담자들(counselors)이었다. 그러므로 모세는 중간단계의 상담자들을 세운 것이다.

2) 예수님은 지혜로운 상담자셨다.

예수님은 참 하나님이시지만, 참 사람으로 이 땅에 오셨다. 그는 위대한 설교자요, 교사요, 선지자요, 제사장이시만, 또한 지혜로운 상담자이셨다.

● 이사야 9장 6절에 보면, "…기묘자라 모사라(wonderful, counselor) 전능하신 하나님이라."라고 놀라운 상담자로 표현했다.
● 요한복음 14장 16절에 보면, "내가 아버지께 구하겠으니 그가 또 다른 보혜사를 너희에게 주사 영원토록 너희와 함께 있게 하시리니"라고 예수님을 보혜사로 표현했다.

보혜사(保惠師)는 헬라어로 παρακλητος인데, "변호사, 돕는 자, 보

호자, 위로 자, 상담자(counselor)"라는 뜻이 있다. 성령님은 우리의 보혜사, 즉 상담자가 되시지만, 예수님 또한 제자들에게 좋은 보혜사(상담자)이셨다. 성령님은 예수님과 다른 분이시지만, 예수님과 똑같은 능력과 사랑으로 함께 하시는 훌륭한 상담자이시다.

3) 바울 사도도 좋은 상담자였다.

● 바울은 에베소 장로들에게 행한 고별 설교(행 20:17-35)에서 좋은 상담자로서 목회적 권면(advice)을 하고 있다. 특히 "범사에 너희에게 모본을 보였노니 곧 이같이 수고하여 약한 사람들을 돕고 또 주 예수의 친히 말씀하신바 주는 것이 받는 것보다 복이 있다 하심을 기억하여야 할지니라."(행 20:35)라고 했다. 여기서 약한 사람들을 도와야 한다는 것(we must help the weak)은 목회 상담사역과 같은 것이다.

● 골로새서 3장 16절에서는, "그리스도의 말씀이 너희 속에 풍성히 거하여 모든 지혜로 피차 가르치며 권면하고(admonish = advise)…"라고 권면했다. 그는 골로새교인들이 서로 좋은 상담자가 되기를 원했다.

● 로마서 15장 14절에서도, "내 형제들아 너희가 스스로 선함이 가득하고 모든 지식이 차서 능히 서로 권하는 자(to admonish one another)임을 나는 확신하노라."라고 로마 교인들이 영적인 문제나 모든 삶의 문제에 대해 서로 능력 있고 성숙한 상담자가 되기를 권면했다.

4. 목회상담의 분류

목회상담은 기능과 방법에 따라 다양하게 분류된다. 기능적 분류는 목회상담이 내담자에게 미치는 영향과 관계가 있고, 방법적인 분류는 실제적인 상담방법과 관련이 있다.

1) 기능적 분류

클레비시와 재클(William A. Clebsh & Charles R. Jackle)은 Pastoral Care in Historical Perspective에서 교회사에 나타나는 목회상담의 기능을 4가지로 분류했다. 이것을 정리하면 다음과 같다.[23]

(1) 치유의 기능(Function of Healing)

내담자가 받은 손상을 회복시켜 이전의 건강한 상태로 나아가도록 인도하는 기능을 말한다. 치유상담은 대체로 긴 시간을 요한다. 왜냐하면 내담자의 내적 갈등, 과거사, 정신적 압박, 사고구조 등 보이지 않는 부분까지 다루어야 하기 때문이다. 그래서 치유상담을 통찰력 상담, 목회 정신요법, 심층 목회상담이라고도 한다. 역사적으로는 성자의 유물에 의한 치유, 병 고침, 악령추방, 기름부음 등으로 불리었다(행 5:15; 9:11; 약 5:14-16). 초기 기독교의 기록에 의하면 치유에 대한 많은 기록들이 등장하는데, 다음은 388년경 알렉산드리아 출신으로서 수도생활을 하면서 많은 치유사역을 했던 수도사 팔라디우스(Palladius)의 기록이다:

당시 그 늙은 수사는 팔라디우스(Palladius)에게 한 때 그가 겪었던 로마로 가서 병자들을 고침으로 그의 은사를 과시해 보라는 유혹과 그 유혹을 이기기 위해서 무거운 짐을 지고 사막을 지남으로 스스로 지치게 하여 이겨냈다는 것을 말하였다. 그가 사람들로부터 귀신을 쫓아낸 실례는 수없이 많다. 수년 동안 활동을 하지 못했던 한 귀족 여인이 데살리로부터 옮겨져와 그가 기름을 그녀의 몸에 바르고, 20일 동안 그녀를 위해 기도했을 때 그녀는 치유 되었다. 또 다른 경우는 팔라디우스가 죄를 범한 한 사제를 도와주기를 마카리우스에게 요청하여 일어났다. 그는 그 남자의 암 종양을 치유하였고, 또한 그로 하여금 그가 새로운 생활을 하겠다는 약속을 하게 하였다.[24]

(2) 지탱의 기능(Function of Sustaining)

지원 상담이라고도 하는데, 내담자의 신앙생활을 유지하고 위안과 위로를 제공하며 신앙을 강화시키는 상담으로 내담자의 위기를 극복하게 하는 위기 상담까지를 포함한다. 목회상담자는 영혼의 치료를 위한 격려자로서 내담자가 사별, 이혼, 해고, 실패 등 현재의 어려운 상황을 잘 참고 견디며 인내하고 극복하도록 지원한다. 한마디로 내담자가 기댈 수 있는 어깨가 되어주는 것이다.

(3) 인도의 기능(Function of Guiding)

혼란에 빠진 사람으로 하여금 행동과 사고의 사이에서 확신 있는 선택을 할 수 있도록 돕는 기능을 말한다. 목회 상담자는 내담자가 확신 있고 현명한 선택을 할 수 있도록 충고하고 삶의 상황에 건설적으로 대처하도록 도와야 한다. 인도의 기능은 교육상담을 포함한다. 대부분의 상담이 교육적 요소가 있지만 혼전 상담, 결혼 상담, 직업 상담 등이 교육적 요소가 더욱 많아서 인도의 기능이 강조된다.

(4) 화해의 기능(Function of Reconciling)

화해의 기능은 사람과 사람 사이 그리고 하나님과 사람 사이에서 깨어진 관계를 회복하는 기능을 말한다. 여기서는 죄 의식, 죄의 고백, 죄 용서 등의 문제를 다루게 된다. 예수 그리스도의 십자가는 진정한 화해의 상징이다. 그리고 영성(靈性, spirituality)은 관계성 형성 능력이다. 이러한 영성을 밑바탕으로 하는 현대 목회 상담의 절정은 "화해의 기능"이라고 할 수 있다. 내담자는 진실로 자기 자신과 하나님, 그리고 다른 사람들과의 관계 회복을 통해 영적, 정신적, 육체적 문제를 해결할 수 있다.

목회기능	역사적 표현	현대상담의 표현
치 유	기름부음, 악령추방 성자의 유물에 의한 치유 카리스마적 병고침	심층상담 (목회심리요법) 정신치료
지 탱	신앙생활의 유지 위안과 위로 신앙의 강화	지원상담 위기상담
인 도	충고하는 일 악마적 교활의 경고 경청하는 일	교육상담 단기결단 결혼상담
화 해	죄의 고백 죄의 용서 훈련	대결상담 초자아상담 결혼상담 실존적 상담 (하나님과의 화해)

표1. 목회기능의 역사적 표현과 현대상담의 표현비교*

2) 방법적 분류

(1) 개별 상담(Individual Counseling, One by One)

개별 상담은 한 사람의 상담자가 한 사람의 내담자를 상대로 상담하는 것이다. 즉 일대일 상담이다. 만약 내담자가 둘 이상이더라도 따로 따로 나누어 개인적으로 상담한다.

●━━━━━━━━━●

상담자   내담자

---

* Howard J. Clinebell, 「현대목회상담」. 박근원 역. 서울: 대한기독교출판사, 1993.

① 장점: • 내담자의 상호비밀이 보장된다

　　　　• 서로 자신의 견해를 충분히 말할 수 있다.

② 단점: 상담자가 상대방이 없는 자리에서 내담자의 말만 듣고 상
대방의 험담에 동조할 수 있다. 내담자의 험담에 무심코
동조하다가 나중에 곤욕(困辱)스러운 상황에 봉착할 수 있
다. 상대가 없는 자리에서 결코 비난해서는 안 된다.

(2) 팀 상담(Team Counseling)

두 사람 혹은 그 이상의 사람이 한 팀이 되어서 하는 상담을 말한다.
다시 말해서 내담자의 수에 상관없이 상담자가 그룹을 지어 하는 상담
이다.

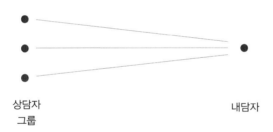

상담자
그룹

내담자

① 장점: 복수의 상담자가 내담자를 관찰하기 때문에 보다 세밀한
관찰이 가능하며 문제의 핵심에 빨리 이르게 된다.

② 단점: 상담자 팀이 조화를 이루어 일해야 하기 때문에 협동
(teamwork)이 잘 되지 않으면 상담을 망치기 쉽다.

(3) 집단상담(Group Counseling)

한 명의 상담자가 여러 명의 내담자와 상담하는 형식을 말한다. 비
슷한 문제를 가진 내담자들이 서로 자신의 문제를 이야기 하고 다른
사람들의 이야기를 듣는 가운데 공감대가 형성되어 서로 위로를 얻게
되며, 자신의 문제를 객관적인 시각에서 바로 봄으로 문제해결의 실
마리를 얻을 수 있다.

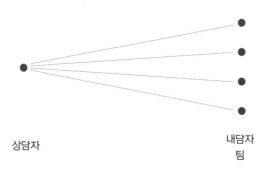

상담자   내담자
                                                        팀

① 장점: • 상담자가 자기 시간을 더 잘 사용할 수 있다.

　　　　 • 여러 사람이 자기의 감정을 솔직히 표현하고 서로의
　　　　　 문제해결을 도모하는 가운데 함께 노력할 수 있는 분
　　　　　 위기가 마련된다.

② 단점: • 상담자는 참가자, 참관인, 촉매자가 되어야 한다.

　　　　 • 참석자들이 주제에서 너무 멀리 나가지 않도록 대화를
　　　　　 잘 감독해야 한다.

　　　　 • 지나치게 개인적인 감정을 표현하지 못하도록 의도적

으로 대화의 깊이를 제한해야 한다. 즉 모든 내용을 털어 놓지 못하게 해야 한다. 왜냐하면 정직보다 사랑이 더 중요하기 때문이다. 그리고 내담자들 간의 신뢰성 또한 중요하다.[25]

5. 목회 상담의 역사

목회 상담은 이미 구약시대부터 시작되었다. 많은 성령에 이끌린 사람들이 도움을 필요로 하는 사람들을 만나 다양한 방법으로 그들의 필요를 채워주었다. 예를 들면, 모세의 장이며 미디안의 제사장이었던 이드로(출 18장)나 애굽의 총리가 된 요셉(창 40장, 41장) 등이 있다.

신약성경에서도 예수님은 훌륭한 상담자(wonderful counselor)로 묘사되어 있다. 예수님은 문제 있는 사람들을 만나 그들의 문제를 권위 있게 해결해 주셨다. 특히 수가성 사마리아 여인과의 대화(요 4장)나 영생의 길을 묻는 니고데모와의 대화(요 3장) 등은 대표적인 목회상담의 모델이라고 할 수 있다. 아들을 잃어 슬퍼하는 나인 성 과부의 눈물을 씻어주시고, 여리고 세리장 삭개오의 낮은 자존감을 높여주시며, 수치심과 죄책감으로 몸부림치는 간음하다 잡힌 여인에게 새로운 삶의 기회를 주신 예수님은 이 시대 목회상담자의 표상(表象)이시다.

전문 상담의 이론적 바탕은 현대 심리학의 시작이라고 할 수 있는 1879년 독일 라이프찌히(Leizig)대학에 심리학 실험실을 처음 창설한 분트(Wilhelm Wundt)의 과학적 연구에서 찾을 수 있다. 그는 심리학을 직접 경험의 과학(물리학은 간접 경험의 과학)이라고 정의하고, 단순한 정신 현상(예를 들면, 감각)을 실험실 안에서 실제로 일으키게 하여 그것을 연구했다. 이것이 현대 심리학의 기원이요 뿌리가 되었다.

20세기에 들어와서 프로이드(Sigmund Freud, 1856-1939)의 영향으로 목회 상담학이 하나의 학문으로서의 위치를 정립하게 되었다. 정신분석심리학은 인간의 행동이 무의식 세계에 잠재되어 있는 요소에 의해 지배된다는 이론이다. 고로 인간의 행동의 원인을 조사할 때, 꿈이나 아동기의 경험 분석 등에 치중하여 인간의 무의식을 의식의 세계 속에 드러나게 하고 그 속에서 문제점을 찾으려는 학문이다. 의식의 세계는 인간 정신세계의 극히 일부분(빙산의 일각)이다. 인간이 알지 못하는 욕망, 동기, 경험 등이 무의식에 세계에 잠재되어 있다고 한다. 그러므로 무의식적 동기를 의식의 세계 속으로 끌어들일 때 치료가 이루어진다. 이것을 위해 꿈, 무의식적인 말, 최면 등을 연구한다.

1905년 보스톤의 임마누엘 감독교회를 중심으로 "임마누엘운동"(Emanuel Movement)이 일어났다. 이것은 정신 분석학의 영향을 받아 종교와 의학의 관련성을 모색해 보고자 한 운동이었다. 이것이 기독교 상담의 시작이라고 할 수 있다.

1908년 워세스터(Worcester), 맥콤(Mc Comb), 코리에트(Coriat)에 의해 「종교와 의학」이라는 책이 나옴으로 임마누엘운동은 더욱 활기를 띠게 되었고, 기독교 상담은 더욱 발전하게 되었다.

1932년 정신의학자이며 성직자인 올리버(John R. Oliver)가 「목회적 정신치료와 정신건강」(*Pastoral Psychiatry and Mental Health*)라는 책을 출판했다.

1936년 미국의 각 정신병원에서 전도하던 보이슨(Anton T. Boisen)이 자신의 경험을 토대로「인간 정신의 탐구」(The Exploration of the Inner World)란 저서를 출판했다. 그리고 신학생을 대상으로 임상목회훈련(Clinical Pastoral Education, CPE) 프로그램을 시작함으로서 기독교 상담의 신기원(新紀元)을 수립했다.

1939년 롤러 메이(Rollo May)가「상담의 기술」(The Art of Counseling)을 출판하여 상담학의 체계와 모형을 형성했다.

1942년 칼 로저스(Carl Rogers)가「상담과 정신요법」(Counseling and Psychotherapy)를 출판하여 상담학의 새로운 획기적인 문제점을 던져주었다. 이것을 "내담자 중심 상담"(Client-Centered Therapy)라는 새로운 상담 원리를 제정했다. 이것은 상담학에서 매우 중요한 이론인데, "비지시적 상담"이라고도 한다. 그를 비롯한 인본주의(人本主義) 학자들은 정통 정신분석학적 상담방법이 너무 비인간화된 치료방법이라고 비판하고, 인간은 자율능력이 있는 전인적(全人的) 존재이기 때문에 그의 문제를 해결함에 있어서 분석이나 해석이 아닌 비지시적 방법으로 대해야 한다고 주장했다.[26]

1949년 힐트너(Seward Hiltner)의「목회 상담학」(Pastoral Counseling) 이 출판되었다.

1951년 캐롤 와이즈(Carroll A. Wise)도「목회 상담학」(Pastoral Counseling)을 출판했다.

1960년 후반 ~ 1970년대에 목회상담 연구서적들이 많이 나오게 되었는데, 그 중에 1969년 아담스(Jay E. Adams)는 종래의 "비지시적 상담"이론을 정면으로 도전하여 성경의 권위를 토대로 한 "권면적 상담"(Nouthetic Counseling) 이론을 개발했다. 그의 대표적 저서는 「목회 상담학」(*Competent to Counseling*)과 「상담학 개론」(*Christian Counselor's Manual*)이 있다.

그 밖의 기독교 상담자들과 그 이론들은 다음과 같다. 로렌스 크랩 (Lawrence J. Crabb)의 "성경적 상담"(Biblical Counseling), 하워드 클라인벨(Howard Clinebell)의 "성장 상담"(Growth Counseling), 게리 콜린스(Gary R. Collins)의 제자화 상담(Discipleship Counseling), 폴 투르니에르(Paul Tournier)의 대화 상담(Dialogue Counseling), 그 외에도 클라이드 내레모어, 폴 모리스(Paul Morris), 존 라센(John A. Larsen) 등의 학자들이 있다.[27]

게리 콜린스

지그문드 프로이드

제2장 목회상담의 본질

1장에서는 목회상담의 정의를 비롯한 개괄적인 개념을 살펴보았다. 2장에서는 좀 더 깊이 나아가 목회상담을 구성하는 본질적인 부분을 다루도록 하자. 일반 상담과 목회상담은 상담이라는 공통 분모 속에서 분명히 다른 본질적 차이가 존재한다. 이것은 한 마디로 세계관(world view)의 차이에서 온다고 할 수 있다. 그러므로 일반 상담과 확연하게 구분되는 목회상담의 목표와 특성에 대해 고찰해 보자.

1. 목회상담의 목표

상담의 목표는 상담에 있어서 중요한 영향을 미친다. 왜냐하면 상담의 궁극적인 목표를 어디에 두느냐에 따라서 기독교 상담 또는 목회상담과 일반 상담을 구분하는 결정적인 단서가 되기 때문이다. 일반적인 상담의 목표는 한 마디로 편리한 삶이다. 즉 내담자의 인격성장과 개발을 촉진시키고, 삶을 불행하게 하는 여러 가지 정신장애나 부정적인 행동과 삶의 스타일, 사고방식을 변화시키고, 상실과 좌절의 고통 속에 있는 사람들을 지탱시키고, 그 고난을 극복하는 지혜를 얻게 하는 것이 목표이다.[1] 그러나 기독교 상담의 관점은 예수 그리스도 안에서 거듭나고 성숙한 삶을 사는 것이 목표이다. 이것은 세계관(world view)의 차이가 일반상담과 기독교상담의 목표를 좌우함을 의미한다.[2] 콜린스(Gary R. Collins)는 상담에 있어서 세계관의 중요성을 이렇게 설파했다.

> 상담할 때 우리는 우리의 세계관에 따라 인간본성에 대해 어떻게 생각해야 할지를 결정하게 되고, 내담자가 가지고 있는 문제의 원인을 평가하게 되며, 처방 전략을 세우고, 상담의 진척도 평가하게 된다. 만약 우리가 아주 제한적이거나 부정확한 세계관을 가지고 있다면 우리는 상담할 때 많은 오류를 범할 수 있다. 그렇게 되면 내담자에게 치료대신 해악(害惡)을 가져다 줄 것이다. 대부분의 상담자들이 이 사실을 깨닫고 있다. 그러나 그 중 많은 상담가들은 마치 일반 대중들처럼 자신의 세계관과 그 세계관이 자신 및 자신의 일과 다른 사람들의 삶에 어떤 영향을 미치는지에 대해 거의 생각하지 않는것처럼 보인다.[3]

클라인벨(H. Clinbell)은 목회 상담의 목표를 전인성 회복에 두었다. 그는 전인건강을 정신적, 영성적, 그리고 인간 관계성 속에서의 건강이라고 하면서 '자기 삶을 보다 충만하게, 보다 기쁘게 그리고 보다 생산적으로 살 수 있도록 그런 방향으로 나아가는 계속적인 운동이다. 그러므로 전인 건강이란 성장의 계속적인 여정이지 어떤 목표지점에 도달하는 것이 아니다'라고 했다.[4] 또한 콜린스(Gary Collins)는 '불신자를 그리스도의 제자로 만들고, 그리스도인을 성숙한 제자가 되도록 돕는 것'이 목회 상담의 목표라고 했다.

예수님이 이 땅에 성육하실 때, 사람들을 돕기 위해 2가지 목표를 가지고 계셨다. 요한복음 10장 10절에 그 목표가 기록되어 있다. "도적이 오는 것은 도적질하고 죽이고 멸망시키려는 것뿐이요 내가 온 것은 양으로 생명을 얻게 하고 더 풍성히 얻게 하려는 것이라." 즉 영원한 생명(구원)과 풍성한 삶이다.[5] 이것이 결국 목회상담의 목표와 같은 것이다. 상담은 목적이 분명한 대화이다. 목회상담자는 상담 전 과정에서 항상 영혼구원과 풍성한 삶 이 두 가지 근본적인 상담목표를 잊어서는 안 된다.

1) 영혼 구원

상담자는 내담자의 모든 문제들의 해결을 통해 궁극적으로는 "영혼을 구원"하는 것으로 그 목표가 집약되어야 한다. 이것이 목회 상담의 기본적 명제이다. 만약 이 궁극적 목표를 도외시한다면 진정한 목회 상담자가 아니다. 영혼구원을 위해 상담자는 내담자에게 기독교에 대한 바른 이해, 예수 그리스도를 통한 구속과 사죄의 확신을 분명히 갖게 해야 한다.

(1) 기독교에 대한 이해

모든 사람에게는 종교심이 있다. 전도서 3장 11절에 "하나님이 모든 것을 지으시되 때에 따라 아름답게 하셨고 또 사람에게 영원을 사모하는 마음을 주셨느니라"라고 했다. 그러나 많은 사람이 기독교에 무지하고 또 오해하고 있다. 이것은 영혼 구원과 진정한 치유에 장애가 된다. 그러므로 상담자는 내담자가 그리스도인이든, 불신자든 기독교에 대한 바른 이해를 갖도록 해야 한다. 그리고 이러한 과정을 통해 내담자를 기독교 신앙으로 가까이 인도해야 하며, 차차 참된 믿음 안에서 성장하도록 도와야 한다.[6]

① 하나님에 대한 바른 이해가 있어야 한다. 자연인들은 기독교를 그저 종교 중 하나로 이해하거나(다원주의) 전래되고 있는 샤머니즘적 요소와 혼합하여 이해하는 경우가 많다. 그러므로 상담자는 하나님의 존재와 사역에 대해 올바로 이해 시켜야 한다. 일반 상담에서는 거의 하나님에 대한 언급이 없다. 하나님의 존재를 인정한다고 하더라도 인간의 문제에 관여하지 않는 추상적이고 관념적인 하나님으로 치부한다. 그러나 하나님은 영원한 실재이시며, 절대 주권을 가지고 계시며, 전지전능(全知全能), 무소부재(無所不在)하신다. 이 삼위일체(三位一體)의 하나님은 각각의 인격을 통해 세상에 나타나신다.

② 성경에 대한 바른 이해가 있어야 한다. 성경이 정확무오(正確無誤)한 하나님의 말씀이라는 사실을 이해 시켜야 한다. 성경을 종교경전 중 하나나 인격수양의 서적이라는 생각, 그리고 그 외 성

경의 권위를 떨어뜨리는 모든 생각을 단호히 배격해야 한다. 상담자는 내담자가 성경에 대한 바른 이해를 가지고 성경의 진리를 통해 자신의 문제를 해결하도록 도와야 한다. 이런 관점에서 상담자는 누구보다 성경에 전문가가 되어야 한다.

③ 교회에 대한 바른 이해가 있어야 한다. 구약성경에서 교회를 의미하는 단어는 카할(קָהָל)과 에다(עֵדָה)가 있다. 카할(קָהָל)은 "의논하기 위해 소집된 공동체, 모세의 율법을 듣기 위해 모인 백성들의 모임"을 의미하며, 에다(עֵדָה)는 "택함을 받아 모인 집단"을 의미한다. 신약성경에서는 교회를 의미하는 말로, 에클레시아(ἐκκλησια)가 있는데, 그 뜻은 "소집된 회중"을 뜻한다. 이러한 어원적 의미를 종합해 볼 때, 교회는 부르심을 받은 성도의 모임이며, 분명 건물이 아니라 사람을 의미한다. 좋은 교회, 건강한 교회는 교회 건축물의 아름다움에 있는 것이 아니라, 그 공동체 속에 모여 있는 성도들의 영적 성숙과 관계있다. 본질적으로 교회는 그리스도의 몸(The body of Christ)이며, 성령이 거하시는 성령의 전(The temple of the Holy Spirit)이며, 새 예루살렘(The new Jerusalem)이며, 또한 진리의 기둥과 터(Pillar and ground of the truth)이다.[7] 지상교회가 내담자에게 좋지 못한 영향을 끼쳐서 교회에 대해 불신과 오해가 있을 수 있으나 상담자는 교회의 본질과 순수성을 바로 이해시키도록 노력해야 하며, 그 속에서 문제 해결을 시도해야 한다.

(2) 그리스도의 구속과 사죄의 확신

내담자가 예수 그리스도 구속의 은혜를 깨닫고 사죄의 확신을 가질 수 있도록 상담자는 도와주어야 한다. 사실 내담자들이 사단의 정죄와 스스로 죄책감에 시달리면서, 좌절과 낙심 가운데 상담자를 찾아오는 경우가 많다. 황의영은 기독교 신앙의 목표가 사람이 죄로부터 완전히 벗어나 창조의 능력을 충분히 발견하고, 이를 자발적으로 해결하도록 돕는 것이라고 하면서 만약 목회상담과정에서 내담자가 사죄의 확신과 구원의 확신만 갖게 된다면 목회상담은 그 목적을 어느 정도 달성했다고 볼 수 있다고 했다.[8]

이 상담의 목적을 달성하기 위해서 첫째, 그리스도의 사랑을 이해하고 받아들이게 해야 한다. 다수 사람들의 문제는 "사랑의 문제"에서 파생되는 경우가 많다. 진정한 사랑의 본질은 예수 그리스도이심을 이해시켜야 한다. 예수님은 반대급부(give and take)를 바라지 않고 사랑하신 아가페(agape) 사랑으로 사랑하신다. 예수님의 사랑으로 서로 사랑하자.

둘째, 그리스도의 자비를 알게 해야 한다. 예수 그리스도는 우리를 위해 대신 짐을 져 주시는 분이시다(마 11:28). 내담자들이 가진 질병이나 고난을 예수님이 대신 지시며, 우리의 고통을 이해해 주시고 긍휼히 여기시는 분이심을 이해시켜야 한다. 그러므로 예수 안에서 진정한 문제해결이 있다.

셋째로, 그리스도의 위로를 깨닫게 해야 한다. 대부분의 사람들은 위로를 받지 못하고 고민 가운데 있다. 그리스도께서 고난당하는 자들을 찾으시고 위로해 주심을 이해시켜야 한다. 그리스도의 위로는 그리스도의 인격적 사랑을 가장 분명하게 보여주는 것이다.

마지막으로, 그리스도의 인내를 알게 해야 한다. 오늘도 예수님은 우리가 회개하고 돌아오기를 참고 기다리신다. 그리스도의 인내와 역사를 통해 새로운 존재(new creation)로 변화하는 놀라운 역사가 일어나는 것이다.

이렇게 앞서 언급한 예수님의 자비, 위로, 인내는 모두 예수님 사랑의 다양한 모습이다. 이 사랑은 십자가 위에서 확실히 증명되었다(히 13:12; 요 15:12-14). 목회상담자는 내담자가 예수님의 희생적 사랑에 대해 깊이 생각하게 해야 하며(히 3:1), 그 구속의 역사에 대해 확신을 갖게 해야 하는 사명이 있는 것이다(롬 8:35-39).

2) 풍성한 삶

영혼의 구원은 얻었지만 이 땅에서 풍성한 삶을 누리지 못하는 그리스도인들이 많다. 그러므로 보다 성숙하고 풍성한 삶을 내담자가 살도록 하는 것은 목회 상담의 기본적이고 중요한 목표 중 하나이다. 황의영은 이 풍성한 삶을 "바람직한 그리스도인의 생활"이라고 하면서, 그것은 그리스도를 닮아 "얼마나 그리스도의 품격을 형성하느냐", "얼마나 그리스도를 닮았느냐"는 물음에 대한 해답이라고 했다.[9]

(1) 자기이해(self-understanding)

손자(孫子)는 "知彼知己 百戰不殆(지피지기 백전불태)"라고 했다. 이 말의 뜻은 자기를 알고, 적을 알면 백번 싸워도 절대 위태롭지 않다는 것이다. 그만큼 인생의 모든 일에서 자기를 정확하게 아는 것이 어렵고 중요한 일이라는 것이다. 자기이해(self-understanding) 또는 자기인식(self-knowledge)은 내담자가 자신의 과거, 현재, 그리고 미래에 영향을 주는 동기들(motivations)과 행동(behavor)을 관찰하고 해석하는 능력을 말한다. 이러한 자기이해는 목회상담 뿐 아니라 대부분의 세속적인 심리치료에 있어서도 중요한 치료목표가 된다.[10] 내담자는 자신이 편협(偏狹)한 생각이나 해를 끼치는 태도 또는 자멸적 행동을 한다는 것을 인식하지 못할 수 있다. 그러므로 객관적이고 지각적으로 민첩한 조력자(상담자)가 도움을 받고 있는 자들(내담자들)로 하여금 자신들의 내부와 자신들을 둘러싼 세계 속에서 어떤 일이 진행되고 있는지에 대한 올바른 이해를 얻도록 돕는 것은 상담의 한 목표이다. 자신을 이해하는 것은 대개 치료의 첫 단계이다.

(2) 의사소통(communication)

내담자들은 감정과 생각과 태도들을 정확하고도 효과적으로 서로 전달하는 법을 배워야 한다. 이것은 원만한 대인관계를 가능하게 한다. 이것을 간단하게 도식화하면 다음과 같다.

> 의사소통(communication) = 자신을 효과적으로 표현하는 것
> + 메시지를 전달받는 능력

자신을 정확하고 효과적으로 표현하는 기술로는 대화할 때, 항상 감정(feeling)을 앞세우지 말고 사실(fact)을 앞세우고 그 다음에 감정

을 표현하는 것이 좋다. 그리고 자기를 변호하거나 책임을 회피하는 "You-message"보다는 정확한 자기감정중심의 "I-message"를 사용하도록 해야 한다. 메시지를 정확하게 전달받는 능력으로는 경청(Listening)과 공감(Empathy)이 있다. 구체적인 내용은 대화법에서 다루도록 하자. 결혼생활의 많은 어려움과 실패의 중요한 원인은 남편과 아내, 부모와 자녀 사이에 의사소통의 실패와 단절에 있다. 그들은 의사소통을 잘할 능력이 없든지 아니면 하기를 꺼린다. 혼전상담(결혼예비학교)에서 의사소통에 대한 것만 잘 가르친다면, 현저히 이혼율을 줄일 수 있다고 필자는 생각한다.

(3) 행동의 변화

전부가 아니더라도 대부분 우리의 행동은 학습되어진다. 그러므로 상담에서는 내담자들이 비효과적인 행동을 버리고 보다 효과적으로 행동하는 방식을 학습하는 것이 포함된다. 이것은 모방(어떤 모델에 대해), 시행, 그리고 착오를 통해 이루어진다. 상담자는 자기가 돕는 내담자가 "착수"(launch-out)해서 새로운 학습을 연습하도록 격려해야 하며, 실패했을 때는 무엇이 잘못되어 있는지를 분석해 보는 것이 때때로 필요하다.

(4) 자아실현(Self-Actualization)

최근의 인본주의 학자들은 개인이 가지고 있는 풍부한 잠재력을 개발하여 지속시키는 개인학습의 중요성을 강조했다. 이것을 "자아실현"이라고 부른다. 몇몇 학자들은 이 자아실현을 모든 사람의 궁극적인 목표로 제안했다(Abraham Maslow).[11] 그리스도인에게 있어서 자아실현은 "그리스도화"(Christ-Actualization)이다. 이것은 영성의 목표이기도 한데, 우리를 영적으로 성숙시키는 성령의 능력을 통해 우리가 가진 최고의 잠재력을 개발하면서 삶의 목표가 그리스도 안에서 완성되어야 한다는 것이다.

(5) 지지(support)

일시적으로 스트레스나 위기에 처한 때를 제외하고는 사람들은 대개 앞에 나온 각각의 목표들에 이르고 효과적으로 행동할 수 있게 된다. 그러므로 내담자들이 인격적이고 영적인 자원들을 재동원하여 삶의 문제들에 대해 효과적으로 대처할 수 있을 때까지 지지와 격려 그리고 "함께 짐을 지는 기간들"이 필요하다.[12]

(6) 영적 온전함

내담자의 영적 욕구를 충족시켜 주고, 영적으로 온전하고 건강하도록 도와주는 것이다. 이것은 내담자가 영적 장애물들을 해결하고 하나님과 더 깊은 영적 교제를 나누도록 지도하는 영적 지도(spiritual direction)를 포함 한다. 그러므로 목회상담자는 내담자의 영적 성장을 위한 좋은 멘토(mentor)가 되어야 한다. 그러면 왜 영적 온전함, 즉 영적 성숙이 목회상담의 목표가 되어야 하는가? 그 이유는 절대자이신 하나님께 최고의 감사와 영광을 돌리기 위해서다. 참된 감사와 영광은 오직 성숙한 신앙에서만 표현될 수 있으며, 만약 그럴 수 있다면 내담자의 삶의 모든 문제가 해결된 상태일 것이다.[13]

2. 목회상담의 특징

목회상담과 일반상담은 상담이라는 공통분모 속에서도 분명히 다른 점이 있다. 기독교 세계관 그리고 상담자가 목회자인 것을 포함해서 일반상담과 분명히 다른 목회 상담의 특성을 한 번 살펴보자.

1) 오츠(Wayne E. Oates)

오츠는 목회 상담의 특징을 다음의 8가지로 요약했다.[14]

① 목회 상담은 내담자와 상담자 외에 하나님과의 상담이요 관계이다.
② 목회 상담은 상담자와 내담자의 관계 속에 하나님이 돕고 있다는 믿음 가운데서 이루어진다.
③ 목회 상담은 신앙 안에서의 대화이다.
④ 목회 상담은 특별히 훈련받은 목회자가 상담자가 된다. 그는 성경에 정통하고, 신학적 훈련을 받은 사람이다. 따라서 성경, 기도, 안수, 성례전 등이 상담도구로 활용된다(거룩한 은혜의 수단이 도구로 사용된다).
⑤ 목회 상담은 교회가 특수한 배경을 형성한다. 따라서 상담은 이 신앙 공동체의 배경(context) 안에서 이루어져야 한다(시간과 장소의 제한).
⑥ 목회 상담은 예언적 차원에서 이루어진다. 왜냐하면 인간이 가진 고난이나 문제는 사회성을 가지고 있어서 사회 정의를 강조해야할 경우가 많다.

⑦ 목회 상담은 기독교 윤리적이다. 목회 상담자는 기독교 윤리교사의 역할을 해야 한다. 그러므로 나름대로의 확고한 윤리적 표준을 가지고 내담자에게 권면해야 한다(기독교 윤리관, 가치관, 세계관이 자연스럽게 표출된다).

⑧ 목회 상담은 복음을 선포하는 상담이다. 따라서 목회 상담자는 내담자로 하여금 죄를 고백하게 하고 결단을 촉구하며 회개하게 한다(예수님의 구원의 능력으로 상담).

2) 데이링거(Richard Dayringer)

데이링거는 목회상담이 일반 상담과 유사한 면이 있기는 하지만, 목회상담만의 독특한 특징을 가지고 있다고 하면서 그 특징을 다음과 같이 설명했다.[15]

① 신학적인 토대를 가진 사람만이 상담자로 관여한다는 점이 다르다.

② 안수나 승인은 하나님에 의해 종교집단을 통해서 목회자에게 주어진 권위를 상징한다.

③ 안수에 의해 주어지는 목회자의 사회적이고 상징적인 역할을 사회에 의해 승인을 받는다.

④ 목회자는 교회와 관계가 있는 맥락 속에서 상담을 한다.

⑤ 목회자는 그들의 내담자들과 공동체뿐만 아니라 교회와 하나님에 대한 그들의 행위에 대해서도 책임을 진다.

⑥ 목회자는 상담하는 동안에 성령의 임재와 인도를 믿는다.

⑦ 목회자는 그들의 내담자들을 지지하기 위해서 사용할 수 있는 기도, 성경, 교회의 의식들, 공적 예배, 봉사 계획, 교육 집단들이나 교제 집단들과 같은 자원들을 사용할 수 있다.

⑧ 목회자는 비밀 보장, 정직, 하나님의 피조물로서 개인들에 대한 존중, 행동에 대해 하나님께 책임을 지는 것 등과 같은 어떤 가치들에 헌신한다.

⑨ 목회자는 단지 인간적인 위로보다는 오히려 하나님의 용서와 구속을 포함하는 상담목표를 내세운다. 이런 특성들은 다른 치료의 형태들이 종종 생략하는 어떤 활동들(종교역사탐구, 성경적 가르침에 대한 편견과 고정관념 평가, 결혼서약의 의미규명, 죽음의 두려움에 대한 고찰, 내담자의 윤리탐색, 죄의 고백, 하나님의 용서와 축복구하기 등)을 목회상담이 포함하는 것을 의미한다.

3) 이현규

이현규는 목회상담의 특징을 여러 학자들의 다양한 견해를 종합하여 목회상담에는 하나님의 궁극적 관심과 임재가 있고, 자원이 독특하다고 했다. 이것을 정리하면 다음과 같다.[16]

(1) 하나님의 궁극적인 관심과 임재

죄책감, 불안, 죽음의 공포 등의 인간의 근본적인 문제는 오직 생명과 존재의 근원이신 하나님을 만나야 만족할만한 해답을 얻을 수 있다. 일반 상담자들이 인간의 정서 장애, 성격 장애, 행동 수정, 인간

완성 등을 통해 인간의 정서적 결함을 도우려고 하지만 목회 상담은 여기에서 머물지 않고 생명과 능력의 근원이 되신 하나님을 만나고 그 분과의 관계를 통해서 문제를 극복하고 삶을 온전히 회복시키려고 한다는 것이 다르다고 했다. 즉 상담에 있어서 하나님의 임재와 역사를 의지하는 것에 특수성이 있다.

(2) 자원의 특성

① 성경: 상담자와 내담자 모두에게 성경은 근본적인 지침이 된다.

② 찬송: 상담 중 또는 후에 상담 분위기에 맞추어 부를 수도 있고, 들을 수도 있다.

③ 기도: 상담자가 내담자를 이해하고 있음을 나타낼 수 있고, 상담자의 중보기도를 통해 하나님의 능력과 은혜가 임하는 통로가 된다.

④ 교회공동체: 목회 상담자는 공동체 안에서, 공동체를 위하여, 그리고 공동체의 지도하에 상담한다. 교회는 상담자를 지원하고 격려, 지도할 뿐 아니라 필요한 자원을 공급하여 돕는 좋은 목회 상담의 자원이다(성례전과 다양한 영성훈련도 좋은 자원이다).

3. 목회와 목회상담

교회는 예수님의 생명의 연장이며, 교회의 목적은 주님의 목회를 계속하는 것이다.[17] 그런데 일반적으로 예수님의 목회를 크게 "전도 또는 설교(preaching)", "교육(teaching)", "치유(healing)"이라고 할 수 있다. 그러므로 오늘날 목회상담과 관계되는 치유사역은 예수님의 목회 1/3을 차지할 정도로 중요하게 다루셨다. 이를 근거로 해서 지글러(Franklin M. Segler)는 현대교회의 기능적 목회를 예배의 목회, 설교의 목회, 교육의 목회, 치료 및 목양 의 목회, 복음전도의 목회, 청지기 직분의 목회, 그리고 개혁의 목회로 나누어 설명했다.[18] 현대목회에서 치료 및 목양의 목회는 전체 목회영역 중에 그 중요성이 더욱 강조되고 있다.

베너(David Bener)는 목회사역(pastoral ministry)이란 목회상담(pastoral counseling)과 목회적 돌봄(pastoral care)의 컨텍스트(context)로서 가장 포괄적인 목회활동의 장이라고 했다. 즉 목회사역 속에 목회적 돌봄과 목회상담이 포함되어 있다는 것이다. 그는 상담과 돌봄이 일반적인 접근과는 다르게 목회적이 되기 위해서는 목회사역의 범주에서 진행되어야 한다고 했다. 왜냐하면 목회사역의 컨텍스트와 목적이 목회상담과 돌봄사역의 과정과 목적 뿐 아니라 그 테크닉에도 영향을 주기 때문이다.[19] 이러한 목회사역(pastoral ministry)과 목회상담(pastoral counseling), 그리고 목회적 돌봄(pastoral care)의 상관관계와 그 범주를 도표로 정리하면 다음과 같다.[20]

목회상담

목회적 돌봄

목회사역

표2. 목회상담-목회적 돌봄-목회사역의 범주와 상관관계

목회사역과 목회적 돌봄, 그리고 목회상담은 서로 무관하거나, 개별적인 것이 아니다. 오히려 서로 영향을 미치는 긴밀하고도 지속적인 관계라고 할 수 있다. 목회자는 성도들이 어떤 위기상황에 처하면, 먼저 그들을 찾아가서 관심과 사랑, 그리고 위로와 격려를 나누어야 한다. 그럼에도 불구하고 성도 개개인의 필요가 충족되지 않을 때, 교회는 단기적인 목회적 돌봄의 차원에서 성도의 문제를 다루고, 이것도 여의치 않을 때는 보다 시간 제한적이고 집중적인 목회상담적 관심과 돌봄을 통해 변화와 성장을 가져올 수 있다. 그러므로 목회사역—목회적 돌봄—목회상담은 서로 연결되고 영향을 주는 영혼돌봄사역의 세 측면으로 인식하고 접근하는 것이 바람직하다.[21]

어떤 상담적 이슈(issue)가 발생하게 되면, 목회상담자는 목회신학적 사고(pastoral theological thinking)로 그 이슈를 분석하고 상담을 위한 전략(strategy)을 수립해야 한다. 이것이 세속적 세계관을 가진 일반상담이나 전문신학교육을 받지 않은 기독교 상담자에 의한 기독교 상담과 현저하게 다른 점이다. 스톤과 듀크(Howard W. Stone and James O. Duke)는 그리스도인들은 이미 세상을 바라보는 신학적 관점(viewpoint)을 가지고 있으며, 이것이 하나의 마음의 틀을 형성한다. 이것을 램(Bernard L. Ramm)은 종합적인 관찰(synoptic vision)이라고 했다.[22] 목회상담자는 목회신학적 사고의 틀을 개발해야 하는데, 이 틀(template)을 형성하기 위한 4가지 주요 자원으로서, 성경(Scripture), 전통(tradition), 이성(reason), 그리고 경험(experience)을 제시했다.[23]

- 성경(Scripture): 성경은 그리스도인의 삶과 기독교 신학의 절대적 요소이다. 이 하나님의 말씀은 이스라엘 백성과 초대교회에 선포되었을 뿐 아니라 오늘날 성경을 읽는 우리에게도 변함없이 들려지고 있다. 성경을 통해 들려지는 하나님의 말씀은 4가지 방법으로 확증된다: ① 신적 진리에 관한 진술 ② 신앙경험의 상징적 표현 ③ 하나님의 본질에 대한 이야기(recitals) ④ 새로운 삶을 위한 실제적 발전으로의 초대

- 전통(tradition): 전통은 한 세대로부터 다음 세대로 무엇인가를 전달하는 과정이며, 전달하는 그 무엇이다(the something). 교회는 개인으로부터 개인에게로, 세대에서 세대로 전달함으로 믿음의 기본진리를 지켜왔다. 이 전통 속에는 하나님의 메시지 내용 뿐 아니라, 교육, 여러 가지 문서들, 예배를 비롯한 교회의식, 신앙고백들(cofessions of faith), 신조들(creeds), 교리문답집들(catechisms)그리고 교회문화가 들어있다. 그리고 이러한 전통은 신학적 전통으로 나타난다.

- 이성(reason): 이성은 확실한 신학적 진리들을 체계화시키고, 다른 사람들에게 합리적으로 전달하기 위한 유용한 도구로 사용되어진다. 또한 이 이성적 감각은 신학적 성찰의 중요한 부분으로서, 이성의 산물인 자연과학, 사회과학, 역사, 철학, 그리고 문학과 예술 등이 지대한 영향을 주는 것이 사실이다. 그러나 목회상담자는 어떤 사회적 이슈에 대해 자연계시인 이성을 특별계시인 하나님의 말씀보다 절대 앞세워서는 안 된다.[24]

● 경험(experience): 신학적 성찰에 있어서 경험은 배후에서 중요한 역할을 한다. 목회상담자의 신학적 주장을 정당화하기 위해서는 경험의 명확한 증거가 필요하다. 신앙생활은 지적, 감성적, 육체적, 그리고 영적 경험을 모두 포함하는 것이다. 그리고 영성의 본질인 하나님을 인식하는 것도 이러한 전인적 경험이 밑바탕 되어 있는 것이다. 이러한 의미에서 하나님에 대한 전인적 경험은 신학의 필수불가결의 요소이다. 바울의 신학도 다메섹 도상에서 예수 그리스도와의 극적이고 실제적 만남에 근거한 철저히 체험중심의 신학이었지 그저 사변(思辨)적 이론신학이 아니었다.[25] 경험은 종종 과도하고 거짓된 신학적 주장들에 대해 실제적으로 점검하고 분별하는 역할도 감당하며, 개인뿐 아니라 신앙공동체의 공동의 경험 역시 신학적 성찰에 있어서 중요한 역할을 감당한다.

제3장 성령과 상담

일반 상담에서는 하나님의 실재에 대한 언급이 거의 없으며, 혹시 존재한다고 해도 인간의 현실문제에 거의 관여하지 않는 관념론(觀念論)적 존재로 생각한다. 그러나 하나님은 이 세상에 대한 절대적 주권을 가지고 관여하시며, 전지전능, 무소부재(無所不在)하시다. 성부, 성자, 성령 삼위의 하나님은 각자의 인격을 통해 이 세상에 나타나신다.[1]

성령은 하나님의 영이시며, 또한 예수님의 영, 그리고 진리의 영으로 신자의 삶의 현장 속에, 그들의 마음속에 거하신다(요 14:17; 롬 8:9). 성령은 목회상담의 현장 속에서도 함께 하시며, 그 과정을 인도하신다.

1. 상담에서의 성령의 역할

성령은 목회상담에 필요한 모든 지혜를 제공하는 근원이시다. 그러므로 이를 무시하는 것은 일반상담과의 차별을 스스로 거부하는 것임으로 목회상담이라고 할 수 없다.[2] 상담은 성령의 사역이다. 유능한 목회 상담자는 성령을 떠나서 상담할 수 없다. 왜냐하면 성령님은 그리스도가 그의 제자들에게 하셨던 것과 똑같은 종류의 다른 상담자(ἀλλον παкλητον)로 오셔서 그리스도의 자리에 계시는 보혜사이시기 때문이다. 성령은 예수의 진리의 영으로 신자 속에 계시면서 그들을 구원하시고, 가르치시고, 인도하신다(요 14:16-17, 26; 16:13; 롬 8:9). 성령을 보혜사(保惠師)라고 하는데, 헬라어로 파라클레토스(παкλητος)이다. 파라클레토스는 헬레니즘 시대에 법적인 용어로서 다른 사람을 대신하여 탄원하고, 그 사정을 대변하는 변호사를 의미했고, 다른 의미로는 전쟁이나 어려움을 겪는 사람을 도울 준비가 되어 있는 사람을 의미했다. 파라클레토스의 의미는 돕는 자(helper), 변호사(advocate), 중재자(intercessor), 상담자(counselor), 위로자(comforter) 등으로 일반적으로 이해되었다.[3] 성령을 지칭하는 보혜사의 의미만 살펴보더라도 성령은 지식, 감정, 그리고 의지를 가지신 인격적인 분이시며, 예수님과 같은 좋은 상담자이심을 알 수 있다.

성령은 그 본성과 사역으로 인해 "거룩하신 분"(聖靈, Holy Spirit) 이시다. 성경에 나타난 성령 충만이라는 표현은 원어적으로 πιμπλημι와 πληροω로 쓰였다. πιμπλημι는 마치 돛대에 바람이 갑자기 불어 충만해지는 상태를 말하는 것으로 돌발적으로 나타나는 능력 충만을 말한다. 성령의 은사는 이러한 능력 충만의 결과라고 할 수 있다. 또한 πληροω는 나무에 수액이 계속적으로 충만해서 풍성한 열매를 맺는 것과 같은 충만이다. 그러므로 지속적인 생활 충만을 말한다. 성령의 풍성한 열매가 성령의 지속적인 생활 충만의 결과라고 할 수 있다. 목회상담자는 상담에 필요한 지혜, 지식, 섬김, 치유 등의 다양한 은사를 성령의 충만(πιμπλημι)함으로 받아 능력 있는 상담을 해야 한다. 또한 성령의 열매인 사랑, 희락, 화평, 오래 참음, 자비, 양선, 충성, 온유, 절제는 내담자들의 인격 (personality)성장을 위한 근본적인 목표를 제시하신다. 성령의 열매는 결국 인격적 도덕적 요소로서 성숙한 예수님의 인격을 나타내기 때문이다.

구원에는 3단계가 있다. 첫 번째는 칭의 또는 중생(Justification)이다. 이것은 시간적으로는 과거적이며, 영혼 또는 신분적인 구원이라고 할 수 있다. 두 번째는 성화(Sanctification)로 시제로 보면 현재적이라고 할 수 있다. 계속 이루어야 할 생활과 인격의 구원이다. 세 번째는 영화(Glorification)로서 미래적이다. 왜냐하면 예수님 재림하실 때 이루어지는 육체의 구원까지를 포함하기 때문이다. 결국 한 인간은 중생 ⇒ 성화 ⇒ 영화의 단계를 거쳐 온전한 구원을 이루게 된다. 성령은 이 모든 구원의 과정 속에 적극적으로 역사하신다. 성령은 멸망할 수밖에 없는 죄인들에게 영원한 생명(eternal life)을 주시는 분이시며, 신자의 성화(sanctification)를 포함한 모든 인격의 변화를 가져오는 구원을 주신다. 목회상담은 "성령의 중생케 하시는 사역"과 "성화시키는 사역"의 조화 속에서 이루어져야 한다.[4]

목회 상담의 중요한 역할은 내담자의 온전한 구원을 이루어 인격을 변화시키는데 있다. 목회상담의 목표인 내담자의 자아실현인 그리스도화는 또한 영성의 목표이기도 하다. 그리고 이러한 변화는 오직 성령의 능력 가운데 일어난다. 그래서 아담스(Jay E. Adams)는 '인간의 성격 변화는 오직 성령의 사역'이라고 했고, 오덴(Thomas C. Oden)도

'인간의 변화는 상담기법이나 분석에 의한 것이 아니라 성령의 역동적 사역의 결과'라고 했다. 내담자의 내면에서 일어나는 예수님 중심의 새로운 삶의 질서와 새 삶에 대한 결단은 성령의 역사라고 할 수 있다.[5] 그러므로 목회상담자는 상담사역 가운데 역사하시는 성령을 인정하고, 받아들이며, 스스로 영적 멘토(spiritual mentor)로서 깊은 영성을 소유해야 한다.

구원받지 못한 상담자들은 성령을 알지 못하기 때문에 성령의 상담 활동에 대해 무지하다. 그래서 성령의 지시와 능력을 이용하지 못한다. 요사이 불신자 뿐 아니라 기독교 상담자들조차도 성령을 떠나서 상담하려는 어리석음을 범하고 있다. 아담스(Jay E. Adams)는 상담이란 내담자의 깊은 내면의 변화를 추구하는 것이며, 성령의 사역이라고 강조했다. 그는 상담은 성화과정 속에서 이루어져야 하며, 성령은 영적인 변화와 성장을 위해 하나님의 말씀을 사용하신다고 했다. 내담자의 본성은 옛 사람의 삶의 패턴을 유지하려 하고, 변화를 근본적으로 싫어하므로, 상담자는 내담자가 예수님 안에서 구원 받은 자녀에게 하나님께서 요구하시는 삶의 질(quality of life), 마음의 태도(attitude of mind)와 행동(activity)을 하도록 계속적으로 인내하면서 격려해야 한다고 했다.[6]

2. 성령의 역사

1) 성령은 은혜를 통해 역사하신다.

성령은 은혜의 수단인 "하나님의 말씀", "성찬식", "기도", "성도의 교제" 등을 통해 모든 신자의 삶에 영향을 준다. 이러한 은혜에서 벗어나 있는 불신자들의 상담에서 영구적인 변화는 기대할 수 없다. 만약 목회 상담이 성령의 은혜를 통하지 않고 단지 심리학적인 노력에 의해서만 이루어진다면 참된 목회 상담이라고 할 수 없다.

2) 성령은 주권적으로 역사하신다.

성령은 어떤 힘이나 세력이 아니라 인격(人格)이시다(요 16:13; 롬 8:26; 엡 4:30). 성령은 우리와 함께 하시는 하나님이시다(롬 8:14; 고전 12:4-6). 그러므로 상담자나 내담자나 모두 성령의 주권적 역사에 순종해야 한다. 성령은 목회 상담자에게 은사를 주시고 그 은사를 통해 역사하신다. 은사는 헬라어로 χαρισμα인데, 그 뜻은 "값없이 주시는 하나님의 선물"이다. 은사는 "예수 그리스도의 몸인 교회를 섬기기 위하여 성령께서 아무 공로 없이 주시는 신성한 선물이며, 거룩한 도구이다."라고 정의할 수 있다. 그러면 은사를 주신 목적이 무엇일까? 이것은 바른 은사 사용을 위해 분명히 짚고 넘어가야 할 부분이다. 성경은 분명히 그리스도의 몸인 교회를 세우기 위해 은사를 주신다(고전 14:26; 엡 4:12). 은사는 교회를 위한 것이다. 그리고 바른 은사 사용은 서로에게 유익을 주며, 개인의 영적 성장에도 큰 도움을 준다. 그러므로 개인의 욕망을 위해 거룩한 은사를 오용(誤用)해서는 결코 안 될 것이다. 상담과 관계된 은사가 있을까? 지혜의 말씀, 지식의 말씀(고전 12:8), 목사(엡 4:11), 교사(엡 4:11; 롬 12:7), 권위(롬 12:8), 영분별(고전 12:10), 병 고침(고전 12:9) 등이 목회상담에서 유용한 은사라고 할 수 있다.

3) 성령은 말씀으로 역사하신다.

성령은 상담자가 그의 말씀인 "성경"을 사용하시기를 원하신다. 그러므로 성경을 목적대로 사용하면 큰 능력이 나타난다. 디모데후서 3장 15절-17절에서, "또 네가 어려서부터 성경을 알았나니 성경은 능히 너로 하여금 그리스도 예수 안에 있는 믿음으로 말미암아 구원에 이르는 지혜가 있게 하느니라. 모든 성경은 하나님의 감동으로 된 것으로 교훈과 책망과 바르게 함과 의로 교육하기에 유익하니 이는 하나님의 사람으로 온전케 하며 모든 선한 일을 행하기에 온전케 하려 함이니라."라고 했다. 성경의 궁극적인 목적은 하나님의 사람으로 온전케 함인데, 이것은 목회 상담의 궁극적인 목표와 일치한다. 목회상담적 입장에서 이 말씀을 새롭게 정리하면, 성경은 내담자의 영혼을 구원에 이르는 지혜가 있게 하며, 내담자를 교훈, 책망, 바르게 함, 의로 교육하여 그 영혼을 성장시킨다. 그래서 결국은 온전하고 성숙하여 하나님의 선하신 일에 쓰임 받는 귀한 그릇이 되게 한다.

성령은 성경의 진정한 저자가 되시기 때문에 성경을 통해 우리를 인도하신다(요 16:13; 시 107:20; 벧전 1:22-23; 2:2; 엡 6:17; 마 4:4).
이렇게 성령은 그리스도인들을 성화시키는 수단으로 성경을 사용하
시므로, 목회 상담자가 성경을 사용하지 않으면 진정한 효과를 거둘
수 없다. 그러므로 목회 상담자는 누구보다 성경의 전문가가 되어야
하며, 자신의 무능함을 인정하고 "오직 성령께 복종" 할 때, 목회 상담
은 진정한 효과를 거둘 수 있다. 우리는 분명히 인식해야 한다. "성경
을 떠난 상담은 성령을 떠난 상담이다."

Pastoral Counseling and
Spirituality

목회상담과
영성

제4장 성경과 상담

상담과정에 있어서 성경을 사용하는 문제에 대해 기독교 상담자들 사이에서도 다양한 견해가 나타나고 있다. 항상 성경만을 상담의 기준으로 삼을 것인가? 상담기술과 방법들을 사용하면 안 되는가? 만약 성경에 기록되어 있지 않은 문제들은 어떻게 해결할 것인가? 성경 기록 당시의 시대적 상황과 현대의 상황을 고려할 때, 어떻게 성경을 해석하고 적용할 것인가? 등의 문제는 목회상담에 있어서 중요한 기준이 된다.

1. 성경 활용에 대한 다양한 견해

목회상담에서 성경사용을 논하기 시작한 것은 1936년 캐봇(Richard C. Cabot)과 딕스(Russell L. Dicks)가 그들의 저서 「환자목회의 기술」 (*The Art of Ministering to the Sick*)에서 환자들을 상담하는 가운데 기도와 성경말씀의 사용이 그들에게 정신적 안정과 인격적인 발전, 그리고 질병치유에 큰 도움이 된다고 성경사용을 권장하면서 본격화되었다.[1] 그 후 역사적으로 성경을 상담에 활용하는 문제에 대해 목회상담 학자들마다 다양한 견해가 나타났다. 이에 오성춘은 크게 보수적 입장, 중도적 입장으로 나누어 설명했다.[2]

1) 보수적 입장

성경을 중요한 목회상담의 자원이며, 실제적으로 도움을 준다는 견해이다. 이 견해는 성경을 사용하되 상담의 원리에 맞추어 사용해야 성경이 내담자에게 도움을 주지, 만약 그렇지 않을 경우에는 오히려 성경말씀이 내담자의 생각과 감정을 억압하여 상담을 어렵게 한다고 생각한다.

성경의 경험들에 비추어 내담자의 경험을 스스로 성찰하고, 성경의 준거(準據) 속에서 자기의 경험들을 더욱 분명히 파악할 수 있다고 생각한다. 그러므로 상담의 원리와 방법을 먼저 적용하여 상담하는 가운데, 성경 말씀을 첨가하여 상담하면 더 좋은 결과가 나올 수 있을 것이다.

1970년에 인간을 지나치게 선하게 보는 인간중심의 세속적인 상담 심리학에 반대하여 급격한 반작용이 일어났는데, 그 효시가 바로 제이 아담스(Jay E. Adams)이다. 그는 1972년『목회상담학』(Competent to Counsel)에서 성경에 합당치 않은 상황은 존재하지 않으며, 성경만이 진정한 상담자원이 되어야 한다고 주장했다. 그는 성경과 함께 심리학에 동등한 권위를 부여하는 혼합주의를 경계하고, 설교와 마찬가지로 오직 하나님의 말씀인 성경만이 상담에 있어서 유일한 권위의 근거로 삼아야 한다고 했다. 그는 인간을 스스로 문제해결을 할 수 있는 선한 존재로 보는 현대 심리학적인 방법을 악마적인 것으로 정죄하면서 성경에 근거한 성경적 상담을 해야 한다고 주장했다.[3] 그 외에도 콜린스(Gary R. Collins), 크랩(Rawrence Crabb), 내래모어(Bruce Narramore), 힐트너(Seword Hiltner), 오츠(Wayne E. Oates), 와이즈(Carrall A. Wise) 등이 성경적 상담의 필요성을 주장하고, 나름대로 성경적 상담방법들을 제시했다.

2) 중도적 입장

보수적 견해에 반대하여 어느 정도 인간자체의 치유가 가능하다는 견해이다. 이 중도적 견해는 70년대 후반에 들어오면서 미국 목회상담학계에서 나타나기 시작했다. 중도적 입장은 인간자체 속에 숨겨진 질서를 발견하여 그 질서 안에서 인간을 치유하되, 궁극적으로 성경을 사용하여 하나님과의 관계를 회복시키고 치유를 촉진시키는 것이 바람직하다고 생각한다. 또한 그들은 성경을 사용하되, 기본적인 상담의 원리를 어겨서는 안 된다고 주장한다.

중도적 입장의 학자들로는 캅(John B. Cobb Jr.), 스위쩌(David Switzer), 오글스비(William B. Oglesby), 오덴(Thomas C. Oden), 캅스(Donald Capps) 등이 있다. 그들은 무분별하고 부적절한 성경사용이 오히려 목회상담의 장애를 가져올 것을 염려했다. 그들은 오늘날의 언어와 성경의 언어를 조화시켜야 할 것을 강조했다. 이를 위하여 캅

(John B. Cobb)은 목회상담에서 성경사용을 중요시하면서도 무분별하고 부적절한 성경 사용의 주의를 위해 제한적으로 사용해야 한다고 주장했다. 그는 이러한 관점에서 목회상담자가 지켜야할 성경사용의 원칙을 제시했다.

① 성경의 본래 의미를 잃지 않아야 한다.
② 성경에서 계시하는 인간의 근본 목적 뿐 아니라 기독교 전통이 전달해 주는 경험을 목회상담에 적용할 수 있어야 한다.
③ 현대인들에게 거부되거나 모호하게 변해 버린 경험들을 성경의 조명을 받아 다시 발견할 수 있어야 한다.
④ 목회상담자는 성경을 사용하되 그 용어만을 사용하는 것이 아니라 성경의 경험을 자기 속에 내면화시켜 자기 자신의 용어로 성경의 경험을 표현할 수 있어야 한다.

오글스비는 정신치유(psychotherapy)의 유형을 세 가지로 나누어 설명했다. 첫째는 깨달음(knowing), 즉 지식을 중시하는 정신치유로서 지그문트 프로이드(Sigmund Freud)의 정신분석, 에릭 버언(Eric Berne)의 대인관계분석 등을 꼽았다. 둘째는 존재(being)나 감정을 중시하는 정신치유로서 칼 로저스(Carl Rogers)의 내담자 중심상담이나 프레데릭 퍼얼스(Frederick Solomon Fritz Perls)의 형태요법(Gestalt Therapy) 등과 같이 관계중심(또는 존재중심)의 치유를 말한다고 했다. 셋째는 행동(doing)을 중시하는 치유가 있는데, 윌리엄 글래서(William Glasser)의 현실 요법이 대표적인 예라고 했다. 오글스비는 이 세 가지 정신

치유 방법 중 가장 핵심이 되는 것은 존재(being)중심(관계중심)의 치유라고 하면서 성경의 중심 주제도 바로 존재, 즉 하나님과 인간과의 관계라고 주장했다. 그는 상담에서 성경을 사용할 때, 성경말씀 그 자체에 관심을 집중하기보다는 성경 말씀을 통해 상담 가운데 임재하시는 하나님께 집중할 것을 강조했다. 그는 말씀을 통해 인간에게 찾아오시는 하나님을 만나 그분의 수용과 용서를 체험하도록 상담해야 한다고 했다.

2. 상담에 있어서 성경의 권위

심리학적 원리들이 성경과 상충(相衝)되는 경우도 많이 있다. 그리고 다양한 인간의 문제들에 대해 성경이 구체적으로 대답해주지 않는 부분도 물론 있다. 그러나 성경은 우리의 삶의 근본적 원리와 기준을 제시해 주는 인간을 위한 하나님의 영원한 말씀이다. 크렙(Rawrence Crabb)은 과학적 연구로 개발된 상담모델보다 성경을 토대로 세워진 상담모델이 더 오류가 적을 것이라고 단언하면서, 상담에 있어서 성경의 권위를 정할 수밖에 없는 이유를 다음 네 가지로 주장했다.[4]

1) 성경 계시의 목적

하나님의 계시는 크게 자연계시와 특별계시인 성경이 있다. 그리고 이 두 계시의 목적은 분명히 다르다. 자연계시의 목적은 창조주이신 하나님을 알리고, 그에게 순종의 의무를 다하게 하기 위해서이다. 그래서 하나님은 자신의 "영원한 능력과 신성"을 드러내셨다(롬 1:20). 그러나 특별계시인 성경을 하나님께서 인간에게 주신 도덕적인 목적은 한마디로 "어떻게 사는 것이 참다운 삶인지"를 알려주시기 위해서이다. 이것은 상담이 관심 두는 문제이다. 왜냐하면 상담이란 참다운 삶을 살지 못하게 하는 문제들로 고통을 받는 사람에게 그 문제들을 극복하고 하나님께서 원래 계획하신 복된 삶을 살도록 도와주는 것이기 때문이다. 그러므로 인생의 교과서는 자연이 아니라 성경이다. 적어도 우리가 성경이 삶의 문제에 대한 해결책을 말해주는 하나님의 책이라고 믿는다면, 목회상담자는 성경이 인생에 관한 과학적 연구보다 더 도움을 주리라고 기대해야 한다.

2) 성경의 평이성(平易性)

성경의 평이성(plainness)은 우리가 확신을 두고 말씀을 의지하게 한다. 비록 이해하기 어려운 부분도 있지만, 성경은 확실한 명제적 계시이다. 즉 합리적으로 표현할 수 있는 주제들에 대해 실제 사람들에게 이야기하는 일상적인 단어들로 구성되어 있다. 그러나 자연은 분명한 명제적 계시가 아니기 때문에 눈으로 관측한 사실을 제시하고, 나름대로 해석하고, 또 이해하고 전달하기 위해 많은 단어로 설명해야 한다. 이것은 분명한 명제적 계시인 성경보다 더 명료하지 않다. 이것이 자연에 근거한 과학보다 성경을 더 의존해야 할 하나의 근거가 된다.

3) 성경의 순수성

죄에 오염되지 않은 거룩한 계시로서의 성경의 순수성(purity)은 저주받고 탄식하는 자연의 불완전성과 대비된다. 우리가 자연에서 배우는 것들(과학적 지식)은 죄의 결과를 반영하는 것일 수 있다. 과학적인 가설들은 처음에는 진리같이 생각하나 시간이 지난 후에는 거짓으로 판명될 수 있고, 또 결과적으로 인류에 큰 혼란과 고통을 가져 줄 수 있다. 그래서 자연을 통한 가르침은 언제나 불안하다. 그러나 성경이 말씀하시는 도덕적 가르침은 완전하기 때문에 우리는 바른길에 서 있다는 확신을 가질 수 있다. 그러므로 성경을 연구함으로 얻은 원리들은 자연을 연구함으로 배우는 개념들보다 훨씬 더 믿을만하다.

4) 성경의 약속

가르침을 받고자 하는 겸손함과 정직한 태도로 성경에게 다가가면 성령께서 우리를 도우시리라는 확실한 약속이 있다. 이것은 절대 심리학적 연구에는 없는 것이다. 그러므로 목회상담자는 기대하고 순종하는 마음으로 성경에게 다가가야 한다. 물론 심리학적인 개념들이 자연계시로서 도움과 촉매가 될 수 있겠지만, 절대 이것들이 성경의 권위를 넘어서서는 안 된다. 심리학적인 자료들을 연구 검토해야하지만, 어떤 경우에도 성경의 가르침이 궁극적인 기준이 되어야 한다.

3. 상담에서 성경 활용 원리

성경을 활용할 때, 성경만으로도 인간의 모든 상황을 다루기에 충분하며 하나님 중심의 삶을 회복시키는 유일한 근거, 원리, 방법이 된다고 하는 보수주의적 입장을 좇을 것인가, 아니면 성경 구절 자체에 너무 집착하지 말고 심리학적인 원리를 존중하면서 그 말씀을 통해 다가오시는 하나님의 임재를 중요시하는 중도적 입장을 취할 것인가의 딜레마를 극복하기 위한 성경 활용의 원리는 다음과 같다.[5]

① 심리학의 원리들은 자연의 질서(자연계시), 그리고 성경의 원리를 자연의 질서를 지배하는 영적 질서(특별계시)로 생각하고 이 모두가 하나님께 속한 것으로 믿고 조화롭게 사용해야 한다. 그러므로 보수주의 입장처럼 심리학적인 원리들을 악마적인 것으로 정죄하는 것은 하나님이 창조하신 자연의 질서를 부인하는 어리석은 일이다.

② 성경말씀은 하나님과의 관계회복을 위한 목회상담의 필수적인 자원이다. 하나님과의 관계를 지배하는 영적 질서는 오직 하나님의 말씀으로만 회복될 수 있다. 하나님과의 관계 회복은 목회상담의 근본 목표이며, 삶의 근원적 해결의 열쇠다. 왜냐하면 인간의 정신건강은 전인적이며, 그 중심에 하나님과의 관계가 있기 때문이다.

③ 교회의 역사는 성경해석의 역사라고 할 수 있다.[6] 그만큼 성경해석은 대단히 중요하고 또한 오류에 빠질 가능성도 높다. 성경의

중요성을 강조하는 보수주의 입장에서는 자칫 성경해석이 문자주의로 흐를 가능성이 있다. 그래서 하나님과의 관계 회복보다는 성경 말씀에 대한 소개와 그 말씀에 대한 순종을 강요함으로 잘못하면 율법주의에 빠질 가능성 또한 있다. 성경 하나하나의 구절에 대한 해석보다는 말씀과 함께 임하시는 하나님의 현존을 경험하게 하는 것이 더 중요하다. 그러므로 상담자는 성경을 사용하면서, 그 말씀과 함께 상담상황 속에 임하시는 인격적인 하나님을 경험하게 하는데 중요한 관심을 기울여야 한다. 이것이 목회상담의 주요 과제이다.

④ 심리학적인 상담이론과 실제에 지나친 비중을 두어 그 이론에 의해 내담자의 자연 질서를 회복하는 것(정신건강회복, 인간관계 회복 등)만을 목회상담의 목표로 생각한다면 심리학적 상담이론과 실제를 성경우위에 두고 상담할 수 있다. 물론 목회상담은 내담자 삶의 총체적 회복을 그 목표로 하고 있다. 그러나 이러한 전인적 회복을 위해 내담자의 영적 회복이 선행되어야 한다. 목회상담자는 하나님과의 관계회복이 전인치유의 근원임을 명심(銘心)해야 한다.

Pastoral Counseling and
Spirituality

목회상담과
영성

제5장 영성과 상담

대부분 상담자를 찾아오는 내담자의 문제는 삶 속에서 나타나는 "관계"의 문제이다. 부부문제, 자녀문제, 고부간의 문제, 그리고 영적인 문제에 이르기까지 문제의 근본 원인은 관계성의 문제인 것이다. 그러므로 영성은 목회상담의 근본을 형성한다. 내담자의 영성도 성숙해야 하지만, 상담자가 먼저 깊은 영성을 소유해야 할 것이다. 오늘날 목회상담에서 "영성"의 문제가 심도 있게 거론되기 시작한 원인은 첫째, 현재까지 심리학 혹은 심리치료법에 메어있던 목회상담의 흐름이 신앙과 신학의 전통을 되살리려는 운동 쪽으로 선회(旋回)하고 있다는 것이고, 둘째, 포스트모던(post-modern)시대를 살아가는 현대인들은 현실적인 먹을 것, 마실 것, 입을 것 등의 문제보다 보단 근본적인 삶의 의미와 방향 상실의 문제로 더 고민하고 있다는 것이다.[1] 그러면 영성의 의미와 영성과 목회상담과의 관계, 그리고 요즘 주의를 끌고 있는 영적 지도(spiritual direction)와 상담과의 관계를 정리해 보자.

1. 영성이란 무엇인가?

성경에 영(靈, spirit)을 의미하는 루아흐(רוח)의 쓰임새를 보면, 바람과 같은 자연현상으로서의 루아흐, 사람 안의 호흡으로서의 루아흐, 그리고 하나님의 루아흐로 나누어 생각할 수 있다. 어쨌든 이러한 어원적 쓰임을 보면, 인간의 영은 하나님의 영과 교통할 수 있는 영성적 존재로 창조되었다는 것을 알 수 있다.[2] 김경재는 인간의 영성이란 완결형태의 불변의 실체가 아니라 싹이 트고 성숙해 나가야 하는 "하나님의 형상(image of God)의 씨앗"으로서의 가능성이라고 했다.[3] 이렇게 인간은 처음부터 영성을 소유한 존재이기 때문에, 영이신 하나님을 찾고 하나님과 교통할 수 있을 뿐 아니라 감각적이고 물질적인 이 세계 속에서도 영성적 삶을 살 수 있다.[4] 기독교 영성의 관계대상이신 하나님은 결코 사변(思辨)적 대상이 아니다. 그는 실제 신자의 삶 속에 들어오시며, 또한 체험할 수 있다. 그러므로 영성은 '나와 하나님과의 관계에 대한 자의식(self-awareness)적 체험'이라고도 할 수 있다. 이것을 홈즈(Urban T. Holmes Ⅲ)는 초월적 존재인 하나님과 신비로운 관계를 통한 영적 각성(spiritual awareness)이라고 했다.

정리하면 인간은 태어날 때부터 본성적으로 하나님과 교통할 수 있는 하나님 형상의 씨앗을 가진 영적 존재이며, 기독교 영성이란 이러한 영성적 존재인 인간이 중보자 예수 그리스도 안에서 초월적 존재이신 하나님과의 신비스런 관계성을 통해 성장하는 영적 가능성이라고 할 수 있다. 그리고 기독교 영성은 하나님과의 관계 (대신관계, trans-personal relationship)뿐 아니라 자신과의 관계(대자관계,

intra-personal relationship), 이웃과의 관계[대인관계, inter-personal (person to person) relationship], 그리고 자연 또는 환경과의 관계(대물관계, meta-personal relationship)의 통합(統合)적 관계성을 통해 성장한다.[5] 이러한 기독교 영성의 이해는 전인적 치유와 성장을 도모하는 목회상담에 있어서도 대단히 중요하다고 할 수 있다. 또한 이러한 영성에 대한 이해는 인간을 영적 존재로 인정하지 않는 일반상담과 확연히 구별되는 목회상담의 특징이기도 하다.

2. 영성과 상담과의 관계

기독교 영성은 일반 영성과는 구별되는 특징을 가지고 있다. 그 특징들을 목회상담과 연관하여 간략하게 정리해 보면 다음과 같다.

첫째, 하나님 중심의 신본주의 영성이다. 일반 영성은 역사적 인물의 정신이나 사상을 본받는 인본주의적이라면, 기독교 영성은 예수님 안에서 하나님과의 수직적이고 인격적 관계 의 영성을 추구한다. 기독교 영성에 있어서 절대적 존재인 하나님과의 신비적 관계와 경험은 대단히 중요하다. 목회상담의 가장 기본적이고 중요한 관계회복은 하나님과의 관계회복이다.

둘째, 통합적 영성이다. 기독교 영성은 단지 차가운 지성주의나 광신적 감정주의 또는 맹목적 행동주의가 아니다. 오히려 전인적이고, 삶의 모든 부분을 통합하는 통합적 영성을 추구한다. 목회상담도 전인적 치유를 추구한다.

셋째, 관계적 영성이다. 베너(David G. Benner)는 기독교 영성을 "예수 그리스도와 내재하시는 성령에 대한 신앙을 통해서 가능하게 되는 하나님과의 깊은 관계의 상태"라고 정의했다.[6] 기독교 영성은 하나님과의 수직적 관계뿐 아니라, 자신과의 관계, 이웃과의 관계, 그리고 자연 또는 환경과의 관계의 개선과 이들 관계 속에서 균형 있는 성장을 추구하는 영성이다. 목회상담도 이러한 다양한 관계성의 회복을 통한 치유와 성장을 도모한다.

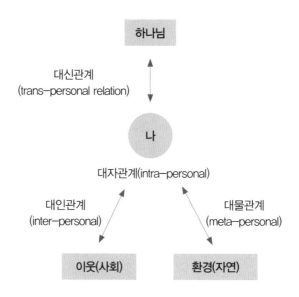

표3. 기독교 영성의 관계성

넷째, 일상(日常)적인 영성이다. 기독교 영성은 완전히 현세를 부인하고 경멸하여 은둔생활을 하는 고행(苦行)이나 극단적 신비주의를 절대 추구하지 않는다. 기독교 영성은 신자의 일상적 실존 속에서 자신의 가치를 드러낸다. 그래서 예수님은 어둔 세상에서 빛과 소금이 되라고 하셨다(마 5:13-16). 일상성이 없는 영성은 결국 신비주의의 함정에 빠지게 되고, 또 초월자이신 하나님에 대한 신비적 체험이 없는 영성은 무미건조한 율법주의나 이성주의로 전락할 가능성이 크다. 목회상담도 일상적 삶의 변화를 추구한다. 그러므로 목회상담의 성공은 내담자의 영적 성숙에 비례한다.

다섯째, 선교적 영성이다. 예수님의 공생애 삼대 사역 중 하나가 선교(전도)였고, 지금도 예수님은 몸인 교회를 통해 세상 속에 성육하시고, 세상과 만나신다. 고인 물이 썩듯이 세상으로 나가지 않는 영성은 반드시 타락한다.

여섯째, 성경 중심적 영성이다. 기독교 영성의 모든 주제와 내용은 하나님의 말씀인 성경에 근거한다. 다시 말하면 기독교 영성의 핵심 주제인 하나님과 인간과의 바른 관계성 회복과 증진이 바로 성경의 주제이며, 또한 목회상담의 근본적 목적이기도 하다(딤후 3:15-16). 성경을 떠난 영성은 이미 기독교 영성도, 목회상담도 아니다.

일곱째, 성령의 사역이다. 성령이 아니고서는 타락한 인간이 중생하여 하나님과의 관계가 회복될 수 없다. 그리고 유한한 인간이 무한하신 하나님을 인식하고 체험하는 것은 사실상 불가능하다. 그러므로 오직 하나님의 영이신 성령의 도우심으로 하나님의 체험과 진리에 이르게 되며(요 14:17; 16:13), 완전하신 그리스도의 인격을 닮아가는 인격적 변화와 성숙을 경험할 수 있다(갈 5:16-26). 목회상담도 기독교 영성과 마찬가지로 이렇게 성령의 중생케 하시는 사역과 성화의 사역 속에서 이루어진다.

여덟째, 내면세계로의 여행이다. 기독교 영성은 깊이 있는 하나님 체험을 통해 신지식(神知識)의 눈을 뜨게 하지만, 자신의 내면세계(inner world)를 바라보는 눈을 열어준다. 세속적인 세상 속에서 잊고 살았던 내면세계 속의 자신의 영성에 대해 관심을 갖게 하며, 진정한 영적 실재이신 하나님 안에 있는 자신을 발견하는 신비한 여행을 떠나게 한다. 자신의 내면에 대한 깊은 성찰은 목회상담에 있어서도 중요한 치유 과정이며, 자신을 바르고 깊이 아는 것이 진정한 치유의 첫걸음이다.[7]

인본주의 심리학자들은 인간의 마음속에 성숙을 위한 내적인 힘이 있다고 생각한다. 특히 "내담자 중심 상담"(Client-Centered Therapy)으로 유명한 로저스(Carl Rogers)는 '모든 유기체에게 자신이 가진 모든 능력을 발전시키고자 하는 본질적 경향이 있으며, 그것은 자신을 풍요롭게 하고 보존하는데 유익하게 한다'고 했다. 또한 실존주의 심리학자인 프랑클(Victor Frankle)은 '인간은 초월적 존재로서, 자신 밖에 있는 자신과 다른 그 무엇을 향하고 있다.'고 했다. 즉 인간은 자신 밖의 가치들과 목표들을 향해 정진할 때, 자아를 실현할 수 있다는 의미이다. 일반 심리학적인 관점에서 인간의 성숙은 인간 심리 안에 자리하고 있는 역동적인 힘에 달려 있고, 그 힘은 개인의 자아실현 쪽으로 향하고 있다는 것이다.[8]

인본주의 심리학자들이 인간이 본질적으로 자신의 성숙, 즉 자아실현을 향하여 매진하는 초월적 존재로 묘사하고 있는데, 이것은 성경이 초월자이신 하나님과의 관계 속에서 예수님을 닮아 성숙하려는 영적인 존재로 인간을 묘사하는 것과 닮았다. 단지 인본주의 심리학자들은 인간을 충분히 자신을 변화시키고 성숙시킬 수 있는 능력 있는 존재로 보지만, 성경은 전적으로 타락한 인간의 힘으로는 불가능하며 오직 성령의 능력 안에서만 가능하다고 본다. 그리고 자아실현도 인본주의 심리학에서는 자신의 모든 잠재력을 개발하고 자아의 개성을 완전히 표현하는 단계이며, 이때 신비한 '절정의 경험'을 하게 된다고 한다.[9] 그러나 기독교 영성은 예수님과의 완전한 연합이 자아실현이며, 이때 놀라운 영적 절정의 경험을 하게 된다(고후 12:1-10).

3. 영적 지도와 상담

분명히 영적 지도와 목회상담은 목회현장에 서로 도움을 주고 공통점이 있기는 하지만, 서로 구별되는 사역의 독특성을 가지고 있다. 목회상담은 목회적 돌봄의 영역으로서 영적 지도와 밀접한 관계가 있다. 왜냐하면 둘 다 인간의 영혼을 다루며, 인간의 성숙을 목표로 하고 있기 때문이다.[10] 목회상담이 1950년대부터 일반화되고, 치유에 대한 새로운 관심이 1960년대의 카리스마적 운동(Charismatic Movement)과 함께 일어났다고 한다면, 1970년대 이후에는 그리스도인들 사이에 영적 지도(spiritual direction)에 대한 인식이 점차 확산되기 시작했다. 물론 영적지도는 현대에 갑자기 나타난 용어는 아니다. 성경을 살펴보면, "영들 분별함"(distinguishing between spirits)의 은사(고전 12:10)나, "지각을 사용함으로 연단을 받아 선악을 분변하는 자들"(the mature, who by constant use have trained themselves to distinguish good and evil)과 같이 성숙한 그리스도인들과 관계가 있다. 영적 지도는 기독교 역사 속에서 수레의 두 바퀴처럼 두 가지의 중요한 요소가 강조됐는데. 그것은 "비 판단적 안내"(non-judgemental guidance)와 "영적 조언"(spiritual advice)이다.[11]

　최근 영적 지도와 목회상담은 서로의 사역에 긴밀한 관계를 유지하면서 비판적 성찰과 영향을 주고받으면서 역동적으로 발전하고 있다. 미국이나 캐나다의 경우에는 목회상담을 교육하는 프로그램에서 영성이나 영적 지도를 가르치는 교수들을 쉽게 접할 수 있다. 그리고 영성센터에서 사역하는 영적 지도자들도 대부분 상당 수준의 심리치료나 상담훈련을 받았으며, 일반적으로 스태프 중에서도 적어도 한 명 이상은 임상심리나 상담분야의 전문가가 포함되어 있다.[12]

　그러면 영적 지도란 무엇인가? 리치(Kenneth Leech)는 영적 지도라는 것은 권위적이거나 전제적인 것이 아니라고 했다. 오히려 사막의 교부들의 전통에 따른 "비지도적 성격"을 강조했다. 그는 영적 지도자는 지도하는 자리가 아니라 모범을 보이는 자리라고 했다. 그러므로 영적 지도는 지나친 의존의 형태, 영적 부권(父權)에 대한 강요가 아니라, 그리스도인의 자유라는 틀 안에서 이루어져야 함을 강조했다. 그는 영적 지도는 "두 사람이 그리스도 안에서 갖는 우정의 관계"라고 정의했다. 그는 두 사람이 개인적인 만남을 통해 우리 삶을 향한 하나님의 뜻을 보다 분명히 분별하며, 제자도와 은혜의 삶 안에서 성장하게 된다고 했다.[13] 즉 영적 지도는 "그리스도 안에서의 친교, 영혼의 친교, 영적 친교, 또는 영적 안내"라고 할 수 있다. 그리고 이 친교는 자유로운 상태에서 이루어져야 한다.[14] 그래서 메이(Gerald G. May)는 영적 지도에서 영적 지도자라는 용어가 자칫 권위주의적인 느낌을 주기 때문에 "영적 친구"(spiritual friend)라는 용어를 사람들이 더 좋아한다고 했다.[15] 리치는 영적 지도의 몇 가지 중요한 특징을 다음과 같이 언급했다.[16]

첫째, 영적 지도는 자유롭게 선택되어야 한다. 그것은 은사이지 성례적이거나 법적인 관계가 아니다. 자유로운 상태에서 영혼의 친구를 구하고 선택해야 한다.

둘째, 만일 영적 지도자의 관계가 더 이상 처음의 목적을 만족시키지 못한다면, 자유롭게 그 지도자와 헤어짐으로 관계를 정리할 수 있어야 한다.

셋째, 영적 지도는 권위적이지 않아야 한다. 오히려 특별하고 강력한 우정의 한 형태여야 한다. 영적 지도는 성령 안에서의 상호 나눔이며, 상호 간의 지도를 구하는 것이다.

넷째, 영적 지도는 삶의 전 영역과 관계되어 있다. 소위 영적인 영역뿐 아니라 삶의 전 영역, 전인격에 영향을 주는 지도가 되어야 한다. 왜냐하면 영적 지도는 인간존재 전체의 변화에 관심을 갖기 때문이다.

다섯째, 영적 지도에는 가르침과 교육의 영역이 분명히 있겠지만,

전반적으로 도움을 주는 것, 북돋아 주는 것, 가르치는 것을 포함한다. 영적 지도자는 어떤 주제나 문제에 대한 직접적인 가르침을 줄 수 있겠지만, 근본적으로는 북돋아 주는 자로서 힘과 확신의 공급자가 되도록 노력해야 한다.

여섯째, 영적 지도는 거룩함과 내적 순결을 요구하는 관계이다. 영적 지도는 어떤 기교를 통해서 얻어지는 것이 아니다. 오히려 거룩함이 없는 기교는 관계를 파괴시킨다. 영적 지도의 진정한 지도자는 성령이시다. 목회는 순전히 기능적인 상담 사역만으로 이룰 수는 없다. 그것은 성령의 성화 사역 속에서 이루어져야 한다. 그러므로 영적 지도는 두 가지 차원에서 성취되어야 하는데, 하나는 성화된 목회를 세우는 것이고, 다른 하나는 성화되고 성별된 사람들(예언자적인 남은 자들)을 형성하는 것이다.

영적 지도와 목회상담의 관계를 살펴보자. 영적지도와 목회상담은 아주 많은 유사점이 있지만, 또한 근본적으로 다른 과정이다. 무조건 통합이라는 미명하에 영적 지도를 심리화 시키는 위험을 경계해야 한다. 물론 성장과 치유를 위해 심리학적인 접근과 영적인 접근을 통전적으로 결합하는 것은 아주 고상한 이상이다. 그러나 영적 지도를 영적인 특성이 상실된 일종의 목회-심리적 상담으로 변질시키지 않으려면 지도자의 성숙과 깨어있는 태도가 필요하다. 왜냐하면 심리학적 상담방법은 영적 지도보다 더 객관적이고 구체적이기 때문에 지도자와 피지도자가 광범위한 심리적 탐구로 빠져 들어가는 우(愚)를 범하기 쉽기 때문이다. 그러나 현실적으로 영적 지도를 받으러 오는 사람들은 그들의 영성에 밀접한 영향을 준 심리적 문제들을 안고 오고, 또한 인간은 영혼육의 통합적이고, 전인적인 존재이므로 마음과 영혼, 그리고 영혼과 육체의 건강을 무 자르듯 분리하는 것은 참으로 어리석은 일이다. 그러므로 목회상담자는 인격의 모든 측면에 대한 관점을 유지하면서, 어느 한 가지에 몰두하거나 부정하는 편협한 생각을 버리는 균형 잡힌 태도가 필요하다.[17] 영적 지도는 피지도자의 삶의 전반적 영역에서의 깊은 영성을 통한 영적 성장을 추구하기 때문에 아무래도 문제해결 중심의 목회상담보다 포괄적인 과정이라고 할 수 있다. 목회상담자가 이러한 차이점과 공통점을 분명히 이해하고 지혜롭게 적용해 간다면 그의 목회적 돌봄이 더욱 능력 있고, 풍성해질 것이다.

Pastoral Counseling and
Spirituality

목회상담과
영성

제6장 교회와 상담

많은 사람이 상담과 교회는 별개의 것으로 생각하는 경향이 있다. 성경을 믿고 교회에서 자라서 기독교 대학을 졸업한 젊은이들조차 "상담이 교회의 사역"이라는 것에 대해 무지하다. 상담은 교회의 권위와 자원을 가지고 교회 목회의 한 기능을 감당해야 한다.[1] 일반상담과 목회상담의 큰 차이 중에 하나는 목회상담이 교회라는 든든한 상담자원을 가지고 있다는 것이다. 교회는 목회상담의 터전이며, 또한 자양분이다. 목회상담은 교회 속에서, 그리고 교회를 통해서 이루어져야 한다.

1. 교회의 본질

교회와 목회상담의 관계와 그 중요성을 살펴보기 위해서 먼저 교회의 본질을 연구하는 것이 필요하다. 왜냐하면 목회적 돌봄으로서의 목회상담은 교회의 부가적이고 이차적인 기능이 아니라, 본질적 기능에 해당되기 때문이다.

1) 어원적 이해

구약에서 교회를 의미하는 단어는 카할(קָהָל)이다. 그 의미는 "부른다," "의논하기 위하여 소집된 공동체," "율법을 듣고 하나님께 예배하기 위해 모인 모임"인데, 70인역에서는 "에클레시아(ἐκκλησία)"라는 말로 의역되었다. 클라우니(Edmund P. Clowney)는 The Church 라는 그의 저서에서 카할과 에클레시아 모두 "congregation"[회집되어 있을 수도 있고 그렇지 않을 수도 있다(회중)]이 아니라 "assembly"[실제로 모여 있는 무리(회중, 총회, 회집)]이라고 강조했다.[2] 또 에다(עֵדָה)라는 말도 교회를 의미하는 단어라고 할 수 있는데, "택한다," "택함을 받아 모인 집단"이라는 뜻인데, 70인역에서는 "쉬나고게(συναγωγή)"라는 말로 의역되었다.

신약에서 교회를 의미하는 일반적인 단어는 "에클레시아"(ἐκκλησία)이다. 이 단어는 기독교 전용이 아니라, 민회(시의회) 등의 일반적인 모임에도 사용하였고, 나중에 성서의 기자들에 의해 "예수 그리스도를 중심으로 한 모임," "신자들의 모임"으로 쓰이게 되었다.[3] 또한 "쉬나고게"(συναγωγή)라는 단어도 교회를 의미하는 낱말로 쓰였는데, 유대인이 모여 율법을 배우는 장소(회당)로 사용되었다. 쉬나고게는 에클레시아보다 집의 개념이 더 강하며, 유대인들이 모이는 모임과 장소를 의미한다.

위 정의에서 나타나듯이 교회는 세상으로부터 하나님께 순종하기 위해 하나님께로 불러내어진 백성을 의미한다[건물이 아니라 사람]. 그러므로 세상과는 구별되고, 하나님과는 일체감(연합)이 있어야 한다.

2) 성서적 이해

신약성서 안에는 교회의 다양한 모습이 설명되어 있는데, 약 100여 개의 다른 표현들이 등장한다. 그런데 뉴베긴(J. E. Leslie Newbegin)은 그의 책, The household of God, Friendship에서 그 핵심적인 내용들을 크게 4가지로 분류했다.

첫째, 믿는 이들의 모임(The congregation of the faithful): 교회는 예수 그리스도에 대한 믿음에서 출발한다. 즉 교회는 하나님의 선택받은 백성의 모임이다.

둘째, 그리스도의 몸(The body of Christ): 이 개념은 에베소서에 잘 나타나있다. 이 표현의 이면에는 하나의 집합적 혹은 총괄적 인격으로서의 예수 그리스도와 그와 결속되어 있는 신자들의 개념이 있다. 그 의미를 정리하면 다음과 같다.

① 그리스도인은 그리스도와 더불어 그리고 그리스도의 영(성령)과 연합하여 있다.
② 그리스도인은 이 공동체 안에서 각기 자신의 삶의 완전을 위하여 성령의 은사를 힘입었다. 은사의 목적은 "전 공동체의 이익과 복지"(고전 12:4-31; 엡 4:11-12)에 있다.
③ 공동체로서의 몸의 생명과 건강은 각 지체의 건전한 봉사와 활동에 근거해 있다.
④ 그리스도인은 성례전적 연합, 침례와 성찬(그리스도의 죽음과 부

활에 참여함을 상징)에서 그리스도와 연합하고 이웃 회원과 하나
되는 경험을 갖는다.

⑤ 교회는 그리스도의 영에 의하여 통치, 유지, 연합, 영적 감동이
가능한 하나의 몸이다.

셋째, 영적 교제(The fellowship of the Spirit): 교회를 그리스도의 몸
이 되게 하는 결정적인 요인은 바로 성령의 임재와 역사이다. 이방인
을 향한 교회선교의 출발도 성령의 임재에서 비롯되었고, 성령을 받
았다는 것이 기독교인이 되는 결정적 표식이며(롬 8:9; 요일 4:13), 성
령은 교회를 교회되게 하는데 신생(新生)의 역사와 성숙의 열매, 그리
고 모든 진리가운데로 인도하시는 사역을 수행하신다.

넷째, 희망의 공동체(The community of hope): 신약교회는 종말론
적 공동체이다. 교회의 생명은 장차 완성될 사실에 대한 현재적 성취
이며, 그 역사에 대한 진지함과 약속에 대한 신앙으로 유지되는 생동
하는 존재이다. 그리스도의 신부로서의 교회는 종말론적 형상 속에서
제 모습을 드러낸다.

3) 신학적 이해

(1) 칼빈(J. Calvin)

① 선택된 자들의 총수로서의 교회: 거룩한 공회. 그리스도를 믿고
선택된 모든 이들을 포함하고 있는 선택된 자들의 총수

② 모든 신자의 어머니로서의 교회: 신자를 양육하는 어머니

③ 그리스도의 몸으로서의 교회: 그리스도와의 교제. 성화의 장(場)

(2) 바르트(Barth)

교회는 하나님의 역사 속에서 봉사자와 증거자의 모습으로 참여함으로 그리스도의 뜻을 실현하는 것이 교회의 활동이다. 즉 교회는 그리스도 사건에의 참여요, 실현이며, 그 내용의 형식은 선교적 행위로 나타난다. 특히 그는 그리스도의 몸 외에도 하나의 거룩하고(holy), 보편적이고(catholic), 사도적인(apostolic)인 전통적인 교회개념을 주장했다. 그는 사도성을 강조할 때는 봉사하는 교회의 모습[종의 모습]을 제시하려고 했다.

(3) 호켄다이크(J. C. Hoekendijk)

교회는 인류 역사 속에서 메시아적, 종말론적 성격을 띠고 있다. 메시아적 성취는 세계 속에 하나님 나라를 건설하는 일이며, 마지막 때 성령의 능력 안에서 그리스도로 말미암아 오는 구속의 완성, 곧 샬롬(shalom)의 성취이다. 이것이 바로 선교의 핵심이며 동시에 교회의 사명이다. 교회의 선포, 친교, 봉사, 교육 등의 기능은 결국 선교의 완성을 위한 일이다. 그는 교회의 복음실현은 종의 모습에서 가능하다고 하면서 빌립보서 2장 5절의 kenosis(made himself nothing)를 강조했다. 이 종의 모습은 ① 자신을 비움 ② 인간과의 유대 ③ 봉사 라고 했다. 메시아적 공동체로서의 교회모습은 사람들 위에 군림하는 모습이 아니라 종과 나그네(paroika)로서 봉사자의 모습이 되어야 한다.

2. 교회의 목회적 사명

1) 교회의 사명

교회의 존재는 주님의 생명 연장이며, 주님의 목회를 계속하는 것이 그 목적이다. 즉 봉사(奉仕)의 목적으로 창조된 것이다. 교회는 그리스도의 몸으로서 그리스도의 정신과 목적을 계속적으로 나타내야 하며 그리스도는 교회를 통해 2차 성육(成肉)하셔야 한다.

목회(ministry)를 의미하는 헬라어는 "diakonia"이며, 그것은 "봉사"(service)를 의미한다. 그리고 이 단어는 성직자와 평신도 모두에게 적용되는 말인데, 후에 "집사"(deacon)라는 말로 확정되었다.

- 고후 3:6 = "저가 또 우리로 새 언약의 일꾼(ministers of a new covenant) 되기에 만족케 하셨으니…"
- 엡 4:11-12 = "그가 혹은 사도로, 혹은 선지자로, 혹은 복음 전하는 자로, 혹은 목사와 교사로 주셨으니 이는 성도를 온전케 하며 봉사의 일을 하게 하며 그리스도의 몸을 세우려 하심이라"[to equip the saints for the work ministry, for building up the body of Christ/은사를 주신 목적은 목회(봉사)의 일과 그리스도의 몸을 세우기 위해 성도들 준비시키기 위함이다]

교회의 머리이신 예수님은 모든 디아코니아(diakonia)의 최초의 실천자이셨으며, 주님은 이 디아코니아의 정신과 태도를 교훈의 삶의 모범을 통해 가르쳐 주셨다.

2) 지글러(Franklin M. Segler)

지글러는 이러한 교회의 목회사명을 교회의 이상적인 목회와 기능적 목회로 나누어 설명했다.[4]

(1) 교회의 이상적인 목회

어떻게 보면 교회 목회의 목표라고 할 수 있다. 그것은 "하나님께 영광을 돌리고, 그를 영원히 사랑하는 것"이다. 즉 마음과 뜻과 목숨을 다하여 하나님을 사랑하고, 그 다음 그 사랑으로 헌신하여 하나님께 영광을 돌리는 것이다. 이것은 삶의 우선순위(priority)와 관계있다. 결국 교회의 목표는 하나님과 이웃에 대한 사랑의 증진이라고 할 수 있다. 교회가 하나님께 대한 사랑 가운데 세워질 때, 그것은 모든 사람들 가운데서 사랑의 증진을 효과 있게 할 수 있을 것이다. 그러므로 이 두 가지 목적은 교회 목회의 이상적인 목표이다. "오직 사랑 안에서 참된 것을 하여 범사에 그에게까지 자랄지라. 그는 머리니 곧 그리스도라"(엡 4:15)

맥카이(John A. Mackay)는 진정한 목회 성공의 의미를 다음과 같이 설파했다:

> 그리스도인의 생활의 표준은 성숙한 인간에 있다. 교회 지도
> 자들의 성공 혹은 실패는 그들이 섬기는 사람들 가운데서 그

리스도인 성숙의 형성에 그들이 공헌하는 정도에 따라 평가될
것이다…그리스도의 몸을 세우는 것과 그리스도인 성숙을 이
루는 것은 불가분의 관계가 있다…그리스도인의 성숙한 인간
과 성도의 교제는 분리될 수 없다.

사랑은 성령의 열매이며, 은사의 생명이며, 영적 성장의 척도(尺度)
이다. 그리고 사랑은 모든 율법의 완성이며, 교회를 교회답게 한다.
하나님은 사랑이시다. 얼(John Earle)은 '사랑을 줄만한 여유가 없이 신
앙만 내세우는 교회회원은 틀림없이 위선자'라고 묘사했다.

(2) 교회의 기능적인 목회

교회의 이상적인 목회를 어떻게 실현할 수 있는가? 교회의 기능적
인 목회는 교회의 이상적인 목회를 목회정황 속에서 계속적인 사회적
행동의 언어로 번역하는 것과 같은 일이다.

① 예배의 목회: 교회는 무엇보다도 예배의 공동체이며, 예배는 교
회가 첫 번째로 해야 할 일이다. 경배, 찬양, 감사, 고백, 그리
고 생명의 헌신으로 하나님의 값없이 주시는 은혜에 응답해야
한다.

② 설교의 목회: 교회가 시작될 때부터 복음의 공적인 선포
[kerygma(행 4:20)]인 설교는 중요한 기능이었다. 다드(C. H.
Dodd)는 복음(kerygma)를 다음과 같이 명확하게 정리했다. '예수
님은 다윗의 자손으로 탄생하셨고, 현재 악한 세대의 우리를 구

원코자 성경대로 죽으셨으며, 그는 장사되셨다. 그는 성경대로 사흘 만에 부활하셨으며, 산자와 죽은 자의 주로서 하나님의 우편으로 승귀(昇貴)하셨고, 인간의 심판주와 구주로서 다시 세상에 오실 것이다.' 다드는 교회 안에 계신 성령은 그리스도의 현재의 능력과 영광의 표시이며, 구원과 성령의 능력은 회개하고 예수 그리스도를 믿는 이들에게 주어진다고 첨부했다.[5]

③ 교육의 목회: 일단 교회가 복음의 구원의 능력을 체험하고 난 다음에는 그것의 충분하고 함축된 의미를 이해하려고 한다. 신앙(개인적 경험)은 중요하나 교리(신앙에 대한 이해)는 강하고 견고한 신앙을 위해 필수적이다. 교육은 신앙을 위한 안내자이고, 신앙은 교육의 원동력이다. 교리 없는 신앙은 열광적인 열심[광신(狂信)]이고, 신앙 없는 교리는 생명이 없는 동의(同意)에 불과하다.

④ 치료, 목양(牧羊)의 목회: 예수님의 목회는 설교, 교육, 그리고 치유목회였다. 영혼을 돌보는 것은 교회목회의 중심에 있다. 즉 생의 위기[가난, 질병, 배척, 실망, 사별 등]에 있는 사람들에 대한 봉사는 교회가 꼭 감당해야할 사명이다(마 11:28; 롬 12:15).

⑤ 복음전도의 목회: 복음전도라는 것은 복음(福音, euangelion)을 알리는 것, 즉 구원의 기쁜 소식을 나누는 일이다. 교회의 사명은 복음전도이며, 복음전도는 교회목회를 활성화시키고 불신세계와 교회가 교통함에 있어서 본질적인 일이다.

⑥ 청지기(stewardship) 직분의 목회: 그리스도인의 헌신과 그의 생명을 예수 그리스도의 주권에 위탁하는 것을 의미한다. 이러한 자기 헌신(self-dedication)은 복음에 함축되어 있다. 교회 내에

서 청지기 직분의 실행은 그리스도의 봉사를 위해 생명과 소유를 위탁하는 것이다(고전 6:19) 교회의 재정확보를 위해 강조하기 보다는 좀 더 성숙한 그리스도인으로 성장시키는 훈련이 되어야 한다.

⑦ 개혁의 목회: 기독교 메시지는 혁명적이다. 참된 신앙은 그것을 받아들이는 모든 사람들의 생활을 변화시킨다. 기독교 메시지는 사회 가운데 역사하는 누룩이며, 빛이며, 소금이다(마 5:13-14). 그러므로 교회는 사회악(社會惡)에 대해 책임이 있다. 교회의 사회참여 또한 교회목회의 한 부분이다.

교회의 기능적 목회 중에서 특히 "치료, 목양의 목회"는 목회적 돌봄(pastoral care)으로서 목회상담의 기능이라고 할 수 있다. 교회에 대한 신학적 이해에서 볼 수 있듯이 목회상담은 교회목회의 중요한 기능 중 하나이다.

3. 치유공동체인 교회

1) 피레트(Jacob Fiet)

교회는 예수님의 몸이며, 예수님의 사역을 계속해야 한다. 예수님의 몸으로서의 교회의 사역에 대해 피레트(Jacob Fiet)는 세 가지로 언급했다. 첫째, 그리스도 안에서 하나님께서 주신 새 생명을 선포하는

"케리그마"(kerygma, 설교), 둘째, 하나님의 백성들에게 제자도를 가르치는 "디다케"(didache, 교육), 셋째, 교회의 상호성에 중점을 두어 권면과 위로를 제공하는 "파라클레시스"(paraklesis, 권면, 위로)이다. 이세 사역은 서로 밀접한 연관성이 있고, 중첩되기도 하지만, 권면과 위로를 의미하는 "파라클레시스"는 교회의 상담을 포함한 목회적 돌봄 사역을 나타내는 것이다. 파라클레시스(paraklesis)는 하나님께서 불안, 고통, 범죄, 절망, 과실, 결핍 등의 상황 속에 빠져 있는 백성들을 찾아오셔서 그리스도 안에서 그들을 구원하심으로 교회와 함께 새 생명을 얻게 하시며, 또한 새로운 순종의 기쁨 속에서 안위 받고 용기를 얻게 하시는 사역을 말한다.[6]

교회는 목회상담을 통해 "하나님의 파라클레시스"를 제공하는 치유공동체가 되어야 한다. 예수님의 사역의 1/3도 치유(Healing)사역이셨다. "예수께서 모든 성과 촌에 두루 다니사 저희 회당에서 가르치시며(teaching) 천국 복음을 전파하시며(preaching) 모든 병과 모든 약한 것을 고치시니라(healing)"(마 9:35)

2) 콜린스(Gray R. Collins)

콜린스는 교회의 본질에 대해 언급하면서, "교회는 공동체로서 사람들을 세우기 위해 존재한다"고 했다. 그는 이 세상의 바쁜 불신자들과 교회 안에서도 외곽만을 빙빙 돌고 있는 사람들을 교회 안으로 끌어들이기 위해서는 교회가 서로를 격려하고 세워주는 신자들의 건강한 공동체가 되어야 한다고 강조했다. 그는 소외감, 외로움, 자기 중심적인 경력추구, 깨어진 관계들이 만연한 사회 속에서 지친 영혼들이 교회 안에서만 발견할 수 있는 공동체, 서로의 덕을 세워주는 치유 공동체가 필요하다고 역설했다.[7]

4. 목회상담의 자원으로서의 교회

최근 정신치료 전문가들은 다른 방법으로 가능하지 않았던 것을 그룹 멤버들이 서로 지지하고, 도전하고, 지도하고, 격려함으로써 서로를 돕게 하는 치료 집단의 가치를 알게 되었다. 물론 치료 집단이 서로가 솔직하고 효과적으로 행동하도록 도전하거나 세워주기보다는 비판하고 당황케 하는 통제되지 않는 모임이 될 때는 서로에게 상처와 해를 끼칠 수도 있다. 그러나 훈련되고 민감한 지도자가 그 집단을 인도한다면, 집단 치유에 참석한 모든 사람들은 매우 효과적인 치료를 경험하게 될 것이다. 바로 이러한 효과적인 집단 치료를 목회상담에 제공할 수 있는 중요한 자원이 지역교회이다. 지역교회는 치료공동체로서 큰 잠재력을 가지고 있으며, 문제 있는 사람들을 치료하면서 교인들을 도와 더 성숙한 영성의 경지로 나아가도록 지도할 수 있다.[8]

성경적인 교회관은 예수 그리스도에게 삶을 위탁한 신자들의 집단이며, 각 성도가 발견하고 개발한 성령의 은사를 갖추고 있는 유기적인 연합체이다(엡 4장; 벧전 4:10). 성령은 그 뜻대로 신자들에게 은사를 나누어주시며(고전 12:11), 성령의 은사를 주신 첫 번째 목적은 각 신자가 그리스도의 몸의 일부로서 봉사할 수 있도록 준비시키는데 있다. 그리고 두 번째 목적은 그리스도의 몸을 세움으로 말미암아 성도가 연합되며 지식에 풍성한 성숙한 성도가 되게 하는 것이다(엡 4:12-13).[9] 교회는 이렇게 성도들이 자신의 은사를 사용하여 서로 세워주고 돕는 그리스도의 몸이 되어야 하며, 이러한 건강한 치유 공동체의 모습이 목회상담의 근원이며, 능력 있는 자원이 되는 것이다.

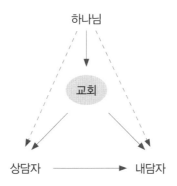

표4. 목회 상담의 구조(하나님–교회–상담자–내담자관계)

Pastoral Counseling and
Spirituality

목회상담과
영성

제7장 심리학과 상담

  급속한 산업화, 정보화, 다변화, 도시화 과정을 거치고 있는 현대 사회는 물질적인 풍요와 함께 과거 그 어느 시대에도 맛보지 못한 편리한 사회를 누리고 있다. 그러나 현대인들은 이러한 변화의 혜택과 함께 여러 가지 급속한 변화의 부작용으로 신음하고 있으며, 그 결과 상담과 심리치료에 대한 관심이 증가하고 있고, 이미 유럽과 미국에서는 상담과 심리치료가 보편화되어 많은 사람들이 혜택을 누리고 있다. 체리(Ellen Charry)는 20세기를 "심리학적 세기"라고 명명할 정도로 심리학의 영향은 실로 대단하다고 할 수 있다.[1] 또한 역으로 그만큼 현대인들의 마음의 병이 깊어지고 있다고도 할 수 있다. 우리나라도 최근 20년 사이에 상담분야가 급성장하여, 수많은 대학들에 상담학과와 전문대학원 과정이 개설되었다. 이러한 상담분야의 발전은 교회에도 많은 영향을 주면서 다양한 교회의 반응이 감지되고 있다. 상담에 대해 극한 거부감을 보이는 경향도 있고, 반대로 환영하는 경향도 있고, 또한 중도적인 입장에서 신중한 접근을 강조하는 경향도 있다. 이러한 다양한 경향 속에서 교회 내에 많은 상담 세미나들, 강연

들, 교육과 치유 프로그램들이 행해지고 있고, 사실 당황스럽고, 혼란스런 것이 사실이다.[2] 본 장에서는 상담에 있어서 다양한 심리학의 접근방법들을 살펴보고, 심리학과 신학의 차이와 통합에 관한 흐름들을 정리해 보고자 한다.

1. 심리학의 접근방법

1) 커원(William T. Kirwan)

커원은 인간의 인격의 주요 차원을 지식(knowledge, 사고), 존재(being, 감정), 행위(doing, 행동)로 구분하고, 이 세 가지 차원에서 심리학의 접근방법을 정리했다.[3] 첫째, 지식(인지)을 강조하는 인지학파로는 프로이드(Sigmund Freud), 엘리스(Albert Ellis) 등이 있고, 둘째, 치료를 위해 존재(감정)를 강조하는 인본주의학파는 로저스(Carl Rogers), 마슬로우(Abraham Maslow) 등이 있으며, 행동의 측면을 강조하는 행동주의학파로 왓슨(John Watson), 스키너(B. F. Skinner), 글래서(William Glasser) 등이 있다. 커원은 대부분의 기독교 상담학파는 행동주의적 접근을 강조하는 것 같다고 지적했다. 그러나 커원은 성경이 "행동은 존재에서 나온다"(doing derives from being)고 분명히 진술하고 있기 때문에 마음의 중요한 부분인 지식과 존재(감정)도 무시해서는 안 된다고 강조했다. 그는 목회상담 시에 인지학파는 수정이 필요한 문제영역(내면적 갈등과 부정적인 사회학습)을 파악하고 설명하는

데 도움을 주고, 행동학파는 부적절한 행동을 제거와 지속적인 내면의 변화를 가져다줄 개인적인 관계형성에 도움을 준다고 했다.[4]

2) 오성춘

오성춘은 인간본성에 대한 철학적 질문들, 즉 "인간은 태어날 때부터 선한가, 아니면 악한가," "사람들이 그런 행동을 하는 이유는 무엇일까?" 등에 대한 심리학적인 대답이 세 가지로 나눠진다고 하면서, 이를 토대로 상담에 대한 심리학적인 접근방법들을 정신역동적 접근, 실존주의─인본주의적 접근, 행동주의적 접근으로 정리했다.[5]

(1) 정신역동적 접근

정신역동적 접근은 크게 두 가지 견해가 있다. 프로이드(G. Freud)는 인간을 본성적으로 악하다는 전제를 가지고 있다. 반면 융(Carl G. Jung)은 인간의 무의식 속에는 악마의 가능성도, 천사의 가능성도 있다고 한다. 융은 집단무의식 속에 실현되기를 기대하는 무수한 원형(archetype)들이 들어있는데, 이 원형들 속에는 사단적인 것들과 천사적인 것들이 있다는 것이다. 그는 상담을 통해 선한 원형들이 실현되도록 도와주면 인간은 무한히 선하고 평화와 사랑을 아는 인간이 되지만, 그렇지 않을 경우 무의식 속의 어두운 그들이 인간을 지배하여 어두운 인간이 될 수 있다는 것이다. 대부분 정신역동적 접근을 하는 상담자들은 융과 같은 인간의 양면성을 수용하고 있다. 정신역동적 접근은 그 주요한 개념으로 의식(consciousness)과 무의식(unconscious) 그리고 전의식(preconscious)을 통해서 인간의 심리현상을 설명하고 있으며 인간의 인격은 원본능(id)과 자아(ego) 그리고 초자아(superego)로 구성되어 있다고 주장한다. 주요 상담기술은 내담자의 꿈 해석, 자유연상을 통해 튀어나온 말들의 해석, 저항의 분석, 전이감정의 분석 등이 있다. 이를 통해 상담자는 내담자 내부의 무의식 세계의 갈등을 찾아내고자 한다. 내담자는 자신의 무의식적 갈등에 통찰력을 얻게 되며, 자아를 강화시켜서 어떤 환경의 도전이나 초자아의 명령이나 원본능의 욕구에도 흔들리지 않고 대처해 나가게 한다. 대표적인 학자로는 프로이드를 비롯하여 융, 아들러(Alfred Adler), 프롬(Erich Fromm), 호니(Karen Horney), 에릭슨(Erik Erikson) 등이 있다.

(2) 실존주의-인본주의적 접근

인간의 가능성을 신뢰하며, 인간을 스스로의 인생을 책임질 수 있는 존재라고 주장한다. 대표적인 학자는 로저스(Carl Rogers)이다. 실존주의-인본주의적 입장은 결정론적(deterministic)이며, 환원주의(reductionistic)적인 정신역동적 인간이해에 반대하며, 인간의 존재성을 강조한다. 이 접근은 인간이 자기 운명의 주인이 되어야 하고, 또한 주인이 될 수 있는 가능성이 있다는 것이다. 그래서 스스로 자유로운 결단에 의해 자기 운명을 결정할 수 있고, 나아가 역사의 운명까지 개척할 수 있는 존재라는 것이다. 주요개념은 자기인식, 자유와 결단, 의미의 추구, 책임 등이 있다. 주요 상담기술은 내담자가 자신의 인생을 스스로 결단할 수 있는 자율적인 인간이 되게 하는 것이다. 이를 위해 상담자는 내담자가 자기의 가능성을 깨달아 알게 하며(자기인식), 그 가능성을 선택하도록 도와주며, 자기 가능성을 실현하도록 격려해야 한다. 상담자는 권위적이나 지시적이 아닌 비지시적인 방법으로 내담자에게 접근해야 하며, 내담자가 과거나 환경요건 또는 행동에 관심을 집중하기보다는 현재의 자기를 바로 보게 하는데 초점을 맞추어 상담한다. 대표적인 실존주의-인본주의 접근의 학자로는 로저스를 비롯하여 메이(Rollo May), 프랭클(Victor Frankl), 마슬로우(Abraham Maslaw), 프레데릭 퍼얼스(Frederick Solomon Fritz Perls)[6] 등이 있다.

(3) 행동주의적 접근

행동주의 접근은 인간은 중립적이라고 생각한다. 즉 인간은 환경에 의해 조절될 수 있는 존재라는 것이다. 인간의 부적응의 행동이나 문제행동은 환경에 의해 습득된 습관성이다. 그러므로 인간이 선하게 되는가, 악하게 되는 가는 인간 스스로 주체적인 결단에 의한 결과가 아니라 환경에 의해 결정된다는 것이다. 물론 인간은 사고하는 기능과 창조적인 능력 있지만, 그럼에도 불구하고 환경조절에 의해 인간의 운명은 달라질 수 있다고 생각한다. 급진적 행동주의자인 왓슨(John Watson)은 '6세 이전의 건강한 어린이들을 나에게 맡겨라. 그리고 무엇이든지 그들에게 기대하는 바를 이야기하라. 교수든지, 의사든지, 예술가든지, 정치가든지, 거지든지, 무엇이든지 희망하는 인간을 만들어 주마. 나는 환경조절을 통해서 능히 그 일을 할 수 있다고 장담한다'고 주장했다.[7]

행동주의적 접근은 인간의 행동을 과학적으로 연구조사 하여 인간의 행동을 지배하는 법칙을 발견하려고 한다. 그래서 조심스럽게 통제된 실험을 통해 행동을 통제하는 법칙을 발견하려고 노력해 왔다. 이들의 기본가정은 인간의 행동에는 일정한 질서가 있기 때문에 실험을 통해 통제하는 법칙을 발견해 낸다면, 그 법칙에 의해 인간의 사회적 부적응 행동을 교정하고, 사회에 적응할 수 있는 새로운 행동을 습득할 수 있다는 것이다. 주요개념은 고전적인 조절방법과 계획적인 조절방법, 자극과 반응 등이 있다. 행동주의적 접근의 상담기술은 명백한 행위, 정확하고 구체적인 목표, 특별한 상담계획의 개발, 결과의 객관적 평가에 중점을 둔다. 그리고 현재의 행동을 강조하며, 정상적인 행동은 재 강화와 모방을 통해 습득하게 한다. 이러한 목표를 달성하기 위해 조직적 과민성 완화요법(Systematic Desensitization), 내파(內破)요법과 홍수(洪水)요법(Implosion Therapy & Flooding), 적극성 훈련(Assertive Training), 혐오요법, 계획적 조절방법 등이 있다. 대표적인 학자로는 왓슨을 비롯하여 스키너(B. F. Skinner), 글래서(William Glasser), 올프(Joseph Wolpe), 반두라(Albert Bandura) 등이 있다.

2. 심리학과 신학의 차이

인간의 고유 본성에 대한 올바른 체험적 지식을 가져다주는 것은 바로 성경이다. 성경은 인간을 하나님의 형상대로 지음 받은 피조물이며, 동시에 하나님과 교통할 수 있는 영적이며 이성적 존재로 말한다. 그러나 자유에 대한 오용으로 인간은 하나님과 도덕적, 영적으로 분리되는 상태에 놓이게 되었고, 이웃이나 사회, 그리고 자연(환경)과의 관계도 타락했다. 이러한 비참한 상태에서 회복할 수 있는 길은 오직 예수 그리스도 안의 구속을 통해 가능하다는 것이 성경의 가르침이다. 그러나 20세기의 과학만능주의는 이러한 성경적 인간 이해에 도전하고 있다. 프로이드를 중심으로 한 심리학의 일파는 인간심리나 행동에 개입하는 신의 존재는 더 이상 필요치 않다는 반 성경적 편견을 가졌다. 프로이드는 종교를 인간의 오이디푸스 콤플렉스(Oedipus complex)[8]에 기원을 두고 종교적 교리를 환상으로, 종교심을 하나의 신경증으로 해석했다. 여기에 더해 실증주의적 심리학은 종교적 신념은 인간 행동을 연구하는데 중요하지도 않고 오히려 해롭다고 했으며, 행동주의는 심리학이 단지 관찰 가능한 행동만을 탐구할 수 있다고 주장함으로써 희망, 흥분, 사랑, 두려움, 기대와 같은 전인적 주제를 도외시했다. 이러한 비성경적 인간 이해에 대해 심리학계 안에서도 강력한 반대 기류가 발생했다. 소위 "제3의 심리학" 또는 "제3의 세력"이라고 불리는 인본주의 심리학은 인간을 선과 가치와 능력과 성장의 잠재력을 지닌 존재로 주장함으로서 기존의 정신분석학이나 행동주의 심리학이 인간을 단순한 행동으로, 무의식적 충동으로 이해하면서 그저 조작된 유기체(a manipulated organism)로 인식하는 것을 비판했다. 그러나 인간이 영적인 존재이며, 인간의 원죄와 부패성에 대해 인식하지 못하는 한계성이 드러났다.[9]

대체로 인간 본성에 대한 심리학의 기본전제는 낙관론적인 반면 신학은 그 반대적이며, 세계관, 윤리적 결정 근거, 모든 진리의 원천 등에 대해서도 상이(相異)한 견해를 갖고 있다. 이러한 심리학과 신학의 다른 사고체계는 지난 한 세기 동안 상당한 갈등과 긴장관계를 형성해 왔다. 이것을 도표로 알기 쉽게 정리하면 다음과 같다.[10]

전제	심리학	신학
세계관	인간이 세계의 주인이다.	하나님이 세계를 창조하시고 주관하신다.
결정론	모든 행동은 자연법칙에 따라 결정된다.	하나님으로 인해 거듭난 성도는 자신의 삶을 자유롭게 변화시킬 수 있다(자유의지).
인간본성	인간은 기본적으로 선하며, 향상될 수 있다.	인간은 전적으로 부패된 죄인이나 하나님이 인간을 변화시킬 수 있는 길을 마련해 주셨다.
윤리	모든 것이 상대적이기 때문에 선과 악도 개인 및 문화적 상황에 좌우된다. 절대적 기준은 없다(상대주의).	상황에 따라 어떤 도덕적 선택도 가능하지만, 하나님께서 주신 절대적인 선과 악의 기준이 있다(절대주의).
권위	과학적 방법과 발견이 최고다.	성경에 계시된 진리만이 절대적이다.
문제해결	합리적 사고와 대화	성령의 인도하심과 말씀에 대한 순종

표5. 심리학과 신학의 차이점

심리학은 사람을 있는 그대로 관찰하여 기술하고 설명하는데 국한되어 있다. 심리학의 정의에 따르면 심리학은 인생의 의미에 관해 진술할 수 없으며, 가치관, 윤리, 목표 또는 적절한 동기를 부여할 수도 없다. 그러나 실질적으로 인간의 관심과 많은 인생의 문제들은 이러한 것들에 기반하고 있다. 기독교의 입장에서 프로이드를 비롯한 심리학자들의 인간 이해나 철학들에 회의를 품게 되는 것이 사실이지만, 그렇다고 그 모든 연구결과를 무시해야 한다는 것을 의미하지는 않는다. 단지 기독교 상담자들은 심리학적 결과들을 상담에서 합리적으로 사용할 수 있을 것이다.[11]

3. 심리학과 신학의 통합

심리학의 발달이 목회상담에 많은 영향을 주고 있다는 것은 부인할 수 없는 사실이다. 20세기에 들어와서 급속한 심리학의 발달에 대해 교회는 동화, 반동, 대화 등의 다양한 반응을 보였다. 동화(assimilation)라는 것은 상담의 철학, 이론, 기술에 대해 교회가 무비판적으로 동화된다는 뜻이고, 반동(reaction)은 상담의 철학, 이론, 기술에 대해 배척한다는 것을 의미하고, 대화(dialogue)는 상담의 철학, 이론, 기술들에 대해 비판을 가하여 변형시켜 사용한다는 것이다. 처음 심리학의 발달에 따른 상담의 철학, 이론, 기술에 대한 교회의 반응은 동화였다. 이것은 수용해서 받아들여서 상담을 돌봄의 도구로 사용하겠다는 의지의 표현이라고 할 수 있다. 두 번째 반응은 반동이었다. 반동은 심리학에 대한 교회의 무비판적 수용에 대한 반동으로서 상담의 모든 것이 성경의 진리에 어긋난다는 생각에서 거부반응을 일으킨 것이다. 이러한 심리학과 신학의 작용과 반작용의 역사를 지나 지금은 서로 대화하려는 통합의 역사가 나타나고 있다. 즉 상담과 기독교 사이에 어떤 공통점을 찾을 수 있을까 하는 질문에 대해 대답하려는 노력이며, 그 공통점을 가지고 하나의 일관된 학문체계를 형성하려는 반응이라고 할 수 있다. 이러한 통합노력이 미국기독교상담학회(American Association of Christian Counselors)를 중심으로 나타나고 있다.[12]

심리학과 신학은 분명히 서로 다르며 갈등과 경쟁의 관계에 빠질 수밖에 없다. 그러나 하나님 안에서 서로의 필요성을 인정한다면 적대적인 관계보다는 상호보완적인 관계가 될 수 있다. 이러한 맥락에서 스위스 기독교 심리학자인 폴 투르니에(Paul Tournier)는 과학적인 심리학을 부정하지 않으면서 초월적 차원을 향하는 열린 심리학을 제시했다. 만약 심리학과 신학이 통합한다면 어떤 결과를 얻을 수 있을까?

첫째, 신학과 심리학은 함께 서로의 질문들에 대답할 수 있고, 연구를 자극할 수 있는 관점들을 공유할 수 있으며, 하나님의 진리에 대해 더 위대하고 분명한 발견과 이해들로 인도할 수 있다.

둘째, 통합은 신학과 심리학 사이에 대화의 통로를 열어 놓음으로 영적이며 심리학적인 전인(wholeness)적 변화를 용이하게 할 수 있다. 신학과 심리학에 모두에 관심과 지식이 있는 신학자들과 심리학자들이 함께 하나님의 계시(자연계시, 기록된 계시)에 대한 통합적인 연구를 수행한다면 하나님의 인도하심과 놀라운 축복을 함께 경험하게 될 것이다.[13]

하나님의 창조와 섭리 안에서 모든 것의 조화와 통일이 이루어진다. 결국 심리학과 신학은 분열이 아니라 온전한 진리의 발견을 위해 서로 필요한 것이다. 이른바 신학을 계시된 진리를 연구하는 특별계시로 심리학을 이성의 발견을 중심으로 한 일반계시로 인정한다면 온전한 하나님의 계시를 발견하는 길이 열릴 것이다. 이것을 도표로 표현하면 다음과 같다.[14]

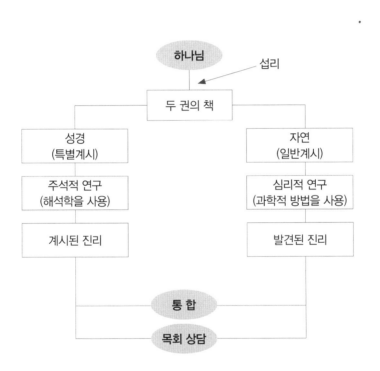

표6. 신학과 심리학의 통합모델

목회상담과
영성

제8장 현대사회와 인간이해

목회상담자들이 상담하는 내담자들은 오늘이라고 하는 현실사회 속에서 살아가는 현대인들이다. 그러므로 내담자를 바르게 이해하기 위해서는 성경의 진리에 입각한 인간이해와 함께 현대사회 속에서 힘겨운 삶의 수레바퀴를 이어가고 있는 현대사회 속의 인간이해도 필요한 것이다. 목회상담은 텍스트(text)인 성경에 대한 바른 해석과 함께 콘텍스트(context)인 현대인의 삶의 자리도 잘 해석해서 해석학적 아치(hermeneutical arch)를 놓아야 하는 실천신학의 한 부분이다.

1. 현대 사회의 특징

21세기 사회를 어떻게 특징지을 수 있을까? 오늘 목회상담자들이 상담하는 내담자들은 이러한 사회 속에서 사는 사람들이다. 그러므로 내담자를 이해하기 위해서는 상담자는 오늘 시대의 특징을 읽을 수 있어야 한다.

1) 인간성 상실

현대 사회를 대표하는 용어들은 공업화, 도시화, 정보화, 산업화 등을 말할 수 있다. 결국도시화와 정보화는 도시에 인구를 집중시켰을 뿐 아니라 도농(都農)간의 의식격차를 줄여, 모두 도시인으로 만들어 버렸다. 결국 현대인들은 도시, 농촌 할 것 없이 도시인들의 사고방식과 생활양식을 가지고 있다. 능률과 기능을 강조하는 도시화는 거대한 산업, 정보 사회에서 인간을 기계화, 부품화 시켜서 인간 소외와 인간성 상실을 가져왔다. 이러한 개인주의, 편의주의, 황금만능주의, 물량주의 등의 도시화, 산업화의 병폐가 인간미가 없는 삭막한 사람으로 만들고 있다.[1] 특히 도시의 특징인 익명성(anonymity)은 고독감과 소외감을 깊게 하고, 물질적 풍요만 추구하는 도시인의 세속적 사고방식은 정신적, 영적 갈증을 더욱 심화시키고 있다.[2]

2) 가정의 교육적 기능의 약화

전통적으로 한국 가정은 영성, 인성 교육의 중추적인 기능을 감당해 왔다. 사실 한 인간의 신앙생활, 성격, 능력, 사회성, 도덕성 등이 가정교육에서 기초가 다져진다. 최초의 교사이자 가장 영향력 있는 스승은 부모인 것이다. 그러나 이러한 가정교육의 기능이 도시화, 산업화로 인해 핵가족화 되고 다양한 형태의 가족(편부모, 조부모 가족 등)이 생기면서 약화되고 오히려 부정적인 영향을 미치고 있다.[3] 이러한 가정의 교육적 기능의 약화로 인해 학교 교육 뿐 아니라 교회 교육의 중요성이 그 어느 때보다 강조되고 있으며, 특히 가정의 파괴로 깊은 마음의 상처를 입은 영혼들을 치유할 수 있는 유능한 목회상담자가 필요한 때이다.

3) 정체감의 위기

산업화, 도시화로 인한 인간성 상실과 전통가족제도의 변화는 현대인들에게 가치관의 혼란과 자아 정체감의 위기를 가져오고 있다. 특히 미래에 대한 불확실성에 의한 혼란과 불안은 점차 현실도피적 생활, 비생산적 생활, 한탕주의, 그리고 쾌락주의에 빠지게 하고 있다.[4] 이러한 현상은 포스트모더니즘(post-modernism)의 특성이기도 하다.[5]

4) 치열한 생존 경쟁

현대 사회는 그 어느 때보다 극심한 생존 경쟁 속에 살고 있다. 이러한 치열한 경쟁을 흔히 전쟁이나 지옥으로 표현된다. 입시 지옥, 취업 전쟁, 승진 전쟁, 교통지옥 등 현대인들의 끊임없는 생존 전쟁은 긴장, 좌절, 불안 등의 정신적 스트레스로 뿐 아니라 영적 육체적으로 건강을 해치고 있다. 눈에 보이는 성과주의, 물질만능주의 등의 세속적 가치관은 현대인들의 상대적 빈곤감과 박탈감을 가중시켜 깊은 절망 가운데로 인도한다. 목회상담자는 성경적 가치관과 신앙으로 상처입은 영혼들에게 주님의 안식과 평강을 줄 수 있어야 한다.

2. 현대 기독교의 문제점들

1) 기복신앙

현대 한국 기독교인들은 신앙의 내세적이고 영적인 측면보다는 지나치게 현세적이고 육신적이고 물질적인 측면에서 이해하고 받아들이고 있는 것이 사실이다. 그래서 하나님을 병 고쳐 주시는 분, 필요한 물질을 공급해 주시는 분, 삶은 어떠하든지 무조건 기도를 응답해 주시는 분으로 오해하고 있다. 또한 교회 내에서의 봉사나 헌금이 현세적인 축복을 담보하는 것으로 믿고 있다.[6] 이것은 성공과 축복에 대해서 세속적인 사고의 틀을 가지고 있는 것이며, 교회 내에 세속적인 세계관과 가치관이 심각하게 침투해 들어오고 있음을 의미하는 것이다. 이러한 기복신앙은 영혼을 병들게 하며, 교회의 거룩성을 해친다. 하나님은 분명 복의 근원이시며, 축복의 하나님이시다. 그러나 하나님이 주시는 축복은 하나님과의 바른 관계 속에서 임하는 것이며, 현세와 내세, 그리고 영혼과 육체를 포함하는 완전한 축복이다(perfect blessing)이며, 하나님의 영광을 위한 도구적인 축복이다.

2) 행함이 없는 신앙

우리는 예수 그리스도를 믿음으로 의롭게 되고 구원을 받는다. 그러나 신앙의 실천이 없으면 구원받은 성도가 거룩하게 되어 질 수 없으며, 또한 성령의 열매를 맺을 수 없다. 예수님은 산상수훈 말씀에서

"나더러 주여 주여 하는 자마다 천국에 들어갈 것이 아니요 다만 내 아버지의 뜻대로 행하는 자라야 들어가리라"(마 7:21)고 행함이 없는 외식적 신앙에 대해 경고하셨다.[7] 그러나 한국교회의 현실은 어떠한가? 교회갱신을위한목회자협의회(대표회장 옥한흠 목사)가 2005년 11월 3일 발표한 '교회 갱신에 관한 목회자 의식조사 보고서'에 따르면 '한국 교회와 교단 갱신이 필요한가?'라는 질문에 응답자의 99.4%가 그렇다고 답했다. 이 보고서는 2005년 8월22~24일 경기도 안성 사랑의교회 수양관에서 열린 영성수련회에서 목회자 331명을 대상으로 실시한 설문 결과를 토대로 작성했다. '한국교회에 가장 우선적인 갱신 과제'(복수응답)에 대해 응답자의 85.5%가 '신앙과 삶의 불일치'를 꼽았으며 '종교 다원화와 세속화'(36.6%) '물질욕'(31.8%)이 뒤를 이었다. '교회의 갱신을 위해 우선적으로 필요한 작업은 무엇인가'라는 질문에 응답자의 91.2%가 '목회자의 자기 갱신'이라고 답했다. 이어 '영적 대각성 운동'(74.1%) '신앙과 삶의 일치'(66.3%)도 절실한 갱신 항목이라고 응답했다. 여기서 우리가 주의 깊게 생각해야할 부분은 응답자의 85.5%되는 많은 목회자들이 오늘날 한국교회의 문제점을 "신앙과 삶의 불일치" 즉 행함이 없는 신앙으로 꼽았다는데 있다. 행함이 없는 믿음은 그 자체가 죽은 것이며(약 2:17), 하나님과 세상 사람들에게 모두 혐오스럽고, 가증스러운 모습이다. 목회상담자는 내담자들이 행동하는 그리스도인, 세상에 빛과 소금이 되는 진정한 예수 그리스도의 제자가 되도록 잘 지도하고 양육해야 한다.

3) 이기적인 신앙

이기적이란 자아(自我)를 중심으로 사물을 바라보면서 자기 이익과 행복만을 추구하며 남을 위해 희생을 하지 않는 것이다. 이기주의자는 자기 자신을 위해서만 살고 절대 이웃을 위해 살지 않을 뿐 아니라 하나님을 위해서도 살지 않는다.[8] 현대 도시사회 속에서 "남이야 어떻게 되든 나만 잘되면 된다"는 식의 이기적인 사고에 빠져 사는 현대인들의 병폐가 교회 속에도 그대로 반영되고 있어서 참으로 안타깝다. 이러한 이기적인 신앙을 가진 사람은 교회 다니면서 자신의 사회적 지위와 능력, 그리고 물질적 풍요를 자랑하면서 다른 교인들에게 상대적 박탈감을 조장하고, 세속적인 가치관으로 교회를 오염시킨다. 그리고 교회 공동체 전체의 덕을 세우기보다는 자기의 체면과 자존심을 더욱 중요시 여긴다. 입으로는 예수님의 사랑을 외치면서 주님과 함께 고난의 십자가를 지려 고는 하지 않는다. 목회상담자는 내담자를 영적으로 성숙시켜서 풍성한 제자의 삶을 살게 해야 한다. 자신을 부인하고 진정으로 예수님을 닮아가도록 촉진자의 역할을 감당해야 한다.

4) 물량주의적 신앙

한국교회는 세계 선교역사상 금세기의 기적이라고 할 수 있을 정도로 양적으로 급속히 성장했다. 그리고 오늘날 목회 성공과 교회 부흥의 기준은 이러한 양적인 규모에 맞추어져 있다. 현대 물질주의와 형식주의의 사고는 교회의 대형화를 조장하고 있고, 성도들의 숫자가 목회 성공의 기준으로 인식되고 있는 것이 사실이다. 그래서 심지어 교회의 성장을 위해 세속적인 마케팅전략이 도입되고, 교회를 하나의 기업체처럼 조직하고 운영하는 경향도 있다. 그래서 성도들에게도 신앙이 좋으면 복 받고, 사회적 지위도 올라가서 성공하고 존경받는 사람이 된다는 세속적 가치관을 심어주고 있다. 따라서 교회는 점점 세속적 가치관에 예속되어 도덕적 통제 능력을 상실해 가고 있으며, 신앙도 세상과 똑같이 물질적으로 성공한 사람들이 더 훌륭한 것으로 변질되어 가고 있다.[9] 목회상담자는 세상 속에서 방황하고 갈등하는 영혼들이 세속적인 가치관과 세계관에서 벗어나 성경적 가치관과 세계관을 가지도록 지도해야 할 책임이 있다.

5) 신비주의적 신앙

신비주의란 신(神)과의 신비로운 연합을 추구하는 것으로 감쳐진 지혜나 진리를 영적으로 추구한다.[10] 물론 신비성 그 자체는 기독교 신앙의 필연적 요소이다. 성경 또한 신비의 책이다. 신비적 체험이 기독교 신앙에서 대단히 중요한 것이 사실이지만, 진정한 신비는 무엇보다 인격적이고 세상에 대해 긍정적인 요소를 지니고 있다. 잘못된 신비주의적 신앙은 신비한 체험 속으로 빠져들어 세상을 부정하고 폐쇄적이고 독선적인 경향을 띠는 경우가 많다. 그리고 성경말씀보다는 개인의 신비한 체험에 더 비중을 두고 열광적인 예배형태를 사모한다. 이들은 자신의 주관적인 체험이나 은사를 영성(靈性)과 혼동하기도 한다. 진정한 기독교 영성은 절대 현실 도피적이거나 독선적이지 않다. 하나님과의 신비적 체험 속에서도 하나님의 말씀을 자신의 삶에 온전히 순종하고, 그리스도의 인격을 세상에 나타내면서 성령의 인도하심을 받는 영적인 삶을 말한다.[11] 진정한 기독교 영성은 전인적이며, 세상 속에서 빛과 소금으로 그 본질을 드러낸다. 목회상담자는 영적인 멘토(spiritual mentor)로서 스스로의 영성을 끊임없이 개발해 나가야 하며, 또한 내담자가 바른 영성을 소유하도록 인도해야 한다.

6) 샤머니즘적 신앙

샤머니즘(shamanism)적 신앙은 무당을 인간과 신의 중재자로 생각하고 무당의 주술을 통해 인간의 길흉화복(吉凶禍福)이 이루어질 수 있다고 믿는 신앙이다. 이 신앙은 한국인의 사고방식과 생활 속에 깊이 뿌리내려 있어서, 지금도 대학 입시철만 되면 지성의 요람인 학교에서 찹쌀떡이나 엿을 붙이거나 돼지머리를 놓고 합격을 기원하는 진풍경이 벌어진다. 또한 공공기관의 중요한 공사나 영화의 개봉, 또는 새로운 사업의 시작을 앞두고 돼지머리 앞에서 고사를 지내는 모습을 흔히 볼 수 있다. 오늘날 교회 안에서도 신비적 체험을 유도하는 불건전한 집회나 축복을 위해 헌금을 강요하는 부흥회, 그리고 무분별한 예언기도나 은밀하게 행해지는 신유기도 등은 샤머니즘적 신앙의 요소가 다분히 포함되어 있다는 것을 알 수 있다.[12] 이렇게 토속적 샤머니즘이 혼합되어 있는 신앙은 교회 안의 건전한 기독교 영성과 은사운동을 저해하는 내부의 적이라고 할 수 있다.

3. 인간에 대한 본질적 이해

목회상담의 대상은 인간이다. 즉 인간의 총체적인 문제를 다루는 것이 목회상담이기 때문에 인간의 본질에 대한 이해가 필수적이다. 인간 본질에 대한 이해는 세계관을 반영하는 것이기 때문에 목회상담과 일반상담은 서로 다를 수밖에 없다. 그러면 목회상담(기독교 세계관)의 입장에서 인간의 본질에 대해 살펴보자.

1) 하나님의 형상대로 창조된 피조물

(1) 인간의 존재는 신적 기원(origin)을 가지고 있다.

이것은 무신론(無神論)적 일반상담에서는 도저히 인정할 수 없는 신적기원이다. 창세기 1장 26절에서는 "하나님이 가라사대 우리의 형상을 따라 우리의 모양대로 우리가 사람을 만들고…"라고 기록되어 있다. 여기서 "형상"(image), "모양"(likeness)은 인간의 영적, 도덕적 본성을 말한다(엡 4:24). 즉 인간은 하나님과 교제하기 위해 창조된 존재라는 것이다. 그러므로 인간은 하나님 안에서 진정으로 자신을 발견하게 되고, 하나님을 아는 것이 자신을 아는 것이다. 그래서 "인격적 만남의 학습이론"의 기초를 제공한 쉐릴(Lewis J. Sherrill)은 "사람이 하나님을 알려면 자신을 알아야 하고, 사람이 또한 자신을 알려면 하나님을 알아야 한다."(A man must know himself if he is to know God: and a man must know God if he is to know himself)라고 했다.[13] 이것은 사람이 하나님의 형상으로 지음 받은 존재임을 선언한 것이다.

또한 칼빈(John Calvin)은 그의 저서 「기독교 강요」(Institutes of the Christian Religion) 제1권 1장 1절과 2절에서 '우리 자신에 대한 지식이 없으면 하나님에 대한 지식이 없고, 하나님에 대한 지식이 없으면 우리 자신에 대한 지식도 없다.(Without knowledge of self there is no knowledge of God. Without knowledge of God there is no knowledge of self.) 우리가 가지고 있는 모든 지혜는 두 부분으로 되어 있다. 즉 하나님에 대한 지식과 우리 자신에 대한 지식이다. 이 둘은 서로 불가분의 요소로 결합되어 있다. 따라서 하나님을 알지 못하고는 결코 우리 자신을 알 수 없는데, 이것은 우리가 그를 힘입어 살고 기동(起動)하기(live and move) 때문이다(행 17:28)'라고 했다.[14] 그러므로 목회상담자는 내담자를 하나님의 형상으로 지음 받은 존재임을 인식하고 존중해야 하며, 하나님과의 관계회복이 진정한 전인 치유의 첫 걸음임을 알아야 한다.

(2) 인간은 영적 존재이다.

인간의 구조에 대한 신학적 의견은 분분(紛紛)하다. 어떤 이는 이분(二分)설을, 다른 이는 삼분(三分)설을 주장한다. 이분설(Dichotomy)은 인간을 "영혼과 육체"로 구분하는 것이고, 삼분설(Trichotomy)은 인간을 "영, 혼, 그리고 육"으로 구분하는 것이다. 뻘콥(Louis Berkhof)에 의하면, 이분설에서는 영과 혼을 두 가지 다른 요소로 보지 않고, 인간의 한 영적 실체를 나타내기 위해 사용한 것이라고 했다. 즉 인간의 한 영적 요소를 두 가지 다른 견지에서 사용한 것이다. 영은 육체를 관리하는 생명의 원리 또는 행동의 원리라면, 혼은 생각하고 느끼며 결정하는 인격적 실체를 의미한다(롬 8:10; 고전 5:5; 고후 7:1; 골 2:3). 뺄콥에 의하면 삼분설이 다분히 헬라 철학의 영향을 받은 것으로 몇몇 독일과 영국의 신학자들이 이 견해를 주장한다. 여기서 말하는 "영, 혼, 육"이 인간의 세 가지 다른 면을 말하는 것이지, 세 가지 구별된 요소로 말할 수 없다고 했다(살전 5:23; 히 4:12).[15]

삼분설은 알렉산드리아 학파의 거성인 알렉산드리아의 클레멘트 (Alexandria의 Clement)나 오리겐(Origen)이 주장했고, 현대에 와서는 독일의 유명한 성서학자인 델리취(Franz Delitzsch) 등이 주장했다.[16] 필자는 목회상담에서 더 세심한 접근을 위해 삼분설에 근거하여 인간 구조에 대해 설명하지만, 삼분설이 가지고 있는 영을 더 중요시하고 육을 무시하는 영지주의적 이원론의 위험성을 간과하지 말아야 하고, 인간은 영(pneuma), 혼(psyche), 육(soma)이 구별(distinguish)할 수 있으나 무 자르듯이 구분(separation)될 수 없고 서로 밀접한 영향을 주는 전인적 존재임을 알아야 한다고 생각한다.

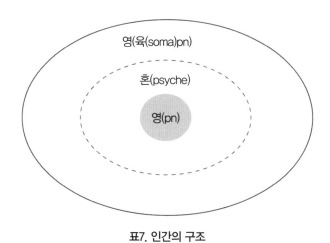

표7. 인간의 구조

① 육(soma, body): 신체적 구조와 기능

육체(육신, 몸, flesh) = 육신의 생명력(육신의 생사의 가늠치)

② 혼(psyche, soul): 사고, 감정, 의지, 지각 같은 정신적 과정과 기능. 육과 명확한 구분이 힘들다.

③ 영(pneuma, spirit): 모든 경험의 자의식의 중심체. 하나님의 형상을 닮은 존재(영적교제). 인간의 영은 외부 영(성령, 악령)의 영향을 받는다. 영을 선택하는 "자유의지"가 인간에게 있다.

④ 결국 인간은 하나님을 닮은 영적 존재이며, 영을 근거로 살고 영의 영향을 받는다.

⑤ 영과 혼과 육은 무 자르듯 분리할 수 없다. 즉 영은 혼과 육에게 영향을 준다. 그러므로 인간의 영혼에 관심을 가져야 하며, 치유는 전인적으로 이루어져야 한다.

2) 타락한 피조물

인간은 하나님과의 계약관계에 놓여 있다. 계약 당사자는 하나님과 인간이며, 평등한 계약이 아니라 창조주가 피조물에 대하여 일방적으로 주권적으로 한 계약이다. 즉 하나님과 인간은 인간의 순종을 조건으로 하나님께서 영생을 약속하는 언약의 관계인 것이다. 모든 인간의 대표였던 첫째 아담은 불순종하여 죄와 영원한 사망의 저주가 인간에게 임하게 되었다. 즉 모든 창조물의 왕관이요, 관리자로 하나님께서 창조하신 피조물인 인간은 교만하여 하나님의 명령을 어김으로 친밀했던 계약관계는 파기되고 무죄한 상태에서 죄악의 상태로 타락했다. 죄로 인한 타락으로 창조주 하나님과의 관계가 끊어지게 되었고, 다른 사람들과의 관계, 자연과의 관계도 훼손되었다. 그리고 불순종의 영인 사단과 죄와 사망의 지배를 받게 되었다. 이것이 인간의 죽음과 절망과 불행의 근원이다. 이렇게 타락한 인간은 하나님의 형상과 창조의 축복을 상실하게 된 것이다. 대표적인 보수주의 신학자인 뻘콥(Louis Berkhof) 성경에서 말하는 죄의 특징을 다음과 같이 정리했다.[17]

① 죄는 특별 악이다: 모든 죄가 악(惡)이지만, 악이라고 해서 모두 다 죄는 아니다. 왜냐하면 악에는 질병, 재난, 사고 등이 포함되기 때문이다. 그러므로 죄는 특별 악이며 인간이 직접적으로 책임을 지고 유죄 선고아래 있게 하는 도덕적 악이다.

② 죄는 절대적 특징을 가진다: 윤리적 영역에서 선과 악의 대조는 절대적이다. 양자사이에 중립은 존재하지 않는다. 그러므로 죄는 선의 저급이 아니라 적극적인 악이다. 선과 악, 좋은 것과 나쁜 것은 상대적인 것이 아니라 하나님의 표준에 의한 절대적인 것이다.

③ 죄는 하나님과 그의 의지에 관계되어 있다: 죄는 하나님의 율법에 대한 불일치이다. 그리고 하나님의 사랑에 대한 반항이다. 그러므로 죄는 하나님과의 관계에서 부족과 결함이 있을 때 발생한다.

④ 죄는 죄책(罪責)과 오염(汚染)을 내포한다: 죄는 책임을 동반하며 의로우신 하나님의 형벌을 면할 수 없다. 많은 사람들이 이것을 부정하지만, 실제적으로 죄인은 하나님의 심판 아래 있으며, 형벌은 죄인에게 행해지고 있다. 죄는 또한 오염을 동반한다. 그래서 아담 안에서 범죄 한 모든 사람들 역시 그 결과로서 부패한 죄성(罪性)을 갖고 태어난다.

⑤ 죄는 그 자리를 마음에 두고 있다: 마음은 영혼의 중심기관이다. 여기서 생명의 문제들이 발생한다(잠 4:23). 죄는 이 마음에 중심을 두고 그 영향과 활동을 지성, 감정, 의지로 퍼지게 한다.

⑥ 죄는 외부적 행위에만 국한되어 있지 않다: 죄란 외적인 행위일 뿐 아니라 죄악된 습관과 마음의 죄악된 상태 속에도 존재한다. 즉 "마음의 죄적 상태 ⇒ 죄의 습관 ⇒ 죄의 행위"로 나타난다.

3) 구속(救贖)받은 피조물

하나님께서 주권적 사역으로 구원 받을 백성을 택하시고 둘째 아담이신 예수 그리스도의 속죄의 죽음으로 말미암아 구속(救贖)하셨다. 첫째 아담은 불순종하여 원죄와 영원한 죽음을 인류에 물려주었지만, 둘째 아담이신 예수 그리스도는 순종하심으로 타락한 인류에게 영원 생명의 길을 열어 놓으셨다(롬 5:12-19). 그러므로 구원이란 잃어버린 원 창조의 하나님의 형상과 언약관계, 그리고 창조의 축복을 회복하는 것이다. 거듭난 사람은 새로운 피조물로 그 내면이 세상 사람들과 전혀 다른 사람이다(고후 5:17). 그래서 세상과 다른 세계관(world view)과 가치관(values)을 갖게 되며 삶의 엄청난 변화가 뒤따르게 되어 있다. 목회상담은 내담자의 영혼을 구원하고 그를 새로운 피조물이 되게 하여 하나님과의 관계를 회복할 뿐 아니라 하나님의 형상과 온전한 축복을 회복하게 하는 참으로 귀한 사역이다.

4) 심리적 존재

인간은 이성적, 심리적 존재이다. 따라서 동물과 같이 본능적인 충동에 충실하게 생활하는 것이 아니라 외부 자극에 대해 이성적으로 반응한다. 이것이 심리적 인격체로서 동물과 다른 특징이다. 이것을 정리하면 다음과 같다.[18]

(1) 인간은 뛰어난 기억력을 소유하고 있다.

기억이란 한번 지각(知覺)하였거나 경험(經驗)한 것들을 잊지 않고 재생하는 작용을 말한다. 기억은 인간의 삶을 과거, 현재, 그리고 미래의 선상에서 연결시켜 주는 역할을 한다. 그 뿐 아니라 문제들을 분석하고, 평가하여 합리적인 선택을 결단할 수 있게 해 준다.

(2) 인간은 자신을 의식화할 수 있다.

인간은 자신을 마치 다른 사물을 대하듯 객관화시킬 수 있고 동시에 자신의 주인으로서 자아(自我)를 느끼는 주체의식을 가질 수 있다. 또한 정신세계에서의 활동을 통해 행복과 불행을 느낀다. 신앙생활을 하고 진리를 추구하기도 하지만 내면의 갈등, 번민, 회의, 죄책감 등으로 자신을 분열시키고 비극으로 몰아갈 수도 있다.

(3) 인간은 각자 다양한 특성을 가지고 있다.

똑같은 인간은 존재하지 않는다. 일란성 쌍둥이라도 다르다. 인간은 저마다의 독특한 성격, 즉 개성(個性, individuality)을 가지고 있다. 개성은 서로 다른 개인의 특성(trait)에 따라 형성되어 진다. 올포트(Gorden W, Allport)는 이 특성이 '실재하는 심리적 구조이며, 성격을 구성하는 실재적 단위로서 개인의 반응을 결정짓는 요소'라고 정의했다.[19] 이 개성은 부모로부터 받은 유전과 환경, 그리고 경험의 산물로 생겨난 현상이다. 자신의 독특한 개성을 인정받으면 만족하게 되고 그렇지 못할 때 불행감과 문제를 안게 된다. 릭 워렌(Rick Warren)은 그의 책 「목적이 이끄는 삶」(*The Purpose Driven Life*)에서 하나님께서 인간에게 부여하신 개성의 요소를 SHAPE로 표현했다.[20]

- Spiritual gifts(은사): 하나님은 믿는 모든 사람들에게 하나님의 사역을 위해 사용할 수 있도록 영적인 은사를 주셨다(롬 12:4,8; 고전 12장; 엡 4:8-15; 고전 7:7).
- Heart(마음): 마음은 열정, 관심, 흥미, 포부, 꿈, 그리고 감정의 심장박동이다. 우리마음은 가장 사랑하고 관심을 갖는 모든 동기의 근원이다.
- Ability(능력): 태어날 때부터 갖고 있는 천부적인 재능(보통 사람들은 500-700개 이상의 기술과 능력을 지니고 있다)으로 우리의 모든 하나님으로부터 왔고, 하나님의 영광을 위해 사용되어야 한

다. 하나님은 우리가 할 수 있는 것을 하기를 원하신다.

- Personality(성격): 저마다 가지고 있는 독특한 무늬, 색깔이다. 내향적 성격, 외향적 성격, 다혈질(베드로), 담즙질(바울), 우울질 (예레미야) 등이 있는데, 31개가 넘는 유형의 성격이 존재한다.
- Experience(경험): 우리는 서로 다른 성장환경과 경험을 가지고 있다. 가족 경험, 교육 경험, 직업 경험, 영적 경험, 사역 경험, 고통스런 경험(특히 중요한데, 하나님은 어떤 상처도 낭비하지 않으신다. 위대한 사역자는 큰 아픔을 통해 이루어진다) 등 하나님은 모든 경험을 사용하신다.

5) 감정의 지배를 받는 존재

인간은 감정의 동물이다. 그러므로 풍부한 감성(感性)이 행동을 지배하게 되어 있다. 감정이란 희로애락(喜怒哀樂)과 관련하여 인간의 어떤 내적 조건이나 외적 자극에 의해서 동요 또는 흥분 될 때 경험하는 심리상태를 말한다. 원래 "감정"(emotion)이라는 말은 "뒤흔든다"는 뜻을 가진 라틴어 "emovere"에서 유래된 말이다. 그래서 감정이란 움직이고 뒤흔들려서 일어나는 심적 상태인 것이다. 감정은 인간의 인격적 경험의 원동력이며 행동에 지배적인 영향을 미친다. 그러므로 적당한 상태에서의 감정적 흥분은 기민성과 흥미를 일으켜서 인생을 아름답게 하고 깊이 있는 신앙으로 인도한다(적당한 스트레스는 유익하다). 그러나 지나친 감정이나 억제된 감정은 신체적 질병의 원인이 되기도 한다. 즉 모든 병에는 항상 감정적 요소가 있다. 와이즈(Carroll

Wise)는 「정신치료와 성서」에서 정신병의 발병 원인 중 50%이상이 죄책감에서 기인되었다고 했다.[21]

6) 사회적 존재

인간은 함께 모여 사회를 구성하며 살도록 지음 받았다. 이것은 하나님께서 아담이 독처하는 것이 좋지 않게 생각하셔서 배필인 하와를 만드신 것에서도 알 수 있다. 인간은 타인과의 관계 속에서 참된 인간의 본질을 발견할 수 있다. 그래서 쉐릴(Lewis J. Sherrill)은 인간을 태어나면서부터 "관계적 존재"라고 했고,[22] 파머(Herbert H. Farmer)는 "인격적 대인관계는 인간실존의 기본요소이며 기본바탕이 되는 것"이라고 했는데,[23] 이는 인간이 다른 사람들과의 관계 속에서 자신의 존재감을 느낀다는 것이다. 또한 부버(Martin Buber)도 '한 개인이 개인이 되기 위해서는 다른 사람들과 관계를 가져야 한다'라고 인간의 사회성을 강조했다.[24] 상담자는 내담자의 사회적 관계의 부적응이나 마찰 등의 문제가 사회성이 원인이 아닌지를 면밀히 검토해 보아야 한다. 왜냐하면 개인이 홀로 있을 때는 발생하지 않을 문제도 사회적 관계 속에 들어갈 때 불화의 원인이 될 수도 있기 때문이다.

7) 인간의 욕구

인간은 욕구를 가진 존재이며 한 평생 이러한 욕구들을 충족시키기 위해 부단히 노력한다. 욕구(欲求, needs)는 "개인을 특정한 방향으로

활동하도록 동기(動機)를 부여하는 비교적 지속적인 경향"을 말한다.[25]
인간은 한 단계 한 단계 욕구를 성취함으로서 그 단계에서 편안함과
만족감, 그리고 행복감을 느끼려고 한다. 이러한 인간의 욕구의 단계
(hierarchy of needs)를 인본주의 심리학의 대표학자인 아브라함 마슬로
우(Abraham Maslow)는 7단계로 구분하여 설명했다.[26]

- 1단계: 생리적 욕구 – 물, 공기, 수면, 체온보존, 성욕 등의 인
  간의 생존에 필요한 욕구와 본능을 충족시키고자 하는 욕구.
- 2단계: 안전의 욕구 – 신체적 안전과 편안함을 구하고 심리적인
  불안과 공포로부터 해방되고자 하는 욕구.
- 3단계: 소속감과 사랑의 욕구 – 어떤 곳에 소속되어 타인과 어
  울리고 더불어 사랑을 나누고자하는 욕구.
- 4단계: 자존심의 욕구 – 타인이 자기를 소중하게 생각하고 인
  정해 주기를 바라며 스스로를 높게 보고자 하는 욕구(존경받으
  려는 욕구).
- 5단계: 인지(認知)적 욕구 – 호기심을 갖고 알고 이해하고 탐색
  하고자 하는 욕구.
- 6단계: 심미(審美)적 욕구 – 조화, 질서, 그리고 아름다움을 추
  구하는 욕구.
- 7단계: 자아실현(自我實現)의 욕구 – 자신의 잠재력을 개발하고,
  자기완성을 추구하고자 하는 욕구.

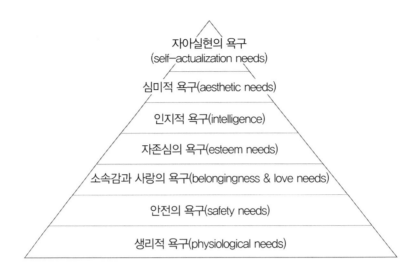

표8. 인간욕구의 7단계

하위 단계에서는 생리적 욕구가 지배적이지만, 위로 올라갈수록 심리적 욕구가 나타난다. 보다 높은 단계의 욕구가 동기원이 되기 위해서는 하위의 욕구가 먼저 충족되어야 한다. 즉 하위 욕구가 쉽게 충족되면 상위 욕구에 관심을 기울일 시간과 정력을 갖게 된다는 것이다.

많은 욕구 중 어떤 것은 일생을 통해 지속되며 어떤 것은 변화하여 다른 것으로 대치되는 일이 있다. 예를 들어 음식, 주거(생리적 욕구), 안전 등은 일평생 계속되지만 인지적 욕구는 때에 따라서 상실되기도 한다.

인간은 이런 기본 욕구가 충족되지 못할 때 긴장을 느끼고, 욕구불만에 빠지게 되며, 여러 가지 문제행동과 심리적 불균형이 생기게 된다. 그러므로 상담자는 내담자의 문제가 어느 욕구의 좌절로 생겨

났는지를 조사하고 그에 대한 대응책을 마련하는 방향으로 상담을 이끌어 가야 한다.

8) 인격이론(personality)

인격이란 다른 사람과의 관계를 통해 얻어지는 개인의 특성을 말한다. 예를 들어 습관적으로 어떻게 행동하는가, 대인관계에서 어떻게 행동하는가를 보면 알 수 있다. 갓 태어난 아이는 인간이지만 아직 인격을 소유하고 있지 않다(영혼육의 인간적 특성은 있지만 성장하면서 인격은 개발된다). 그러나 사회관계 속에서 자신을 구별지우는 독특한 특성을 개발시킴으로서 인격을 소유하게 되는 것이다(경험을 통해서 인격이 형성된다).

인격은 4가지 차원으로 구분된다: 생리학적(Physiological) 차원, 사회적-감정적(Social-Emotional) 차원, 지적(Intellectual) 차원, 영적(Spiritual) 차원. 이것은 분리된 실체가 아니라 서로 밀접한 관계를 맺으며 하나의 인격을 형성하게 된다.

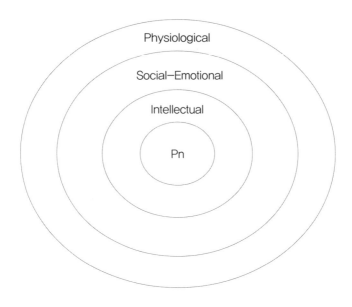

표9. 인격의 차원(Dimensions of Personality)

　인격은 포괄적이면서도 구체적이다. 인격의 포괄성은 영, 혼, 육을 포함할 뿐 아니라 다양한 차원의 사회적 표현들(경험)을 담고 있다. 그리고 인격의 구체성은 실생활에서 관찰하는 개인에게 적용되는 것이다. 이 두 가지 영역, 즉 포괄성과 구체성을 함께 표현할 수 있는 단어가 "살아 있는 전인"(whole-person-in-life)이다. 어떤 이들은 "행동하는 전인"(whole-person-in-action)이라고도 한다. 그 이유는 인간이 환경에 반응하는 유기체이기 때문이다. 우리의 삶에 어떤 압박(pressure)가 오면[예를 들면, 예측 못 할 사건(전쟁, 임신, 사별 등-불안, 공포), 어려운 사람들과의 생활(고부갈등 등-분노, 수치심), 건강의 문제, 하나님과의 관계 잘못(죄책감) 등의 문제], 이것이 심리적 스트레스가 되어 불안으로 발전하게 되고, 인격형성에 영향을 주게 된다. 이것이 심각해지면 인격 장애(병든 인격, 기능을 잘못하는 인격)가 된다.

- 인격 장애(personality disorder): "성격으로 인해 자신과 사회에 고통을 주는 사람"(Kurt Schneider, 1887-1967)을 말한다. 인격 장애는 인지, 감성, 대인관계, 충동 조절 중 두 가지 영역 이상에서 지속적으로 장애가 발생한다.

1장

1. "counseling", Wester's New Collegiate Dictionary.
2. Stephen Palmer, 『상담 및 심리치료의 이해』, 김춘경 외 역 (서울: 학지사, 2004), 22.
3. 위형윤, 『실천신학의 이해』 (서울: 호석출판사, 2006), 200.
4. 이원박, 『목회상담학총론』 (서울: n.p., 1999), 19-20.
5. Les Parrott Ⅲ, Counseling and Psychotherapy (New York: The McGraw-Hill Companies, Inc., n.d.), 10.
6. Ibid., 10.
7. 이원박, 20.
8. Ibid., 21.
9. Jay E. Adams, A Theology of Christian Counseling (Grand Raphid: Zondervan Publishing, 1979), 233-35.
10. Roger Hurding, 『성경과 상담』 (서울: 기독교연합신문사, 2003), 110.
11. Gary R. Collins, 『크리스챤 카운슬링』, 피현희, 이혜련 역 (서울: 도서출판 두란노, 1989), 19.
12. 위형윤, 192-93.
13. Wayne E. Oates, 『기독교 목회학』, 김득룡 역 (서울: 생명의말씀사, 1990), 27-47. 오츠는 여기에 "불신자의 목자"(a shepherd of the non-christian)로서의 목사의 상징적 역할을 추가했다. 목사는 기독교 신앙과 복음에 대한 해석자이며, 복음전도자로서 불신자에게도 목자가 되어야 한다. 그러므로 목회상담자의 불신자와의 상담은 자연스럽게 "사전전도"(pre-evangelism)가 될 수밖에 없다.
14. Jay E. Adams, 『목회상담학』, 정정숙 역 (서울: 총신대학 출판부, 1989), 150.
15. Howard J. Clinebell, 『목회상담신론』, 박근원 역 (서울: 한국장로교출판사, 1987), 47.
16. 안태길, "목회상담을 통한 치유," 『치유목회의 기초』 (대전: 침례신학대학교출판부, 2000), 62.
17. Edward E. Thornton, Theology and Pastoral Counseling (Philadelphia: Fortress Press, 1964), 27-37.
18. 홍인종, "가족치료적 접근과 목회상담," 『일반상담과 목회상담』, (서울: 예영커뮤니케이션, 2003), 169-73. 홍인종은 목회상담학이 실천신학의 분야이기는 하지만, 모든 목회자가 은사적인 면에서나 전문성(임상훈련이나 상담기법 등)에서 다 전문적인 목회상담자는 아니라고 했다. 또한 좋은 목회상담자가 되려면 상담이론이나 기술 못지않게 하나님의 말씀연구와 깊은 영성, 그리고 성령의 인도하심과 역사(치유)하심에 대한 신뢰 등이 필요하다고 강조했다.

19. Gary R. Collins, 『카운셀링 가이드』, 정석환 역 (서울: 기독지혜사, 1989), 263-64.

20. Wayne E. Oates, An Introduction to Pastoral Counseling (Nashville: Broad-man, 1959), vi, Collins, 「크리스챤 카운슬링」, 18에서 재인용.

21. Clinebell, 79.

22. 개역개정판에서는 모사(謀士)를 "지략"으로 번역했다. 어쨌든 모사는 상담자요, 지략가였다.

23. William A. Clebsh, Charles R. Jackle, Pastoral Care in Historical Perspective (Englewood Cliff, NJ: Prentice-Hall, 1964), 8-9, 33.

24. Morton T. Kelsey, 『치유와 기독교』, 배상길 역 (서울: 대한기독교출판사, 1986), 175.

25. 이원박, 34-5.

26. 로저스(Carl R. Rogers)의 인본주의는 실존주의 철학과 함께 상담분야에 획기적 영향을 주었다. 그는 "상담과정에서 상담자는 인간이 가지고 있는 문제나 증상의 치유보다는 근본적으로 인간이 지니고 있는 자기실현의 속성이 발휘될 수 있도록 촉진시켜야 한다."고 주장했다. 전영복, 「기독교상담의 이론과 실제」(안양: 도서출판 잠언, 1995), 38-9.

27. 이원박, 35-37; 전영복, 36-9.

2장

1. 오성춘, 『목회상담학』 (서울: 한국장로교출판사, 1993), 366.

2. 세계관(world view)는 세계를 바라보는 눈으로서, 사람들이 세계의 구조에 대하여 가지고 있는 기본전제로 구성되며, 그 기본전제에 대한 일관성 있는 답변으로 세계관은 형성된다. 세계관의 기본전제는 다음과 같다.
   ① 궁극적 실재(하나님과 초자연적 존재)
   ② 우주의 성격
   ③ 인간의 성격
   ④ 윤리와 도덕의 근거(선/악의 기준)
   ⑤ 죽음과 죽는 것(내세)
   ⑥ 인류 역사의 의미(윤회/직선)
   이것은 일반적인 세계관의 기본전제이고, 콜린스(Gary R. Collins)는 상담에 있어서 기본적인 가정과 전제는 하나님, 우주, 인간, 인식론, 병리학, 그리고 죄책감 등이라고 했다. 이 가정들에 대한 대답은 일반상담과 기독교 상담이 크게 다르고, 또한 같은 기독교 상담 안에서도 신학적 차이점이 조금씩 존재한다. Gary R. Collins, 『카운셀링 가이드』, 46-8을 참조.

3. Gary R. Collins, 『기독교상담의 성경적 기초』, 안보현 역 (서울: 생명의말씀사, 1996), 18-9.

4. 이현규, 『목회상담학』 (서울: 대한예수교장로회총회출판부, 2003), 85-6.

5. Collins, 『크리스챤 카운슬링』, 31.

6. 황의영, 『목회상담의 원리』 (서울: 생명의말씀사, 1988), 145-46.

7. L. Berkhof, 『교회론』, 신복윤 역 (서울: 성광문화사, 1992), 17-9.

8. 황의영, 153.

9. Ibid., 155-56.

10. "Self-understanding," Dictionary of Pastoral Care and Counseling.

11. 메슬로우(Abraham H. Maslow)는 인간의 욕구수준의 단계를 발표했는데, 가장 높은 수준은 자아의 개성, 능력, 잠재력을 최대한으로 발휘하는 자아실현의 단계라고 했다. Paul D. Meier 외, 『기독교 상담심리학 개론』, 전요섭 외 역 (서울: 기독교문서선교회, 2004), 108-10 참조.

12. Collins, 『크리스챤 카운슬링』, 32-4.

13. 황의영, 159.

14. Wayne E. Oates, Pastoral Counseling (Philadelphia: Westerminster Press, 1975), 8-19

15. Richard Dayringer, 『관계중심 목회상담』, 문희경 역 (서울: 도서출판 솔로몬, 2004), 37-8.

16. 이현규, 100-9

17. Franklin M. Segler, 『목회학개론』, 이정희 역 (서울: 요단출판사, 1977), 41.

18. Segler, 44-51.

19. David Benner, Strategic Pastoral Counseling: A Short-Term Structual Model (Grand Rapids: Baker Books, 1992), 32, 유재성, 『현대목회상담학개론』 (대전: 침례신학대학교출판부, 2006), 29에서 재인용.

20. 유재성, 30.

21. Ibid., 33.

22. Bernard L. Ramm, 『기독교변증학개론』, 권혁봉 역 (서울: 생명의말씀사, 1985), 87-9.

23. Howard W. Stone and James O. Duke, How to Think Theologically (Minneapolis: Fortress Press, 1996), 43-54.

24. 진리를 접근하는데 있어서 이성이 믿음을 앞서가서는 안 된다. 이성은 항상 이차적인 역할을 감당해야 한다.

25. 도양술, 『사도바울의 신학』 (서울: 기독교문서선교회, 1992), 29.

3장

1. Collins, 『카운셀링 가이드』, 46.

2. 전요섭, 『기독교상담과 신앙』 (서울: 도서출판 좋은나무, 2007), 201.

3. Ibid., 202-3.

4. Jay E. Adams, Competent to Counsel (Grand Raphids: Zondervan Publishing, 1970), 20.

5. 전요섭, 204-5.
6. Jay E. Adams, A Theology of Christian Counseling (Grand Raphids: Zondervan Publishing, 1979), 233-36.

4장

1. 오성춘, 109-10.
2. Ibid., 109-21.
3. 아담스는 프로이드학파나 로저스학파의 상담자들이 상담할 때, 순수하게 자기들의 이론과 가정의 바탕 위에서 상담하고 다른 상담이론과 원리를 혼합하지 않는 것처럼, 기독교 상담자들은 성경에만 근거하여 상담하고, 다른 상담원리를 배격하는 것이 결코 잘못이 아니라고 했다. 그렇다고 무조건 세속 상담이론을 배척하지는 않았고, 성경을 중심으로 다른 이론을 보충하여 사용하는 것은 인정했다. 그는 세속상담이론을 성경과 같은 권위를 부여하는 것을 반대한 것이다. Ibid.,『목회상담학』, 112.
4. Rawrence Crabb,『기독교 상담심리학』, 오현미 역 (서울: 나침반사, 1992), 61-6.
5. 오성춘, 121-24.
6. Stone, 44.

5장

1. 오성춘, 109-10.기독교사상 편집부,『한국교회를 위한 목회상담학』(서울: 대한기독교서회, 1997), 232.
2. 안재도,『개혁주의 영성과 삶』(서울: 쿰란출판사, 2006), 13-5.
3. 김경재, "주기도문의 영성과 씨 사상,"「한국교회와 영성」, 5집 (1998, 5): 9.
4. 류기종,『기독교 영성』(서울: 은성, 1997), 17.
5. 박영만, "영성신학과 영성훈련,"「영성의 메아리」, 1999년 9-10월, 45.
6. David G. Benner, Psychotherapy and the Spiritual Quest (Grand Rapids, Michigan: Baker Book House, 1988), 105.
7. 김상백, "도시사회에서의 영성개발을 위한 목회," (철학박사학위논문, 침례신학대학교 대학원, 2007), 129-36.
8. 장신목회상담학회, 『일반상담과 목회상담』 (서울: 예영커뮤니케이션, 2003), 395-96.
9. Meier, 110.
10. 장신목회상담학회, 429-30.
11. Roger Hurding,『성경과 상담』, 문희경 역 (서울: 기독교연합신문사, 2003), 102. 비판단적 안내는 4세기 이집트 사막의 교부들에 의해 강조되었고, 영적 조언은 6세기 켈트 기독교의 "영혼의 친구"(soul-friend)의 개념에서 제공된 것

이다.

12. 장신목회상담학회, 430.

13. Kenneth Leech, 『영성과 목회』, 최승기 역 (서울: 한국장로교출판사, 2000), 59-60.

14. Hurding, 104.

15. Gerald G. May, 『영적 지도와 상담』, 노종문 역 (서울: 한국기독학생회출판부, 2006), 30.

16. Leech, 60-2.

17. May, 『영적 지도와 상담』, 35-6.

6장

1. Jay E. Adams, 『기독교 상담신학』, 류근상, 원준자 역 (서울: 크리스챤출판사, 2002), 369-70.

2. Edmund P. Clowney, 『교회』, 황영철 역 (서울: 한국기독학생회출판부, 1998), 30-1.

3. ἐκκλεσια는 ἐκ(~바깥으로) + καλεω(큰소리로 부르다, 초대하다, 이름으로 부르다)의 합성어이다.

4. Segler, 41-51.

5. C. H. Dodd, The Apostolic Preaching (New York: Harper & Brothers, 1949), 17-23, Segler, 45에서 재인용.

6. Hurding, 『성경과 상담』, 79-80.

7. Collins, 『기독교상담의 성경적 기초』, 338-39.

8. Collins, 『크리스챤 카운슬링』, 23.

9. Gray R. Collins, 『훌륭한 상담자』, 정동섭 역 (서울: 생명의말씀사, 1990), 183-84.

7장

1. Mark R. McMinn and Timothy R. Phillips, 『영혼돌봄의 상담학』, 한국복음주의기독교상담학회 역 (서울: 기독교문서선교회, 2006), 14.

2. 김용태, 『기독교상담학』 (서울: 학지사, 2006), 3-5.

3. 오글스비(William B. Oglesby, Jr.)는 성경에서 하나님의 계시에 응답하는 인간 개인의 인격적 세 범주가 지식, 행위, 그리고 존재라고 하면서 이것이 개인의 전체를 망라하는 것이라고 했다. William T. Kirwan, 『현대기독교상담학』, 정동섭 역 (서울: 도서출판 예찬사, 2007), 52-3 참조.

4. Kirwan, 71-81.

5. 오성춘, 182-225.

6. 특히 퍼얼스(Frederick Solomon Fritz Perls)의 형태요법(Gestalt Therapy)은 삶의 과정 속에서 자기의 독특한 방법을 발견해야 하며, 개인적인 책임을 감당해야 한다는 전제 위에 세워진 실존주의 상담의 한 형태이다. 이 상담방법은 주로 인식의 원리 위에 작용하는데, 단편화되고 숨겨진 인격의 부분들을 통합시키면서, "바로-지금-여기"에서의 행위와 경험들의 무엇(what)과 어떻게(how)에 특별히 주의를 집중시킨다. 형태상담의 기본전제는 "인간은 누구나 자기의 인생문제들을 효과적으로 처리해 나갈 수 있다"는 것이며, 상담자는 내담자를 도와 바로-지금-여기에서 그의 존재를 완전히 경험하게 하는 것이다. 그러므로 이 상담은 근본적으로 해석적인 방법이 아니며, 가능한 내담자 자신이 스스로 상담해 나가는 것이며, 스스로 해석하며, 자기의 직접 진술을 창조하며, 스스로 자기의 의미를 찾아나가는 것이다. 또한 상담자는 내담자를 격려하여 과거에 완성되지 못하여 고민하는 사건들을 바로-지금-여기에서 경험하게 한다. Jerald Corey, 『상담학 개론』, 오성춘 역 (서울: 장로회신학대학교 출판부, 1995), 127-28 참조.
7. Corey, 203.
8. 정신분석이론에서 이성 부모에 대한 성적 접촉 욕구나 동성 부모에 대한 경쟁의식을 가리키는 말이다. 프로이드는 『꿈의 해석』(*Die Traumdeutung*)(1899)에서 이 개념을 도입했다. 이 용어는 그리스 신화에 나오는 테베의 영웅 오이디푸스의 이름에서 따온 것으로 그는 모르는 상태에서 자기 아버지를 죽이고 어머니와 결혼했다. 여성에게 나타나는 이와 비슷한 현상은 엘렉트라 콤플렉스라고 하는데 이 용어는 자기 어머니의 살해를 도운 또 다른 신화 속의 인물 이름을 딴 것이다. 프로이드는 성인의 의식 있는 정신을 지배하는 도덕적 요인인 초자아(superego)도 오이디푸스 콤플렉스를 극복하는 과정에 그 근거를 두고 있다. 그는 오이디푸스 콤플렉스에 대한 반작용을 통해 인간정신의 가장 중요한 사회적 성취가 이루어진다고 생각했다. "오이디푸스 콤플렉스" [온라인 자료]; http://enc.daum.net/dic100/contents.do?query1=b16a1203a; 2009년 8월 18일 접속.
9. 심수명, 『상담목회』 (서울: 도서출판 다세움, 2008), 99-101.
10. Ibid., 102.
11. Kirwan, 82-3.
12. 김용태, 『기독교상담학』, 19-20.
13. 심수명, 105-6.
14. Ibid., 107-8.

8장

1. 이현규, 17.
2. Murray H. Leiffer, 『도시교회목회론』, 박근원 역 (서울: 대한기독교출판사, 1977), 48, 58-59
3. 이현규, 15-16.
4. Ibid. 14.

5. 포스트모더니즘(post−modernism)의 특징은 전통과의 단절, 불확정성, 파편화, 반리얼리즘, 전위적 실험성, 비역사성, 비정치성, 자아와 주관성에 대한 새로운 입장, 행위와 참여, 임의성과 우연성, 주변적(周邊的)인 것의 부상, 탈장르화 등을 들 수 있다.

6. 전영복, 22−3.

7. Ibid., 23−4.

8. Ibid., 25.

9. Ibid., 26.

10. "신비주의" [온라인 자료]; http://enc.daum.net/dic100/contents. do?query1=b13s2764a; 2009년 8월 19일 접속.

11. 전영복, 22−3.

12. Ibid., 20−1.

13. Lewis Joseph Sherrill, The gift of Power (New York : The Macmillan Co., 1955), 17

14. John Calvin, Institutes of the Christian Religion 1, ed. John T. McNeill (Philadelphia: The Westminster Press, 1960), 35−8.

15. Louis Berkhof, 『기독교신학개론』, 신윤복 역 (서울: 성광문화사, 1984), 112−14.

16. "이분설과 삼분설 중 어느 것이 성경적입니까?" [온라인자료]; https://m.blog. naver.com/bagraphe/221737780460, 2024년 8월 6일 접속.

17. Louis Berkhof, 『기독교 신학개론』, 신복윤 역 (서울: 성광문화사, 1996), 148−51.

18. 전영복, 71−3.

19. G. W. Allport, Personality (New York: Hols, 1937), 295, 전영복, 72에서 재인용.

20. Rick Warren, The Purpose Driven Life (Grand Rapids: Zondervan, 2002), 234−48.

21. 전영복, 73−4.

22. Lewis Joseph Sherrill, The struggle of the Soul (New York : The Macmillan Co., 1961), 27

23. Herbert H. Farmer, Toward Belief in God (New York : The Macmillan Co., 1943), 107

24. 전영복, 75.

25. Ibid., 77.

26. Abraham Maslow, Motivation and Personality (New York: Harper & Row, 1970), 전영복, 77−78에서 재인용.

제2부

목회상담의 실제

Pastoral Counseling and
Spirituality

목회상담과
영성

제9장 상담자와 내담자

상담에서 가장 기본적인 요소는 상담자와 내담자이다. 상담은 전문적인 지식을 가진 상담자와 도움을 요청하는 내담자 사이에 이루어지는 목적 있는 대화이다. 그러므로 목회상담의 성공은 상담자의 자질과 인격, 그리고 내담자에 대한 철저한 이해에 있다고 할 수 있다. 훌륭한 상담자가 효과적인 상담을 하고 내담자를 잘 도울 수 있다는 것은 당연한 것이다.

1. 상담자

목회상담에 있어서 상담자의 역할을 가히 절대적이라고 할 수 있다. 그러므로 훈련되고 준비된 성숙한 상담자는 목회상담을 성공적으로 이끌 뿐 아니라, 내담자의 인생에 큰 영향을 주는 영적 멘토(spiritual mentor)가 된다. 그러므로 상담자는 내담자보다 더 인격적으로나 영적으로 성숙한 사람이 되어야 한다. 콜린스(Gary R. Collins)는 상담이 모든 족속을 제자 삼으라는 예수님의 지상 명령(Great Commission)의 목적과 일치해야 한다고 강조했다.[1] 그러므로 훌륭한 상담자는 그리스도의 좋은 제자가 되어야 하며, 또한 내담자를 좋은 제자로 양육하는 영적 멘토가 되어야 하는 것이다.

1) 목회상담자의 자질

(1) 일반적 특성

일반적으로 상담자의 자질은 상담과정 중에 내담자에게 큰 영향을 미친다. 특히 목회상담자는 영혼의 멘토(spiritual mentor)이므로 더욱 중요하다. 일반적인 특성은 목회상담자 뿐 아니라 일반상담자 공히 가져야할 덕목이다. 그러면 목회상담자가 가져야할 일반적인 특성, 즉 인격적 특성들을 정리하면 다음과 같다.

① 자기이해(self-understanding)

프로이드(S. Freud)는 유능한 상담자가 되기 위해서는 먼저 "자기 영혼의 무의식층을 꿰뚫어 볼 수 있는 통찰력"을 개발해야 한다고 설파했다. 즉 자기이해가 있어야 한다는 것이다. 상담자의 억악된 적대감이나 불안정, 그리고 비정상적인 성욕 등의 "장애물"이 있다면 이런 것들이 상담 중에 표출되어 남을 도울 수 있는 상담 능력을 감소시킨다. 우리 자신에 대해 앎으로서 우리 스스로의 행동을 보다 잘 평가하고 통제할 수 있으며 내담자의 감정과 행동을 보다 깊게 이해할 수 있다. 자기 자신의 문제에 직면하지 않았거나 자신의 도피 및 자기 기만방법 그리고 자신의 합리화 기재를 실시한 적이 없는 상담자는 다른 사람이 이러한 심리기제를 동원하게 될 때 이를 잘 이해하지 못할 것이다. 자기인식(self-knowledge)은 자신의 믿음(신념)과 가치관에 대한 인식을 포함한다. 이것은 모든 대인관계에 영향을 미치기 때문에 상담자는 자신의 편견(偏見)을 인식하고 수긍해야할 뿐 아니라 경우에 따라서는 내담자에게 자신의 편견에 대해 말해 주는 것이 좋다. 자기인식(이해)은 완전할 수 없기 때문에 보다 자신을 잘 파악하기 위해 다음의 세 가지 방법을 적용해 보자.

첫째, 스스로 자신을 반추(反芻)해 본다. 즉 자기분석을 많이 해 보아야 한다.
둘째, 존경하는 친구나 경험 있는 상담자와 의논해 본다. 이럴 때 특히 지도(감독)상담자(supervisor)의 도움이 필요하다.
셋째, 성령께서 우리 자신의 평가를 인도해 달라고 기도한다. 보혜사 성령님은 상담자 중 상담자이시며 하나님으로서 나보다 더 나를 정확하게 아신다(시 139:23-24).

② 다른 사람을 이해해 주는 이해심
효과적인 상담을 위해서 상담자는 내담자에 대해 어느 정도 이해할 수 있어야 한다. 이를 위해 경청(listening), 내담자의 행동을 주시하는 것, 그리고 내담자의 관점에서 생각하는 것이 중요하다. 상담자는 내담자의 감정, 태도, 문제를 보다 깊이 이해할 수 있어야 할 뿐 아니라 통찰력(洞察力:문제 이면에 숨어 있는 근본적인 원인을 캐내는

능력)이 있어야 한다.

③ 용납(acceptance)

내담자를 하나의 사례(事例)가 아닌 인격(人格)으로 순수하게 존중하고 관심을 가져 주는 태도를 말한다. 우리는 내담자의 의견이나 과거의 행위 등에 혐오감이나 부정적인 생각을 가질 수 있다. 그러나 그의 인격을 존중하고 그리스도의 사랑으로 받아들여야 한다. 즉 "죄는 미워도 사람은 미워하지 말라!" 만약 내담자를 죄인 취급하면 상담은 깨어진다. 그러므로 친절함과 따스함(온유)으로 내담자를 용납하자.

④ 일정한 거리를 유지하는 지혜

상담자가 내담자에게 "얼마만큼 나를 오픈할 것인가?"의 지혜이다. 내담자에게 거만할 정도로 냉담하거나 또는 너무 가까운 관계에 빠지지 않도록 적당한 거리를 두는 지혜가 필요하다. 즉 객관성을 유지할 수 있는 정도의 거리감이 필요한 것이다. 상담자는 "내담자와 함께 느낄 수 있는 만큼의 깊이"가 적당한 거리임을 알아야 한다. 그러므로 상담자는 가끔 자신의 감정을 표현하거나 개인적인 경험을 내담자와 나눌 수 있어야 한다.

⑤ 사람들과 어울릴 수 있는 능력(친화력)

다양한 사회적 분위기를 원만하게 대처할 수 있어야 훌륭한 상담자이다. 어떤 사람들에게 말을 걸어 관계를 맺는데 일반적으로 어려움을 겪는 사람이 있다면, 그가 상담실에서 갑자기 친화력 있는 인물로 변화되지는 않을 것이다. 상담 성공의 열쇠는 비록 상담기술이 중요하긴 하지만 기술의 적용보다도 "상담자의 전체적인 태도

즉 그가 사람들에 대하여 어떻게 느끼며 사람들과 자신에 대해 어떻게 믿느냐"에 달려 있다. 그 만큼 친화력이 중요하기 때문에 상담자는 대인관계가 원만해야 한다. 사실 면담 도중에 모든 교과서적인 지식이 사라지는 것 같은 부족감을 경험하게 된다. 그래서 내담자와의 관계성 형성 능력이 중요하고 훈련과 경험이 쌓이면 이런 불안감이 감소된다.

⑥ 경험

상담경험이 많은 상담자일수록 더 많은 자신감을 보이며 따라서 내담자를 이해하고 용납하며 도와줄 수 있는 능력이 증가한다.[2] 호프(John Westerhoff)는 "기독교 영성을 초월자이신 하나님과 함께 하는 생의 경험"이라고 했다. 특히 목회상담자에게 하나님과의 풍부한 영적 경험은 그의 영성을 깊게 할 뿐 아니라, 상담사역을 풍성하게 할 것이다.

⑦ 비밀을 지킬 수 있어야 함

상담자는 입이 무거워야 한다. 상담에 있어서 가장 중요한 것이 비밀보장이다. 만일 내담자가 상담자를 신뢰하여 털어 놓은 이야기를 상담자가 다른 곳에서 누설해 버리면 상담은 더 이상 이루어질 수 없고, 내담자로 하여금 상담에 대한 혐오감마저 느끼게 할 것이다. 특히 그 사람이 목회상담자라면 내담자에게 영육 간에 돌이킬 수 없는 상처를 남길 수 있다. 목회상담자는 설교나 강연 시에 상담을 예화로 들기 쉽다. 절대 주의해야 하며 내담자의 신분을 밝히지 말아야 할 것이고, 부득이하게 사용하더라도 내담자와 전혀 관계없는 청중에게 해야 할 것이다. 또 상담 진행과정 중 녹음이나 기록이 필요한 경우에는 내담자의 사전 동의를 구하고 그 기록 내용을 내담자에게 공개하지 말라. 그리고 만약 내담자가 녹음이나 기록을 거절하면 하지 말라(불안, 나쁜 인상을 남긴다). 또한 상담기록을 내담자가 보게 되면 상담자가 자신을 어떻게 평가하는지를 알게 되기 때문에 보여주지 말라.

⑧ 상담에 대한 예비지식을 갖추어야 한다.

인간의 심리, 발달과정, 그리고 인간이 가지고 있는 수많은 문제 등 인간에 관한 여러 분야의 충분한 지식을 갖추는 것이 상담에 큰 도움이 된다. 더욱이 상담기법에 관해 많은 지식을 가지고 있다면 상담을 더 효율적으로 해낼 수 있을 것이다.

(2) 영적 특성

목회상담자는 상담자로서의 일반적인 자질 외에도 영적인 자질을 갖추어야 한다. 그러면 목회상담자가 가져야할 영적 특성이 무엇일까?

① 구원의 확신이 있어야 한다.

부활하신 그리스도가 하나님의 아들이심과 자신의 구세주와 주님이심을 믿음으로 말미암아 개인적으로 거듭난 경험을 한 그리스도인이어야 한다. 소경이 어떻게 소경을 인도할 수 있겠는가?(요 3:3, 15-17; 롬 10:9-10)

② 그리스도의 사랑으로 충만해야 한다.

상담이란 내담자의 문제를 함께 고민하면서 올바른 해결방안을 모색해 나가는 과정이다. 이것은 자신의 문제가 아닌 타인의 문제를 위한 것이다. 그러면 가장 중요한 것이 무엇인가? "사랑"(agape)이다. 사랑이 없는 상담은 피상적, 형식적, 직업적인 것이 되기 쉽다(요 13:34-35; 고전 13장). 그러므로 목회상담자는 하나님을 두려워하며, 진실하며, 언제든지 어려움에 직면해 있는 영혼을 돕기 위해 시간을 낼 수 있는 사랑이 있어야 한다.

③ 하나님의 말씀을 바로 아는 사람이어야 한다.

인생의 모든 문제의 원인은 하나님의 진리의 말씀을 떠나 있기 때문이다. 그러므로 내담자의 문제들을 가장 합당하게 해결하는 길은 하나님의 말씀을 바로 알려주는 것이다(딤후 2:15; 3:14-17). 그러므로 목회상담자는 정규신학교육을 받아야 하고, 성경에 대해 해박한 지식을 가진 목회자이어야 한다. 신앙의 직관력이나 경험적 측면만을 너무 의지하는 것은 대단히 위험하다(신비주의의 위험성). 목회상담자는 성경의 전문가가 되어야 하며, 항상 배우는 자세를 가진 학생이어야 한다(딤전 2:15).[3]

④ 성령의 도우심을 늘 구해야 한다.

가장 훌륭한 상담자가 되시는 성령님을 외면하면 이미 그 상담은 실패다. 지혜와 모략의 신이신 성령님의 도움을 받아야 성공적이고 효과적인 상담을 할 수 있다. 그러므로 상담자는 항상 자신의 부족함을 인정하고 성령의 도우심을 구하는 영적인 사람이 되어야 한다. 특히 상담과 관계되어 있는 성령의 은사(권위, 지혜, 지식, 가르침, 영분별 등)를 확인하고 구하는 것이 필요하다.

(3) 그 밖의 학자들의 견해

① 칼 로저스(Carl R. Rogers)

로저스는 좋은 상담자는 인간관계에서나 사회적인 분야에서의 민감해야 한다고 했다. 그는 상담자의 기초적인 자실에 대해 다음과 같이 제시했다.[4]

a. 객관성: 냉정하고 불친절한 태도가 아니라 지나치지 않는 동정심, 순수한 이해심을 가진 신중한 태도, 도덕적인 올바른 판단, 상대방의 충격과 두려움 등에 대한 깊은 이해심을 가진 태도이다.[5]

b. 내담자에 대한 존중: 고자세를 취하지 말고 내담자를 있는 그대로 받아들이고 스스로 문제를 풀 수 있는 능력을 가진 자로 그 인격을 존중해 주어야 한다.

c. 상담자 자신에 대한 이해: 자신의 인격구조, 정서적 형태, 능력의 한계 등을 충분히 이해하고 상담 장면을 객관적으로 통찰할 수 있는 자세를 말한다.

d. 심리학적 지식: 인간의 행동과 신체적, 사회적, 심리학적 요인에 관한 완전한 기초지식을 소유해야 한다. 그래서 상담에서 이러한 지식을 잘 활용할 수 있어야 한다.

비지시적 상담자로서 로저스는 내담자를 충분히 존중하고 그의 말을 들어주는 과정에서 문제해결의 실마리를 내담자 스스로 찾아낼 수 있다는 전제하에 상담자의 자질을 객관적 지식과 내담자 중심의 관점에서 규정했다.

② 캐롤 와이즈(Carroll A. Wise)

상담자의 인간됨과 이해력이 상담성과를 좌우한다고 와이즈는 주장한다. 그는 상담자의 중요한 자질을 다음과 같이 언급했다.[6]

a. 상담자의 태도: 상담자는 내담자의 입장을 깊이 이해하고 상담 과정에서의 자신의 태도 변화에 주의해야 한다(진지한 태도).

b. 상담에 대한 종교적 해석: 목회상담자는 바른 신앙관을 가지고 상담해야 한다. 예를 들어 죄의식(guilt)과 불안(anxiety), 그리고 공포(fear)에 사로잡혀 있는 내담자를 상담할 때는 지나치게 정죄하는 율법적인 태도보다는 죄를 인정하되 회개를 통해 그리스도 안에서 사함을 받을 수 있다는 양면성을 강조함으로 올바른 진리가운데로 인도해야 한다.

c. 목회개념의 확립: '하나님의 대리자,' '그리스도의 종' 등의 너무 권위적인 태도를 삼가고, 목회상담자는 겸손하게 "섬기는 자"로서의 자세를 확립해야 한다. 사명감을 가지고 내담자의 문제해결을 위해 함께 고민하고 노력하는 섬김의 자세가 중요하다. 예수님께서 십자가에서 피흘리며, 고난 받은 것 같이 성도를 위해 "해산의 수고"를 해야 한다(고전 4:15).

③ 제이 아담스(Jay E. Adams)

아담스는 목회상담자의 자질을 거론하면서, 먼저 로마서 15장 14절의 "내 형제들아 너희가 스스로 선함이 가득하고 모든 지식이 차서 능히 서로 권하는 자임을 나도 확신하노라"는 말씀을 인용했다. 그는 이 말씀을 중심으로 훌륭한 상담자의 자질을 다음과 같이 강조했다.[7]

a. 선함(goodness): 내담자를 향한 사랑어린 관심과 감정이입(感情移入)을 말한다. 상담자는 예수 그리스도의 선함으로 가득차서 내담자에게 희망을 불어넣어주어야 한다.

b. 지식: 하나님의 말씀에 관한 지식을 말하는데, 목회상담자는 성경에 정통해야 한다. 진정한 상담은 정보를 나누는 것을 말하므로 성령은 하나님의 말씀을 인간의 문제에 적용시켜 잘못된 것을 바로잡도록 상담자를 사용하신다. 그러므로 잘 준비된 목사가 좋은 상담자이다.

c. 지혜: 하나님의 영광을 위해 하나님의 말씀에 대한 지식을 기술적으로 사용하는 것을 말한다. 일반적 원리를 구체적 상황 속에 적용하는 실제적인 기술이다.

④ 로저 허딩(Roger Hurding)

그는 「성경과 상담」(The Bible and Counseling)에서 유능한 상담자의 자질을 다음과 같이 소개했다.[8] 이것을 알기 쉽게 간단하게 도식화하면 다음과 같다.

---

a. 진실성(genuineness) = 일치성(congruence)
+ 투명성(transparency)

b. 비소유적인 따뜻함(non-possessive warmth)
= 존중(respect) +비판단성(being non-judgement)

c. 정확한 공감(accurate empathy) = 경청(careful listening)
+ 긴밀한 동일시(identification)

"나는 당신과 함께 합니다."(I am with you)

---

2) 상담자로서의 동기

상담자로서의 동기는 "왜 당신은 상담하기를 원하는가?"에 대한 대답이다. 상담의 동기는 상담자의 자질이나 그의 상담목표와 밀접한 관계가 있다. 바른 동기는 아름다운 상담의 열매를 맺게 하지만, 잘못된 동기는 결국 상담을 망칠 뿐 아니라 내담자에게나 상담자 자신에게나 좋지 않은 결과를 가져온다. 목회상담자는 상담에 임할 때, 바른 동기를 가지고 진지하게 임해야 할 것이다.

(1) 바른 동기

목회상담은 목회적 돌봄의 영역 속에 있고, 또한 연약한 자의 짐을 지는 것이다. 이것은 사랑과 섬김의 마음이 없이는 불가능한 일이다. 성경은 성도들이 서로 돌볼 것을 명령하신다(히 10:24-25; 롬 15:14). 이것을 위해 교회에 다양한 은사를 주셨다. 상담과 관계된 은사도 이렇게 주님의 몸인 교회를 세우고 성도를 온전케 하는 일을 위해 성령께서 주신 것이다. "그가 혹은 사도로, 혹은 선지자로, 혹은 복음 전하는 자로, 혹은 목사와 교사로 주셨으니 이는 성도를 온전케 하며 봉사의 일을 하게 하며 그리스도의 몸을 세우려 하심이라."(엡 4:11-12) 그러므로 내담자를 온전케 하며, 그의 성장을 돕고자 하는 진지한 돌봄과 사랑의 섬김이 목회상담자가 되기 위한 정당한 동기이다.

(2) 잘못된 동기

상담자 중에는 내담자의 성장을 돕겠다고 하는 순수한 동기가 아닌 자신의 욕구를 충족시키기 위해 상담자가 되려는 경우도 종종 있다. 이런 잘못된 동기는 상담의 효과를 방해할 뿐 아니라 내담자의 마음에 큰 상처를 남긴다.

첫째, 상담자 개인에게 필요한 정보를 얻으려는 욕구(The needs for information)

이것은 "호기심을 충족시키려는 욕구"를 말하는데, 내담자들은 자신의 문제에 대해 말하면서 종종 다른 식으로는 얻을 수 없는 흥미 있는 정보들을 말할 때가 있다. 상담자가 호기심을 가지고 있을 때, 그는 때때로 내담자를 의식하지 않고 특별한 정보를 얻기 위하여 애쓰게 되며, 또한 종종 비밀을 누설하는 경우도 있게 된다. 그러므로 상담자는 지나친 호기심을 삼가야 하고, 내담자는 너무 호기심이 많은 상담자를 피해야 한다.

둘째, 상담 이외에 사적인 관계를 맺고자 하는 욕구(The needs for relationship)

상담자는 일시적이지만 어떤 내담자들에게는 가장 가까운 친구일 수 있다. 그러나 상담자에게 내담자들 외에 다른 가까운 친구가 없다면 상담자는 "관계를 맺고자 하는 욕구"가 증가하게 되고 상담에 방해를 받게 된다. 이런 경우 상담의 종결은 대부분 관계의 종결을 가져오므로 상담자가 상담을 끝내는 것을 원치 않으며, 상담시간을 연장하거나, 전화를 자주하거나, 허물없이 만날 기회를 찾게 된다. 상담자가 내담자와 친밀한 관계를 맺는 것이 다 나쁜 일은 아니지만 지나치면 상담의 객관성이 상실되어 좋은 상담이 이루어지지 않는다. 특히 이

성간은 적절하지 못한 관계로 발전하기 쉽다.

셋째, 권위를 행사하려는 욕구(The need for power)

권위적인 상담자는 다른 사람들을 올바르게 하고 충고하며 원하지 않아도 "문제의 해결사" 역할을 하는 것을 좋아한다. 물론 권위적인 상담자를 좋아 하는 내담자도 있지만, 대부분은 자신의 삶이 다른 사람에 의해 지배받는 것을 좋아하지 않는다. 즉 "지배 형 상담자"를 거부한다.

넷째, 내담자에게 구원자가 되고자 하는 욕구(The need for Rescue)

구원자적인 욕구가 강한 상담자는 "당신은 이것을 처리할 수 없다. 내가 대신 해 주겠다"는 태도를 보임으로 내담자의 책임감을 덜어준다. 이것이 일시적으로는 내담자에게 도움이 될 수 있으나 영구적으로는 거의 도움을 주지 못한다. 특히 구원자적인 방법이 실패할 때는 상담자 자신이 죄책감과 무력감에 빠지게 된다. 지각이 있는 많은 상담자들이 이런 경험을 하게 되는데, 바람직하지 못하다. 상담자는 내담자의 "조력자"임을 기억하고 스스로 메시아가 되려는 욕구, 이 교만의 함정에 빠지지 말아야 한다.[9]

3) 상담을 방해하는 상담자의 태도

어떤 때는 상담자가 자신의 상담을 방해하기도 한다. 상담자가 자신의 역할과 책임을 분명히 하지 않을 경우에는 상담을 비효과적으로 진행하여 결국 열매없는 나무가 되기도 한다. 그러면 상담을 방해하는 상담자의 태도는 어떤 것이 있을까?

(1) 상담을 하지 않고 그저 방문만 할 경우

방문은 친밀한 교제를 위한 것이다. 그러나 상담은 "문제 중심적"이며 "목표 지향적" 대화이다. 모든 상담은 정기적 방문을 포함하지만 방문시간이 연장되거나 그것이 주된 일이 될 때, 상담 문제들을 회피하게 되고 상담효과가 떨어지게 된다.

(2) 신중하지 않고 조급할 경우

급하고 목표 지향적인 사람들은 흔히 상담을 신속하고 성공적으로 끝내려고 서두르게 된다. 물론 상담시간을 낭비하지 말아야하지만, 너무 급하게 서둘러서는 안 된다. 상담의 성공은 내담자의 말에 조용하고 사려 깊게 듣는데 좌우된다. 상담자가 너무 서두르거나 주의가 산만하면 내담자는 상담자가 자기가 듣기 원하는 말만서 일을 빨리 진행시키려는 것으로 받아들이기 쉽다. 상담자는 편안한 마음으로 내담자와 보조를 맞추어야 한다. 조급하면 미숙한 생각에 근거한 판단들을 공식화해서 말하기 쉽다.

(3) 동정적이 아니고 무례하게 대할 경우

성급하게 편견을 가지고 내담자를 분류한 후(예: 세속적인 그리스도인, 이혼녀, 내정한 인간 등) 냉정하게 사람을 대하거나 엄격한 충고만을 일삼는다면 내담자는 상담자를 떠나버릴 것이다. 무례한 대우를 받기 원하는 사람은 아무도 없다. 목회상담자는 그리스도의 사랑과 동정심을 가지고 예의 있게 내담자를 대해야 한다.

(4) 편견이 없어야 하는데 판단적일 경우

이것은 상담자가 스스로 하나님이 되어 내담자를 정죄하려는 태도이다. 물론 내담자의 죄나 이상한 행동에 직면시켜야 하는 경우는 있다. 그러나 이것은 비난하고 정죄하는 것과는 다르다. 내담자는 공격당한다고 느낄 때, "이것이 무슨 소용이 있나?"하고 자신을 방어하거나 그저 형식적으로 협력하는 척 할 수 있다. 내담자의 성장에 아무 도움을 주지 못한다. 예수님은 "우리의 상처 받은 마음을 어루만져 주셨던 분"이셨다. 그는 결코 죄는 눈감아 주시지 않았지만 죄인들을 이해하셨다.

(5) 보조를 맞추지 않고 한 회기에 과중한 짐을 지는 경우

내담자를 돕고자 하는 열망이 커서 한 회기에 너무 많은 일들을 시도할 수 있다. 이것은 내담자를 위축시키고 당황하게 만든다. 내담자가 한 회기에 한두 가지의 통찰들만 이해할 수 있으므로 횟수를 늘리더라도 내담자와 보조를 맞추어야 한다.

(6) 해석적이지 않고 지시적일 경우

상담 중 흔히 있는 실수는 상담자의 "지배하고자 하는 무의식 욕구"의 반영이다. 상담자는 내담자가 스스로 영적, 정신적으로 성장할 수 있도록 돕는 사람이 되어야 한다. 그러므로 상담자는 코치로서 그의 최종목표는 실제 경기에서 물러나는 것이어야 한다.

(7) 객관성을 유지하지 못하고 감정적으로 개입할 경우

내담자가 예외적으로 신경질 적이거나 혼란스럽거나 상담자 자신의 투쟁과 비슷한 문제로 싸우고 있을 때, 관심을 기울이는 것을 지나서 도우려고 너무 지나치게 개입하는 것은 좋은 상담의 방해가 된다. 이럴 때는 상담시간, 대화의 횟수, 신체적 접촉 등을 삼가 해서 충분한 객관성을 유지하도록 해야 한다. 객관성이 무너질 때 자칫 역전이(counter-transference)의 위험성이 있다.

(8) 감정이입(感情移入)적이 아니고 방어적일 경우

　대부분의 상담자들이 때때로 상담 중에 위협을 느낀다. 내담자에게서 비난을 받거나 무력감, 죄책감, 불안감, 아니면 협박을 느낄 때에는 내담자의 이야기를 감정이입(感情移入)적으로 들을 수 없다. 이것은 상담 중 일어나는 역전이(counter-transference) 감정일 수 있다. 이럴 때에는 자신에게 "왜"라는 질문을 하는 것이 좋다. 스스로 대답할수 없다면 다른 상담자와 의논하는 것이 좋다. 자신에 대해 보다 잘 알고 보다 자신을 수용할 수 있도록 노력한다면 내담자에게서 위협을덜 느끼게 될 것이다.[10]

4) 목회상담자의 탈진(burnout)

　미국 버클리 캘리포니아 대학교의 연구진들이 최근 200명의 내과의사, 정신의학자, 심리학자, 사회사업가, 학교 상담자, 정신건강요원 등 상담과 관련된 직업을 가진 사람들을 조사한 결과 항상 문제를 가진 사람들(환자, 내담자)과 계속 일함으로써 감정적인 스트레스[내담자들이 나아지지 않고, 타인의 불행에 지속적으로 개입함으로써 심리적, 육체적으로 지침]를 처리하는데 어려움을 겪고 있다는 연구결과를 발표했다.

상담자가 탈진상태에 이르게 되면 기진맥진해져서[무익, 무력감, 피곤, 냉소, 무관심, 신경과민, 좌절감 등의 현상이 나타남] 자신을 보호하려고 내담자들에게는 냉정(냉담)하고 무관심한 조력자가 된다. 성경에도 이러한 탈진의 예가 나오는데, 그것은 선지자 엘리야의 탈진이다(왕상 19:4-8). 그는 850대 1의 처절한 갈멜산 영적 전투 후에 기진맥진해져서 그의 정적인 아합 왕의 아내 이세벨의 분노를 피해 도망가다가 로뎀나무 아래서 하나님께 죽기를 구했다. "여호와여 넉넉하오니 지금 내 생명을 취하옵소서. 나는 내 열조보다 낫지 못하나이다."(왕상 19:4) 이때 하나님은 천사를 통해 음식(숯불에 구운 떡과 물)을 주면서 위로해 주시고, 하나님의 산 호렙으로 부르셔서 세미한 소리 가운데 그를 만나심으로 그에게 새힘과 새로운 사명을 주셨다. 그러면 이러한 목회상담자의 탈진을 예방하는 방안은 무엇인가?

① 규칙적으로 기도하고 성경을 묵상함으로써 영적인 힘을 공급받아야 한다(막 6:46).

② 우리가 하는 일 때문이 아니라 우리 있는 모습 그대로 수용해 주는 몇 사람(상담자의 약점을 알고, 함께 울어줄 수 있는 사람)으로부터의 원조가 필요하다.

③ 정기적으로 도움을 청하는 사람들에게서 떠나 있는 것이 필요하다(막 6:31-32).

④ 평신도 상담자들이 함께 짐을 지는 자들이 되도록 격려함으로써

도움을 받을 수 있다(위임). 모세도 천부장, 백부장, 오십부장, 십부장을 세워서 위임했다(출 18:13-26).

목회상담자는 여가 활동들과 휴식, 놀이시간, 즐거운 기회 등을 갖으면서 균형을 유지하는 것이 중요하다. 스트레스가 쌓이면 자신과 내담자에게 도움이 되지 않는다.[11]

5) 상담자를 위한 상담자

상담자는 자기 훈련을 게을리 해서는 안 된다(예를 들면, 지도자 훈련, 집단감수성훈련, 자기 인식을 높이고 자기 수용을 돕는 훈련, 상담효과를 방해하는 정서적, 심리적 장애들을 제거하는 훈련 등). 그러나 이런 교육 훈련을 받는다고 해서 목회상담에 있어서 능력과 지혜의 근원이신 보혜사 성령님을 간과해서는 안 된다. 매일 기도하고, 성경을 묵상함으로써 우리의 진정한 상담자가 되시는 성령님과 깊은 교제를 나누어야 한다.

영혼을 돌보는 목회상담은 보람이 있는 일이지만, 내담자의 짐을 함께 지는 일은 결코 쉽지 않은 사역이다. 목회상담자는 자신의 연약함을 깨닫고 현실을 직시하는 것이 중요하다. 하나님은 사람을 통해서 일하시고 도우신다. 원조, 격려, 그리고 조언할 수 있는 믿을만한 친구나 스승(supervisor)이 없다면 상담활동은 더욱 어려워지고 효과도 줄어든다. 그러므로 목회상담자는 자신의 건강과 효과적인 상담을 위해 두세 명의 상담자들이 정기적으로 만나 서로 원조하고 기도하는

것이 바람직하다.[12]

2. 내담자

내담자는 상담자와 함께 상담의 가장 기본적 요소이다. 내담자에 대한 철저한 이해는 상담의 성패를 좌우하는 중요한 요소이다. 사실 내담자에 대한 이해는 곧 전인적인 인간이해와 직결되는 것이지만, 여기서는 직접적으로 상담관계 속에서 고려해야할 내담자가 사용하는 자아방어기제와 상담을 방해하는 내담자의 술수만 기술했다.

1) 자아방어기제(Ego Defense Mechanism)

프로이드와 그의 제자들은 개인이 자신의 무의식적 갈등을 스스로 해결하기 위해 또는 타인으로부터 자신을 보호하기 위해 사용하는 자아방어기제(自我防禦機制)를 정리했다. 이 방어기제는 몇 가지의 특성이 있다.

① 방어기제는 정의상 무의식적이다.
② 방어기제는 개인의 고통스런 감정들과 경험들로부터 보호하려는 기제들이다.
③ 방어기제는 자기 자신을 속이기 위해 사용되기 때문에 기만적이며 일반적으로 죄의식을 동반한다.

④ 방어기제들은 예수님 외에 모든 사람들에 의해 사용되고 있다.

⑤ 방어기제는 심리적인 문제들을 지체시키거나 예방할 수 있다.

그리스도인들은 자신을 끊임없이 주 안에서 점검해야 하면서 영적 장애물들을 제거해야 하는데, 어린 시절의 혼란이나 심리장애, 방어기제들도 여기에 포함되어야 한다. 숙련된 목회상담자들은 내담자가 점차적으로 자신의 방어기제들을 사용하지 않도록 도와줄 수 있다. 그러면 흔히 사용되는 자아방어기제들을 고찰해 보자.

① 억압: 어떤 금지된 것을 상기하는 기억, 인지, 감정들에 대한 방해나 추방을 말한다.

② 투사: 자신의 충동이나 욕구를 다른 사람에게 돌리는 것을 말한다.

③ 격리: 현실적, 의식적으로 받아들일 수 없는 감정들(질투, 욕심, 분노 등)은 의식적 사고로부터 분리되어 고립될 수 있다. 주로 강박적 성향이 강한 사람에게 나타난다.

④ 지성화: 자신의 부족함이나 열등감을 느낄 때, 이를 보완하기 위하여 지적어휘나 철학적 논리를 과도하게 사용하는 것을 의미한다. 매우 흔한 방어기재이다.

⑤ 합리화: 현실적으로 받아들일 수 없는 자신의 태도, 신념, 행동에 대해 어떤 논리를 적용하거나 거짓된 이유를 들어 정당화하는 것을 말한다. 흔한 방어기재 중 하나이다.

⑥ 반동형성: 자신의 진실한 감정이나 무의식적 충동과 대조적인

태도나 행동을 선택하는 것을 말한다.

⑦ 환치: 개인적인 감정을 본래 대상으로부터 더 수용할만한 대상에게 대체하여 노출하는 것을 말한다. 이것을 "전이, 대체"라고도 한다.

⑧ 동일시: 개인이 다른 사람의 가치와 태도, 그리고 행동을 모방하는 것을 말한다. 나쁜 동일시와 좋은 동일시가 있다.

⑨ 퇴행: 현재 혼란 속에서 많은 스트레스를 겪고 있는 개인이 더 안정감을 느꼈던 미성숙한 과거의 단계로 돌아가고자 하는 것을 말한다. 주로 아동초기에 많이 나타난다.

⑩ 고착: 변화와 발전에 저항하는 개인이 삶의 어떤 지점에서 멈추거나 정서적 발달단계의 어떤 수준에 머무르는 것을 말한다.

⑪ 취소: 이전의 실수를 무효화하기 위해서 비록 그런 일이 다시 발생하지 않아도 무의식적으로 그 실수에 관한 말이나 행동을 하는 것을 말한다.

⑫ 보상: 자신의 부족한 외모나 능력, 그리고 재능과 같은 심리적 성향을 실제로 또는 상상에 근거해서 개인적으로 보충하려고 노력하는 것을 말한다. 좋은 동기에서 행해진다면 건강한 방어기제가 될 수 있다.

⑬ 과잉보상: 보상이 사회적 약점을 보충하는 긍정적인 방식이라면, 과잉보상은 약점을 사회적으로 용납하지 않는 방식으로 보충하려는 시도를 말한다.

⑭ 승화: 사회적으로 받아들일 수 없는 충동이나 욕구(성욕, 분노)를 의식적으로 수용할 수 있는 고상한 문화, 예술, 종교적 에너지

로 전환시키는 것을 말한다.

⑮ 대체: 승화가 사회적으로 받아들일 수 없는 욕구의 방향전환을 의미한다면, 대체는 개인이 그의 진실한 욕구를 스스로 속일 때 발생한다. 그는 그 욕구를 부분적으로, 또는 수정해서 충족하게 된다.[13]

그 외 사용하는 방어기제로는 분리와 부인(denial) 등이 있다. 이 방어기제는 상담자 자신도 사용한 경험이 있기 때문에 상담자 자신이 먼저 철저한 자기분석을 통해 이러한 방어기제를 이해하는 것이 중요하다. 그리고 목회상담자는 내담자들이 성장하도록 도와서 점차적으로 무의식적인 자아방어기제들을 제거해 나가도록 해야 한다. 그리고 자기를 속이는 방어기제가 건강한 방어들로 대체되어야 한다.[14] 성령의 지속적인 충만함 가운데 성령의 열매를 풍성히 맺는 성숙한 삶을 산다는 것은 결국 심리적으로 자기를 속이는 방어기제를 제거하고, 높은 자존감(self-esteem)을 갖고, 예수님의 아름다운 형상을 닮아가는 삶을 사는 것을 의미한다(갈 5:22-23). 이것이 목회상담과 영적 지도의 공동의 목표라고 할 수 있다.

2) 내담자가 사용하는 술수

상담은 상담자의 준비와 노력만으로 다 좋은 결과를 가져오는 것이 아니다. 결국 상담이라는 것이 커뮤니케이션(communication)이기 때문에 상대인 내담자의 적극적이고 진솔한 태도 또한 중요하다고 할 수 있다. 그런데 종종 내담자가 협력하지 않고 다음과 같은 술수를 사용한다면 상담은 대단히 힘든 여정이 될 것이다.

(1) 조작(manipulation)

남을 조종하는데 능한 사람들이 있다. 이들은 상담자에게 계속적으로 무엇인가를 요구하고 상담자가 그 일을 해 줄수록 더욱 어려운 것을 부탁한다. 상담자는 상담에 성공하려고 끊임없는 요구를 들어주게 되면 결국 상담은 실패하게 된다. 상담자는 조작의 의심이 가면 내담자와 함께 이 문제를 제기해 보는 것이 좋다. 물론 부인하겠지만 이런 조작을 막는 방향으로 상담이 진행되어야 한다. "진심으로 도움을 원하는 사람은 거의 요구 적이거나 부정직하거나 조작하지 않는다."

(2) 저항(resistance)

내담자들은 대체로 즉시 고통을 덜기 위해 상담자를 찾아온다. 그러나 영구적으로 고통을 없애기 위해서는 많은 시간과 노력, 그리고 처음에는 더 큰 고통이 요구된다. 이 사실을 알게 될 때 상담에 저항한다. 이렇게 내담자의 마음에 저항심이 생기면 겉으로는 상담자에게 협력하는 척하면서도 결코 나아지지 않는다. 이러한 내담자의 저항은 그의 심리적 방어기제와도 관계있다. 상담과정 중에 무의식적으로 일어나는 불안, 분노, 또는 비협조 등의 저항에 대해 상담자는 내담자와 부드럽고 개방적으로 의논할 수 있다.[15]

Pastoral Counseling and
Spirituality

목회상담과
영성

제10장 상담 준비와 과정

모든 사람은 몸에 이상 증상이 생기거나 심각한 질병이 있다고 생각되면 예외 없이 좀 더 실력이 있는 전문의가 있는 시설이 잘 갖추어진 병원을 찾으려 한다. 왜냐하면 우리 주변에 오진(誤診)이나 뒤떨어진 의료장비 때문에 심한 고통을 당하는 경우를 심심찮게 발견되기 때문이다. 영적 정신적 치유인 목회상담도 마찬가지다. 깊은 영성, 훈련된 상담기술, 그리고 편안한 상담실을 갖춘 준비된 목회상담자가 더 효과적인 상담을 할 수 있는 것은 당연하다. 이번 장에서는 효과적인 상담을 위한 실제적 부분(practical part)인 상담준비, 기본적인 상담기법, 그리고 구체적인 상담과정에 대해 살펴보자.

1. 상담을 위한 준비

상담준비가 철저할수록 더욱 효과적인 상담을 할 수 있다. 상담실을 준비하는 것이 하드웨어(hardware)적인 준비라면, 상담자가 상담에 임하는 마음가짐, 상담기술, 효과적인 상담실 운영 등은 준비하는 것은 소프트웨어(software)적인 준비라고 할 수 있다.

1) 상담자의 자세

목회상담자는 상담 전에 자신이 마음의 준비상태를 다시 한 번 점검해야 한다. 상담의 성공을 위해 상담자는 "나는 온정적인가?", "나는 성실한가?", 그리고 "나는 감정이입 적인가?"를 항상 스스로에게 질문하고 체크해야 한다.

(1) 온정(溫情)

내담자의 행동이나 태도에 관계없이 그를 보호하고 존중하며 그에게 진실하고 충분한 관심을 보이는 상담자의 마음의 태도이다. 그러므로 온정은 목회상담자의 가장 중요하고 기본적인 마음에 태도이다. 예를 들면, 가장 위대한 상담자이신 예수님은 간음하다가 현장에서 붙잡힌 여인이나, 수가성 여인에 대해서도 온정적인 태도를 보이셨다. 이 여인들은 모두 낮은 도덕성을 가지고 있었지만 예수님은 그들의 죄를 용납하지는 않으셨으나 그 여인들은 귀중한 한 인격체로 존중해 주셨다. 온정의 마음은 한 마디로 "죄는 미워도 사람은 미워하지 마라"는 것이다.

(2) 성실함

성실함은 내담자에 대한 상담자의 진실한 태도를 말한다. 즉 내담자에 대해 거짓되거나 우월적 태도가 아니라 개방적이면서 겸손한 마음의 자세를 갖는 것을 의미한다. 상담자의 성실함은 내담자의 신뢰와 상담의 성공을 이끌어낸다. 그러므로 상담자는 단정한 복장과 성실한 마음가짐으로 상담에 임해야 한다.

(3) 감정이입(感情移入)

내담자의 입장에서 이해하고 공감하는 것이 감정이입이다. 내담자가 무엇을 생각하는가? 이 사람의 가치관, 신념, 내적 갈등, 그리고 마음의 상처는 무엇인가? 등에 대해 상담자는 끊임없이 생각하고 이해하고 이러한 이해를 내담자에게 효과적으로 전달할 수 있어야 한다. 정확하게 감정이입적인 이해를 잘하는 상담자일수록 효과적으로 내담자를 도울 수 있는 좋은 상담자이다.

2) 상담실의 준비

상담실은 상담의 주 무대이다. 물론 상담은 어디에서나 이루어질 수 있다. 집안에서도, 목양실(목사실)에서도, 병원 병실에서도, 심지어 주차장이나 교회 뒷마당에서도 가능하다. 그러나 효과적인 상담을 위해서는 내담자의 프라이버시(privacy)를 위해 정성스럽게 준비된 상담실을 이용하는 것이 바람직하다.

상담실은 일단 상담에 방해를 극소화할 수 있는 조용한 장소가 되어야 한다. 계속 전화벨이 울린다든지, 상담에 집중할 때 사람들이 문을 두드리는 것은 상담의 효과를 떨어뜨린다. 그러므로 "상담 중입니다.” “조용히 해 주십시오”라는 팻말을 문밖에 걸어둔다든지, 상담 중 전화기 벨이 울리지 않도록 해야 하며, 대신 전화를 받아주는 사람(비서)이 따로 있다면 더할 나위가 없을 것이다.

상담실을 이렇게 꾸며야 한다는 정해진 규칙은 없다. 아름다운 그림, 카펫, 안락 의자, 화분 등으로 크게 치장하지 않아도 그저 편안하게 상담할 수 있는 분위기면 된다. 상담자는 상담하기 전에 몇 분 동안 내담자의 입장에서 한 번 상담실을 둘러보는 것이 좋다. “직사광선이 내담자의 눈을 부시게 하지는 않는가?” “정신을 산만하게 하는 그림이 걸려 있지는 않는가?” “의자는 편안한가?” “내담자 앞에 시야를 가리는 물건이 놓여있지는 않는가?” 등을 면밀히 살펴보아야 한다.

상담실의 크기, 가구나 의자 배치 등은 상담자의 취양에 따라 달라질 수 있다. 상담실이 너무 협소하면 답답한 느낌이 들 수 있으므로 4~6평 정도가 적당하다. 그리고 꼭 책상을 가운데 두고 상담자와 내담자가 마주보는 배치를 할 필요는 없다. 가장 중요한 것은 유쾌한 분위기 속에서 상담자와 내담자 긴장하지 않는 편안한 상태에서 효과적인 대화를 나눌 수 있는 상담실 환경이 되어야 한다.[1]

상담실이 너무 폐쇄적이거나 개방적인 것 모두 편안한 상담을 어렵게 한다. 상담실이 너무 폐쇄적이면 상담자나 내담자 모두 성적인 유혹이나 근거 없는 루머에 노출될 수 있다. 그리고 너무 개방적일 경우에는 내담자가 마음에 있는 말을 다 못할 수도 있다. 상담실은 밝고 다른 사람들이 안을 들여다 볼 수 있도록 반투명 창문이 있으면 좋겠다. 만약 이것이 여의치 않으면 이성과의 상담 시에 상담실 문을 조금 열어 놓는 것도 지혜로운 방법일 것이다. 그리고 상담실이 건물 내에 너무 외딴 곳에 있는 것도 효과적인 상담을 위해 바람직하지 않다.

3) 상담을 위한 홍보

목회상담자는 먼저 사람들에게 도울 용의와 시간이 있음을 알려야 한다. 크게 상담할 용의가 있음을 공포하는 것과 비공식적으로 관심을 보이는 것, 두 가지 방법이 있다. 상담 사역을 공포하는 방법은 교회 게시판이나 주보, 교회 안내책자 및 전도 홍보물에 상담 요일, 시간, 장소 등을 공개적으로 알리는 것이다. 비공식적인 관심을 보이는 것은 예배 후 교회 정문 앞, 모임에서의 차나 커피를 마시면서, 또는 집으로 귀가하는 길 등에서 비공식적으로 내담자를 접촉하고 상담에 대해 알리는 것이다.

2. 상담의 기본적 기법

내담자가 상담자를 찾아 올 때에는 그저 친구들에게서도 얻을 수 있는 사랑, 관심, 찬성, 또는 격려 등만을 기대하지는 않는다. 보다 전문적인 도움을 원하는 것이다. 이러한 상담 적 도움은 복잡한 과정이지만, 목회상담 시 활용할 수 있는 몇 가지 기본적 상담기술을 간단히 살펴보자.

1) 상담 전(前)

상담에 대비하여 내담자를 맞을 준비를 해야 한다. 적어도 내담자가 손님이 받는 정도의 대우를 받아야 한다. 그렇지 않으면 죄책감을 느낀다. 집안을 정돈하고 손님을 맞을 채비를 하는 것처럼 내담자를 위해 준비한다. 준비되어 있지 않으면 내담자가 바쁜 사람의 시간을 빼앗았다는 죄책감으로 대화를 서둘게 되고, 상담은 실패한다.

상담 카드를 준비하면서 내담자의 상담사례를 검토하고, 전에 그와 상담한 내용이 기록되어 있으면 이를 되새겨 보아야 한다. 다른 사람들의 문제와 혼동하게 되면, 내담자가 불쾌하게 생각한다(관심이 없다고 생각함).

최고의 상담자인 보혜사 성령의 인도를 받기 위해 기도로 상담을 준비해야 한다. 그 기도내용은 상담 시에 내담자의 필요에 민감하도록 기도하고, 모든 생각과 행동을 인도해 주시도록 기도해야 한다.

약속시간을 정확히 지켜야 한다. 만약 이유 없이 늦는다면 내담자는 상담자가 자신을 중요하지 않은 존재로 생각한다고 가정하게 되고, 자신은 상담자에게 잊혀진 존재로 여기게 된다.[2]

2) 상담 중(中)

가정에서 예의범절을 잘 배운 사람은 사람들을 만날 때, 특히 신경 쓰지 않아도 몸에 배어 은연중에 나타나듯이 상담에서도 목회상담자의 인격과 훈련된 모습은 그대로 반영된다. 상담 중에 자연스럽게 나타나야할 준비된 상담자의 기본적인 기법은 다음과 같다.

(1) 관심을 갖는다.
　① 눈의 접촉(eye contact): 상담자가 내담자에게 관심이나 이해를 전
　　달하는 방법인데, 절대로 노려보지 말고 자연스럽게 바라본다.
　② 자세: 긴장하지 않는 편안한 자세로서, 일반적으로 내담자 쪽으
　　로 몸을 기울인다.
　③ 몸짓: 지나치지 않는 자연스런 제스처가 좋다.

(2) 관계설정에 신경을 써야 한다.
　① 내담자는 두려움과 여러 가지 그릇된 관념을 가지고 상담에 접
　　근한다.
　② 상담자는 내담자의 불안을 제거하기 위해서 내담자를 지원하고
　　자극해야할 책임이 있다.
　a. 지원(support): 상담자가 내담자에게 한 두 마디 부담 없는 말을 건네
　　거나(예를 들면, "대화하게 되어서 기쁘다"), 상담 전의 공통의 경험들
　　에 대해 자연스럽게 나눈다(예를 들면, 설교, 성경공부, 교회행사 등).
　b. 자극(stimulate): 상담자는 내담자가 말을 꺼내도록 유도한다. 왜냐
　　하면 상담자에게 쉽게 꺼낼 수 없는 고민이나 문제가 있을 수 있
　　기 때문이다(예를 들면, 동성애, 자위행위, 부부관계 등). 이럴 때는
　　상담자가 먼저 "오늘 나누고 싶은 이야기는 어떤 것입니까?" "혹
　　시 ~ 문제 때문입니까?"라고 대화의 물꼬를 트는 것이 중요하다.
　③ 상담자가 먼저 솔선해서 상담을 필요로 하는 사람에게 접근할

수도 있다. 이때는 가능한 한 요점을 빨리 말하는 것이 좋다. 예를 들면, "몇 주 동안 교회에서 뵙지 못했는데, 무슨 일이십니까?" "얼굴이 어두우신데, 무슨 고민이라도 있습니까?"라고 적극적으로 상담을 제의한다.

(3) 주의 깊게 경청하라.

① 목회자들은 많은 말을 하는 습성이 있다. 이것이 상담할 때에도 적용된다. 즉 현명한 충고를 해 주고, 많은 질문을 던져야 훌륭한 상담자로 생각한다. 이것은 상담의 큰 장애요소이다.

② 경청은 내담자가 자신의 감정을 표현할 기회를 갖게 되는 것이며, "맺힌 가슴을 푸는 것," "마음에 있는 것을 속 시원하게 털어놓는 것"이다. 이 과정에서 내담자의 마음이 가벼워지고, 상담자는 놓칠 수 없는 중요한 정보를 얻게 된다.

③ 경청은 단순히 듣는 수동적 행위(hearing)가 아니라, 정신을 집중하고 주의를 기울여야 하는 하나의 상담 기술(listening)이다. 상담의 중요한 기술인 경청과 공감에 대해서 다음에 더욱 자세하게 연구해 보자.

(4) 조심스럽게 관찰하라.

내담자의 언행을 조심스럽게 관찰하다 보면 여러 가지 상담에 필요한 정보나 문제해결의 중요한 단서를 얻을 수 있다. 예리하고 감각적인 관찰이 필요하다.

① 음정이나 성량의 변화가 있거나 화제가 바뀔 때를 유의하자. 변화의 전후의 내용을 검토해 보면, 중요한 화제나 내담자의 관심사를 알 수 있다.

② 이야기가 일관성이 없거나 간격이 있을 때를 유의하자. 직업에 대해 만족하고 있다고 하다가 갑자기 직장을 옮긴 것에 대해 이야기 할 때, 가정에 대해 말 하다가 아버지에 대한 이야기를 회피할 때의 경우 등. 이러한 변화는 무엇인가를 시사한다. 상담자가 이것을 캐치하여 이 문제에 대해 자세히 물어볼 수 있다.

③ 입을 열면서 "처음 토하는 말"이 또한 시사적일 수 있다. 만약 내담자가 "어머니가 가라고 해서 왔습니다." 이것은 상담에 대해 열의가 없음을 시사한다.

④ 끝맺는 말 또한 상담에 대한 내담자의 반응으로 이해할 수 있다. 이것은 일종의 상담에 대한 내담자의 피드백(feedback)이라고 할 수 있다.

⑤ 내담자가 같은 주제를 거듭 언급할 때는 그 주제에 대해 유의해 보아야 한다. 이것은 내담자의 마음을 지배하고 있는 것이 무엇인지를 알 수 있는 단서를 제공한다.

⑥ 그 외에도 상담 중에 나타나는 내담자의 행동이 중요한 단서를 제공한다. 상담 시에 꼭 기억해야할 격언이 있다. "행동은 말보다 더 크게 말한다!" 눈물을 흘리거나 글썽이는 것, 목소리를 높이거나 자세를 바꾸는 것, 호흡의 변화 등은 내담자의 중요한 감정 문제에 대한 단서가 된다. 상담자는 내담자의 근본적인 문제 원인이 무엇인지를 정확하게 파악하기 위해 노력해야 한다.

(5) **침묵을 두려워하지 말라.**

① 상대방의 침묵은 우리를 매우 불안하게 한다. 그러나 상담 중에
서의 침묵은 매우 깊은 의미를 가지고 있다. 이 침묵은 내담자
가 어떤 감정을 통제하려는 마음의 갈등, 중요한 문제에 대해
더 말을 해야 하는 지에 대해 갈등, 복잡한 생각의 정리 등의 신
호일 수 있다.

② 이러한 내담자의 침묵에 대해 상담자는 이해하는 말("말하기가
어려울 때도 있습니다."), 또는 격려하는 말("서두를 것 없습니다.")
로 내담자가 생각이나 감정을 나눌 수 있을 때까지 기다려 주는
것이 현명하다.

(6) **지혜롭게 질문하라.**

질문은 아끼는 것이 좋다. 왜냐하면 처음 상담을 시작하는 초보자
들은 너무 많은 질문을 퍼붓는 실수를 범한다. 이럴 때 내담자들은 상
담자의 질문에만 수동적으로 대답하고 상담을 끝내든지, 모든 질문
에 응한 후에 확실한 문제해결을 기대하게 된다. 그러나 시의 적절하
고 지혜로운 질문은 문제해결의 물고를 트는 중요한 상담 기술이다.

① 개방적인 질문을 하라: 개방적인 질문은 생각나는 대로 대답할
수 있는 폭넓은 질문이며, 이런 질문을 받은 내담자는 자기 의견
이나 더 많은 정보를 상담자에게 말하게 된다. 예를 들면, "실패
했을 때 기분이 어땠습니까?"(개방적 질문)는 더 많은 대답을 유
도하지만, "실패했을 때 좌절감을 느꼈나요?"(폐쇄적 질문)는 "예

(Yes) 또는 아니오(No)"로 대화가 끝난다.

② 둘 중 하나를 요구하는 양자택일(兩者擇一)식 질문은 피하라: 내
담자가 자기가 좋아하는 쪽의 대답을 택해 응답하고 대화는 멈
추게 된다. 예를 들면, "결혼하고 싶은가? 독신으로 남고 싶은
가?"라는 질문은 둘 중에 하나를 대답하고는 더 이상 대화가 진
척되지 않는다.

③ 간접적인 질문을 하도록 하라: 직설적인 질문은 "심문"을 받는
느낌을 갖게 한다. 예를 들면, "결혼이 파탄으로 끝난다고 생각
하니 기분이 어떻습니까?"(직설적)보다는 "결혼 파탄을 앞둔 심정
이 어떤지 의문입니다."(간접적)가 더 적절한 질문이다.

④ 질문을 연달아 하지 말라: 어떤 질문부터 대답해야할지 몰라서
죄책감을 느끼게 된다.

⑤ "왜(Why)?"라는 질문은 아껴서 하라: 이유를 묻는 질문은 때로
우리에게 유익한 정보를 제공해주기도 하지만, 보통은 부정적이
거나 거부의 의미를 함축하고 있다. 예를 들면, "왜 그리스도인
이 되었습니까?"(유익한 정보)와 "왜 약속시간에 늦었습니까?"(
부정적 의미)는 왜(Why)의 의미가 다르다.

(7) 반응하는 법을 배우라.

그냥 듣기만 한다고 좋은 상담자는 아니다. 적절한 반응은 상담의
성공을 위한 촉매제(觸媒劑)가 된다.

① 심사 적 반응(probing reaction): 탐사하듯이 더 많은 정보가 필요

할 때나, 상담자가 더 많은 대화를 자극하고 싶을 때 사용한다. 예를 들면, "이것에 대해 좀 더 말해 주십시오." "그리고 어떻게 되었다고요?" "잘 이해가 안 가는데요?" "이 부분에 대해 어떻게 생각하십니까?"이다.

② 이해적 반응(understanding reaction): 상담자는 내담자에게 자신의 이해와 공감을 전달할 때 사용한다. 예를 들면, "아주 어려우셨겠습니다." "알겠습니다." "지금 선생님에게는 어려운 시련의 때입니다." "이해가 됩니다."이다.

③ 지원적 반응(supportive reaction): 내담자를 안정시키거나 격려할 때 사용한다. 예를 들면, "많은 사람들이 그렇게 생각하고 있지요." "때가 되면 더 좋아지겠지요."이다.

④ 해석적 반응(interpretation reaction): 내담자에게 무엇이 어떻게 진행되고 있는지를 가르치거나 보여줄 의도로 사용한다. 예를 들면, "지금 일어나고 있는 일은 ~처럼 보입니다." "이 때문에 당신은 죄책감을 느끼고 있는 것입니다." "당신은 ~에 많이 의지하고 있습니다." "지금 ~뜻으로 하시는 말씀이지요?"이다.

⑤ 평가적 반응(evaluative reaction): 상담자가 어떤 행동이나 사상의 옳고 그름, 선악, 지혜로움과 어리석음 등에 대한 평가를 내담자에게 보여 주는 것이다. 예를 들면, "그것은 지혜로운 결정이었습니다." "이것은 참 좋은 출발입니다." "성경은 그것을 죄라고 말합니다." "그것은 별로 효과가 없을 것입니다."이다.

⑥ 행동적 반응(active reaction): 내담자를 격려하고 자극하여 어떤 행동을 하도록 유도하는 것이다. 예를 들면, "~하라고 충고하고

싶습니다." "~해서는 안 됩니다." "왜 ~하지 않습니까?"이다.

⑦ 반사적 반응(reflective reaction): 상담자가 내담자의 발언을 되풀이 하거나 약간 달리 표현함으로써 내담자의 감정을 반사시키는 것이다. 이것은 상담자가 내담자의 감정을 이해하고 있음을 보여주고, 더 많은 대화를 격려하기 위해 사용한다. 반사적 반응의 예를 들면, 다음의 같다.

● 내담자: "왜 하나님이 한 없이 멀게 느껴지는지 그 이유를 모르겠어요."

○ 상담자: "하나님이 아주 멀게 느껴질 때가 있다고요?"

● 내담자: "네, 그렇지만 저는 하나님께서 제 문제를 도와주실 것을 믿습니다."

○ 상담자: "비록 하나님이 멀리 계신 것처럼 보이더라도 계속 신뢰하십시오."

⑧ 직면(confrontation): 직면(直面)이라는 것은 잘못 고정된 사고를 하는 내담자에게 상담자가 새로운 견해를 제시하는 것을 의미한다. 내담자들의 삶, 실패, 부조화, 혹은 자멸적 행동 속에 있는 악한 요소들과 바람직하지 못한 태도들이 변화되어야 성장하고 행복한 삶을 살 수 있다면 상담자는 지혜롭게 직면(도전)해야 한다. 이때는 사랑어린 부드럽고 무비판적인 방법을 사용해야 한다. 물론 내담자들이 저항하거나 죄책감을 느끼거나 심지어 화를 내기도 한다. 그러나 직면은 때때로 진실한 고백과 중요한 용

서의 경험을 이끌어낸다. 직면은 상담과 동의어로 사용되기도
하며, 매우 중요하고 어려운 분야 중 하나이다. 상담자의 전문적
지식과 경험뿐 아니라 성령의 도우심이 필요하다.

> ▶ 직면(도전)의 위험성: 직면은 높은 수준의 공감과 정중함이 있
> 는 관계에서만 유용하고 효과적이다. 자칫 직면은 상담자의
> 공격성이나 내적분노, 그리고 좌절 등을 발산하기 위해 오용
> (誤用)될 수도 있다.[3]

⑨ 정보제공(informing): 정보를 필요로 하는 내담자에게 정보를 제
공하는 것인데, 상담자가 내담자와 함께 의견을 나누거나 충고
하는 것과는 다른 것이다. 단순한 충고는 그 부분에 대해 덜 전
문적이고, 내담자를 의존적으로 만들며, 상담자가 결과에 대해
책임을 져야 한다.

⑩ 상담에서 위의 모든 반응 방법들을 사용할 수도 있지만, 대개
한 두 가지만 주로 사용한다. 그 외에도 머리를 끄덕이거나 인
정해 주는 표정이나 미소, 침묵하는 시간 등이 더 많은 대화를
자극할 수 있고, 상담자의 반응을 내담자에게 효과적으로 전달
해 주기도 한다.

⑪ 직접적인 질문에 대해서는 그 내용에 따라 달라질 수 있으나, 대
개는 직설적인 답변이 바람직하며, 어떤 경우에나 상담자는 내
담자의 질문의 이면(裏面)에 깔려 있는 "이유"에 대해 민감해야
한다. 예를 들면, "실례하지만, 어느 학교를 나오셨나요?"는 상
담자 능력을 의심하는 질문이며, "저 그림 어디서 사셨나요?" 내
담자가 화제를 바꾸려는 질문일 수 있다.

(8) 영적 자원을 활용하라.

① 목회상담자의 가장 큰 약점 두 가지는 영적 자원을 너무 과다하게 사용하는 것(대부분 내담자에게 좌절과 안타까움을 가져다준다.)과 영적 자원을 일체 무시하고 전적으로 상담 심리학적 기술만 의지하는 것이다. 영적 자원은 특별계시, 그리고 상담 심리학적 기술은 일반계시로서 둘 다 하나님이 주신 귀한 자원이다. 지혜롭게 활용해야 한다.

② 스위스 기독교 상담학자이며 정신과의사인 폴 투르니에르(Paul Tournier)는 내담자와 "조용한 영교"의 시간을 가짐으로서 쌍방이 침묵 속에서 하나님의 임재와 영향력을 인식하는 것이 좋다고 했다. 그리고 내레모어(Clyde Maurice Narramore)는 상담 중 성경을 내담자에게 건네주고 지시하는 본문을 본인이 직접 읽게 하는 것이 더 강한 인상을 심어줄 수 있다고 영적 자원으로서의 성경의 중요성을 강조했다.

③ 내담자에게 매일 성경을 읽고 기도하고 조용히 묵상하는 시간을 갖도록 목회상담자가 격려하는 것은 상담의 성공을 위해 매우 중요하다. 때로는 상담 주제와 잘 맞는 경건 서적을 활용하는 것도 도움이 된다. 윔벌리(Edward P. Wimberly).는 그의 「치유와 기도」라는 책에서 목회상담 중 기도의 중요성을 이렇게 강조했다.

치유는 하나님의 역사이다. 목회상담의 현장에서 기도를 통해 나타나는 모든 치유는 바로 하나님께서 우리와 함께 하심으로써 나타나는 살아 있는 역사인 것이다. 기도를 통해서 우리는 하나님과 친밀한 접촉을 할 수 있게 되고, 우리의 삶에 역사하시는 하나님의 치유의 능력과 그 힘의 근원을 체험할 수 있게 된다. 또한 하나님께서 인간을 치유하시고 건강하게 성장해 나아갈 수 있도록 하기위해서는 하나님의 능력을 고백하는 기도가 있어야 하는 것이다.[4]

④ 상담자는 영적 자원을 잘 활용하기 위해서 매일 경건의 시간(Quiet Time)을 갖고 기도해야 하며, 하나님의 말씀에 대해 전문가가 되어야 한다. 영적 자원은 상담자와 내담자, 그리고 문제의 성격에 따라 신중하고 지혜롭게 사용되어야 한다. 예를 들면, 남편을 잃은 여인에게는 기도와 하나님의 말씀이 큰 위로가 되지만, 낙제생에게는 기도보다는 오히려 공부의 태도나 버릇에 대해 더 깊이 대화해야 한다.

(9) 긍정적으로 끝맺음을 하라.

① 상담은 원만하게 끝내는 것이 바람직하고 가능하면 내담자로 하여금 격려와 희망의 감정을 갖고 떠나도록 해 주는 것이 좋다.

② 상담이 끝날 시간이 가까워졌다는 힌트를 내담자에게 주는 것이 좋다. 예를 들면, "이제 시간이 다 되어가네요."라고 할 수 있다.

③ 남은 몇 분 동안은 상담 중에 주고받은 내용을 요약하거나 내담자가 다음 할 일을 거론하는 것이 좋다. 때로는 격려의 말이나 짤막한 기도를 함께 드리는 것도 좋은 끝맺음이다.

④ 만약 내담자가 끝나는 마지막 몇 분 동안에 의미 있는 내용을 새

롭게 거론할 수도 있다. 이것은 상담시간을 연장하려는 시도이거나 문제를 더 이상 거론할 수 없는 시간(안전한 시간)에 문제를 제기하려는 무의식적인 욕망일 수 있다. 이럴 때 상담자는 "다음번에 우리가 함께 상의할 좋은 주제가 되리라고 봅니다."라고 말해서 지연을 막고, 다음 상담의 좋은 소재를 미리 준비한다.

3) 상담 후(後)

상담자는 잊어버리기 전에 상담에 대한 특기 사항을 간단한 기록으로 남겨 놓음으로서 다음 번 상담 때에 기억을 환기시켜야 한다. 이 때 기록은 노트, 녹음 등을 사용할 수 있으나 상담 중이나 후에 반드시 내담자의 허락 하에서 기록해야 한다.

심리검사(지능, 관심사, 특기, 적성, 인성 등을 측정)는 상담에 도움을 주지만 해석과 관리에는 기술과 시간이 필요하다. 그러므로 목회상담자는 학교 상담자나 심리학자의 도움을 받는 것이 필요하다. 그러나 목회상담을 위한 간단한 조사서나 질의서(설문지) 등은 사용 가능하고 반드시 비밀히 보관해야 한다.

상담자는 상담 내용을 절대 비밀로 해야 한다. 잠언 11장 13절에 보면 "두루 다니며 한담하는 자는 남의 비밀을 누설하나 마음이 신실한 자는 그런 것을 숨기느니라."라고 했다. 목회상담자는 설교 때에나 성경공부 시간에 상담 내용을 발설하는 것을 조심해야 한다. 그리고 상담 기록은 반드시 잠글 수 있는 캐비닛에 보관해야 하며, 만약 준비되어 있지 않으면 차라리 기록하지 않는 것이 더 낫다.[5]

3. 적극적인 경청과 공감

훌륭한 목회상담자는 자신에 대해 이해할 뿐 아니라, 내담자의 문제나 삶의 정황, 그리고 삶의 여정(life history) 등, 내담자에 대한 정확한 이해와 분석이 필요하다. 내담자를 정확하게 이해하기 위해 가장 중요한 기술이 바로 적극적인 경청(Listening)과 공감(Empathy)기술이다.

1) 경청(敬聽, Listening)

성경은 목회상담의 가장 중요한 기준이 된다. 성경에도 경청에 대한 중요성이 강조되어 있다. 야고보서 1장 19절에 "내 사랑하는 형제들아 너희가 알거니와 사람마다 듣기는 속히 하고 말하기는 더디 하며 성내기도 더디 하라." 그리고 잠언 13장 3절에도 "입을 지키는 자는 그 생명을 보전하나 입술을 크게 벌리는 자에게는 멸망이 오느니라."고 했다. 말을 많이 하는 것보다 잘 듣고 그 비밀을 지킬 수 있는 사람이 좋은 상담자가 될 수 있다. 그러므로 경청은 모든 상담기술의 가장 기초가 되며, 또한 가장 어려운 것이다. 햄리(Gordon Hamly)는 "경청은 생각과 감정을 환기 시키는 능력을 가지고 있으며, 경청을 통해서 인간은 인정받는 느낌을 받으며, 자신을 가치 있는 존재로 느끼게 된다."라고 했고, 로저스(Carl Rogers)는 "경청은 당신이 다른 사람을 위해 할 수 있는 가장 의미심장한 일이다. 대부분의 사람들이 갈등과 실망의 순간에 가장 필요로 하는 것은 충고나 지혜, 경험 또는 동정이 아닌 경청이다."라고 경청의 중요성을 설파(說破)했다. 대화는 쌍방통행이다. 경청은 말하는 것에 대한 반응이다. 잘 듣는 것은 말하는 것 못지않게 중요하며 사실 잘 듣는 것이 더 어려운 일이다.

(1) 왜 경청해야 하는가?

① 상대방을 이해하기 위해

② 상대방과의 만남을 즐기기 위해

③ 상대방으로부터 무엇인가를 배우기 위해

④ 상대방에게 도움이나 지원 또는 위로를 제공하기 위해서이다.

그저 듣는 것(Hearing)과 경청(Listening)은 매우 다르다. 듣는 것은 수동적인 과정이고, 경청은 상대방에게 관심을 집중시키고 열심히 듣겠다고 하는 능동적 과정으로서 "이해와 섬김으로 귀를 기울임으로써, 상대에게 가장 가까이 가는 방법"이다. 그러므로 듣는 것은 육체적인 행동인 것에 반해 경청은 마음과 영혼의 행동이라고 할 수 있다.

경청은 상대방에게 전달하고자 하는 말의 내용은 물론 그 내면에 깔려 있는 동기나 정서에 귀를 기울여 듣고 이해한 바를 상대방에게 피드백(귀환반응)해 주는 것이다. 적극적 경청은 평가, 의견, 충고, 분석, 의문을 전달하는 것이 아니라, 상대방의 의미하는 것 자체가 무엇인가를 이해하며 듣는 것이다.

(2) 경청을 방해하는 것은 무엇인가?

잠언 18장 13절에 "사연을 듣기 전에 대답하는 자는 미련하여 욕을 당하느니라."라고 경청의 중요성을 말씀하셨다. 상담자가 내담자에게 주의를 집중하여 경청하지 못하게 하는 장애물은 다음과 같다.

① 상담자의 개인적인 감정
② 상담자의 내적인 갈등
③ 상대가 이야기 하는 갈등과 감정이 나 자신의 갈등과 경험을 상기시킬 때
④ 타인에 대한 나의 예감이나 선입관
⑤ 상대의 말에 대한 나의 반응(응답)을 생각하거나 그의 말의 옳고 그름을 판단하게 될 때
⑥ 성별, 나이, 학력 등에 대한 상담자의 편견, 내담자의 표현방식과 어조 등에 대한 편견

▶ 고든(Thomas Gordon)의 진정한 대화를 방해하는 12가지 대화 양식:
① 명령하거나 지시하는 말
② 설교하거나 도덕적 행동을 요구하는 말
③ 경고하거나 위협하는 말
④ 가르치거나 강의하는 말
⑤ 충고하거나 해결책을 제공하는 말
⑥ 평가하거나 비평하는 말
⑦ 칭찬하거나 둘러대는 말
⑧ 별명을 부르거나 욕하는 말

⑨ 안심 시키는 말

⑩ 심리 분석을 하는 말

⑪ 탐색하거나 질문하는 말

⑫ 농담하거나 빈정대는 말

(3) 미숙한 경청자의 특징

① 상대방의 말이나 생각을 중단시킨다.

② 이야기의 주제를 바꾼다.

③ 상대방이 이야기 하고 있는 동안 자신이 대답할 말을 생각한다.

④ 함께 방안을 탐색하기보다 조언이나 충고를 한다(권위주의 적).

⑤ 상대방의 경우가 다른 사람들과 같다고 해석해 주므로 일반화한다.

⑥ 결론으로 뛰어넘어 대화를 중단시킨다(여유가 없다).

⑦ 상대방의 문제를 어떤 틀에 맞추려고 한다(하나의 사례로 생각).

⑧ 정신적으로, 정서적으로 상대방의 상황과 안 맞는 방향으로 대화를 이끈다.

⑨ 대화중에 손, 발 등 체위를 너무 많이 움직인다(정서불안).

⑩ "나에게도 그런 일이 있었다."고 말한다.

⑪ 침묵이 흐르거나 망설이는 시간을 모두 채워야 한다고 생각한다(불안함).

⑫ 상대방의 질문을 무시해 버린다.

(4) 훌륭한 경청자의 특징

① 상대방에게 개방적이고 수용적인 자세로 "네"라고 답한다.

② 충분히 따뜻하고 진실 되게 만나고 있음을 느낀다.

③ 침묵에도 귀를 기울인다.

④ 모든 진실을 다 가지고 있는 것처럼 말하지 않는다.

⑤ 상대방이 무엇을 느끼는지 감지하고 공감한다.

⑥ 상대방의 신발 속으로 들어가서, 그 상황 속으로 들어간다(공감).

⑦ 상대방에게 생각과 느낌을 반영한다(공감, 반영적 경청).

⑧ 상대방을 있는 그대로 받아들이고 판단하지 않는다.

⑨ 상대방이 말이 막히고 더듬거려도 개의치 않는다.

⑩ 자신의 관심과 욕구를 버려두고 상대방의 이야기를 듣는다.

(5) 적극적 경청의 효과

① 적극적 경청은 내담자로 하여금 강렬하고 고통스러운 감정을 표현하게 함으로 억 압 된 감정을 해결하도록 돕는다.

② 적극적인 경청은 내담자로 하여금 자신의 감정을 두려워할 필요가 없으며, 감정이 나쁜 것이 아니라는 것을 알도록 돕는다.

③ 내담자가 스스로 문제를 해결하도록 돕는다.

④ 내담자로 하여금 자신의 문제를 분석하고 해결하도록 하는 책임을 갖게 한다.

⑤ 내담자로 하여금 상담자의 말에 귀를 기울이게 한다.

⑥ 상담자와 내담자 사이에 보다 의미 있는 친근한 관계를 촉진시켜준다.

2) 공감(共感, Empathy)

(1) 상대방의 말에 공감한다는 것은 무엇을 뜻하는가?

한 마디로 기분을 함께 한다는 것이다. 성경에도 공감의 중요성에 대해 이렇게 말씀하신다. "즐거워하는 자들로 함께 즐거워하고 우는 자들로 함께 울라."(롬 12:15), "너희가 짐을 서로 지라. 그리하여 그리스도의 법을 성취하라."(갈 6:2) 고통과 슬픔은 나누면 반감(半減)되고, 기쁨과 행복은 나누면 배가 된다. 그러므로 공감이란 상담자는 "내담자의 입장"이 되어 내담자를 주관적으로 이해하면서도, 결코 상담자로서 객관적인 자기 본연의 자세를 버리지 않는 것이다.

▶ 내담자의 입장: 내담자의 세계 속으로 들어가서, 그의 세계를 이해하는 것(그의 신발 속에 들어가서 그 상황을 체험하는 것)이다. 인생이 그에게 무엇과 같은가? 도대체 무엇을 위해 투쟁하는가? 성장을 위해 무엇이 필요한가? 등에 대해 상담자가 내면적으로 질문해 보면 도움이 된다. 공감은 "마치 그 인 것처럼(as if), 그와 함께(with) 느끼는 정서"이다.

(2) 공감의 특징을 이렇게 정리할 수 있다.

① 느낌에 중심을 두며, 그 느낌이 얼마나 이해되고 수용되고 있는지를 반응해 보아야 한다. 즉 상대방의 느낌을 그대로 수용해야 한다.

② 공감은 타고난 능력이라기보다는 배워서 얻어지는 기술이다. 사

람과 사람 사이에서만 배울 수 있는 "인간관계 기술"이다.

(3) 공감과 동정은 서로 다르다.

동정은 타인에 대하여 느끼는(feeling for) 과정이고, 공감은 타인과 함께 느끼는(feeling with) 과정이다. 즉 동정은 상담자가 이야기를 들으면서 "내 입장에서 이해"(내 느낌에 초점, 주관적)하는 것이며, 공감은 타인의 느낌 자체(객관성이 강함)에 초점을 맞춘다. 심리학자 메이(Rollo May)는 공감을 "심리치료의 열쇠"라고 했다.

(4) 정확한 공감(accurate empathy)이란 무엇인가?

정확한 공감은 내담자가 현재의 순간에 느끼고 있는 것을 이해하고, 그러한 감정 밑에 깔려 있는 경험들과 행동들을 인식하고 내담자에게 전달하는 것이다. 우리는 내담자의 표면 감정과 이면 감정을 동시에 공감해 주어야 한다. 정확한 공감을 위해서는 첫째, 내담자의 경험 세계 속에 들어가서 그의 세계 속에서 그의 감정을 느끼고 그의 시각을 통해 세계를 바라볼 수 있어야 하며, 둘째, 상담자는 내담자의 감정과 그 감정과 연결되어 일어난 경험과 행동을 이해하고 있다는 사실을 내담자에게 전달해야 한다.

(5) 어떻게 공감해야 하는가?

상담 할 때 공감하는 방법을 정리하면 다음과 같다.

① 우리는 공감하기 전에 "내담자가 방금 표현한 감정은 어떤 것

일까?" "그 핵심 메시지는 무엇일까?" 하고 스스로 질문해 보
아야 한다.

② 상담자는 스스로 생각할 여유를 가지고 반응한다.

③ 짧고 간결하게 공감한다.

④ 억양과 태도로 공감한다.

⑤ 내담자의 언어와 조화 있는 어휘를 사용하라.

⑥ 가능한 한 내담자의 감정과 말의 내용을 둘 다 공감하라.

4. 상담의 과정

브래머(L. Brammer)는 상담과정을 ① 준비와 시작 → ② 명료화 →
③ 구조화 → ④ 관계심화 → ⑤ 탐색 → ⑥ 견고화 → ⑦ 계획 → ⑧
종료 이렇게 8단계로 구분했다. 그리고 콜린스(Gary R. Collins)는 ①
접촉 → ② 개시 → ③ 문제서술 → ④ 해결방안모색 → ⑤ 종결단계
로 구분했다. 필자는 에간(Gerard Egan)은 3단계 상담 과정[6]을 중심으
로 목회상담과정을 5단계로 종합 정리해 보았다.

1) 신뢰감 형성

내담자는 상담자와의 첫 만남이 전체 상담기간 중에 가장 불안하고
두렵다. 자신의 문제를 어떻게 말해야할지 막연하고, 상담자에게 자
신의 속마음을 드러내고 도움을 요청하는 것 자체가 쑥스럽고 어색하

다. 내담자는 이러한 불안과 아울러 문제 해결의 기대감을 가지고 있다. 이렇게 자기 노출에 대한 거부감과 상담결과에 대한 두려움, 그리고 문제해결에 대한 긍정적 기대가 교차하는 미묘한 시기에 내담자와 신뢰적인 관계를 형성하는 것이 대단히 중요하다. 이렇게 내담자와 편안하고 신뢰감 있는 분위기 속에서 라포(rapport), 즉 화친(和親)관계를 잘 형성하면 상담성공의 첫 단추를 끼우게 된다.

※ 라포(rapport): "동의, 일치, 친밀"을 뜻하는 말로, 두 사람 또는 그 이상의 사람들 사이에 존재하는 상호 공감과 신뢰의 편안한 관계를 말한다. 이것을 화친(和親)관계, 또는 친밀관계라고 한다.

(1) 상담자의 긴장 해소를 위한 방법

① 상담실의 구조와 배치를 스스로 고안하여 상담실의 구조와 환경에 익숙해야 한다. 늘 사용하는 상담실이어야 상담 때에 부담감 없이 자연스러운 자세를 유지할 수 있다.

② 내담자를 상담실로 안내하고 좌석을 배정하는 등의 적극적인 자세를 취한다. 이렇게 함으로써 내담자를 통제할 자신감을 갖게 되고, 긴장감도 해소할 수 있다.

③ 상담 중에 상담 내용을 기록하는 것도 불안감 해소에 도움을 준다. 자신의 질문과 내담자의 대답을 기록하면서 기록 보존 뿐 아니라 상담의 용기를 얻게 된다.

④ 상담을 주도적으로 이끌어간다. 내담자의 침묵을 초조해하거나

두려워말고 자연스럽게 이끌어가면서 자신의 대답이 혼돈스럽
고 적절하지 못했을 때에도 담대히 자연스럽게 대응한다.

⑤ 상담의 방향성을 상실했을 때에는 내담자의 말을 종합하여 방
향을 찾도록 해야 한다. 이럴 때는 노련한 상담자의 경험이 중
요하다.[7]

2) 문제의 명료화

상담자 뿐 아니라 내담자에게 있어서도 문제 상황을 분명하게 이해
하지 않으면 어떻게 그 상황에 대응해야할지 합리적인 결정을 내리기
가 어렵다. 문제를 명료화시키는 기술은 상담자가 상담의 목표를 정
하고 내담자가 그 목표를 성취하도록 도와주는 도구가 된다.

① 상담자의 기술: 이 단계에서 중요한 상담 기술은 주의집중, 경
청, 탐색, 그리고 공감적 이해이다. 상담자는 육체적으로 심리
적으로 내담자에게 주의를 기울이고, "내담자와 함께"하려고
노력해야 한다. 내담자가 "상담자가 나에게 관심을 가지고 있
다."는 것을 느끼도록 적절한 눈의 위치라든가, 내담자를 존중
하는 태도를 가져야 한다. 상담자는 적극적인 경청과 공감, 그
리고 탐색적 반응을 통해 내담자의 자기 탐색을 도와주고, 문제
상황을 명료하게 해야 한다. 상담자는 지혜로운 질문과 반응법
을 잘 활용해야 한다.

② 내담자의 책임: 자신의 문제 상황을 탐색해야 한다. 상담자의 숙

달된 응답기술과 격려를 통해 내담자는 문제 상황에 관련된 경험, 행동, 그리고 느낌 등을 구체적으로 탐색해야 한다. 이 과정을 통해 문제 상황이 명료하게 규정되기 시작한다.

3) 목표설정

목표설정 단계에서는 상담자는 내담자가 문제의 명료화 단계에서 발견한 단편적인 자료들을 종합하여 거시적, 통합적, 그리고 객관적으로 문제 상황을 볼 수 있도록 도와주어야 한다. 이것을 바탕으로 객관적이고 합리적인 목표를 설정할 수 있다.

▶ 상담의 목표를 정할 때 주의해야할 점
① 상담 목표는 구체적이고 현실적이어야 한다.
② 목표가 여러 가지일 경우에는 먼저 도달해야할 목표를 정해야 한다(우선순위).
③ 때에 따라서는 그 목표에 도달하기까지의 시간을 고려해야 한다(인내).
④ 내담자에게 목표를 강요하지 말고(효과가 없다), 상담자와 내담자가 목표 설정을 위해 함께 노력하는 것이 좋다.

(1) 상담자의 기술
내담자가 자기 탐색단계를 거쳐서 목표설정에 필요한 새로운 시각을 개발하도록 도와준다. 그리고 목표설정과정을 촉진시킨다. 이 단계에서 상담자는 내담자가 문제에 대한 새로운 빛을 보도록 정보의 나눔, 정확한 공감(기초 공감, 표면적인 느낌과 의미에 공감)과 발전 공감(내담자의 의식밑바닥에 숨겨져 있는 진정한 느낌과 의미를 파악하여 공감), 도전기술(직면), 자기 나눔(자기 경험) 등의 기술이 적절히 활용되어야 한다. 오성춘은 효과적인 도전을 위한 자격을 다음과 같이 정리했다.[8]

① 관계의 질: 상담자와 내담자간에 라포(친밀한 관계)를 형성하고 있다면 얼마든지 도전(직면)해도 효과를 거둘 것이다. 신뢰관계가 형성되어 있지 않으면 오히려 역효과를 거둔다.

② 내담자에 대한 이해: 상담자가 내담자의 감정과 생각, 그리고 시각들을 먼저 알아야 효과적으로 도전할 수 있다. 즉 정확하고 충분한 공감(기초 공감, 발전 공감)이 전제되어야 한다.

③ 도전에 대한 개방: 도전하는 자는 또한 언제든지 도전을 받게 되어 있다. 내담자에게 도전하면 내담자도 상담자에게 도전한다. 이 때 상담자는 자기 방어적인 태도나 언사를 행한다면 아직 도전에 개방되어 있지 않는 것이다. 이러한 상담자에게 내담자는 효과적인 도전을 받기 어렵다.

④ 성실한 삶: 상담자 스스로 성실한 삶을 살 때에만 내담자를 향한 도전이 효과를 거두게 된다. 물론 하나님과 같이 최고의 삶을 살수는 없지만, 최선의 삶을 살려고 노력해야 한다.

(2) 내담자의 책임

내담자는 이 단계에서 새로운 방법으로 문제 상황을 알기 시작한다. 이제 행동 실천의 필요성을 이해한다. 그리고 효과적으로 문제 상황을 해결하기 위한 목표를 선택한다.

4) 실천

내담자가 문제를 해결하고 보다 효과적인 삶을 살려고 하면 정해진 목표를 궁극적인 행동으로 실천해야 한다. 목표를 실천하는 방법을 결정하고 실제로 실천할 수 있는 구체적인 프로그램을 시작하는 것이 실천 단계이다.

(1) 상담자의 기술

상담자는 구체적인 실천 프로그램을 내담자와 협력하여 수행한다. 이것을 위해 먼저 설정된 목표를 성취하기 위한 다양한 프로그램들을 내담자와 함께 탐구한다. 선택한 프로그램을 성실히 수행하도록 내담자를 격려한다. 또한 실천 프로그램을 지원하고 지도한다. 그리고 내담자의 참여정도, 프로그램의 합당성, 목표의 합당성 등의 평가 기준으로 내담자가 자신이 실행한 프로그램을 평가하도록 도와준다.

(2) 내담자의 책임

내담자는 목표성취의 최선의 방법을 탐구하고 자기와 환경 안에서 지지(支持)자원들을 찾아내어 실천 프로그램을 선택한다. 그리고 프로그램을 성실히 실천해서 더 효과적으로 문제 상황을 조정하고 삶의 문제를 처리해야 하며, 또한 상담자와 함께 상담 과정을 평가한다.

5) 종결

　모든 일에 끝이 있기 마련이다. 상담에서도 각각의 면담도 종결 (closing)되어야 하고, 연속된 상담도 상담 목표에 도달하게 되면 종결 (termination)해야만 한다. 적절한 종결은 치료관계에 있어서 매우 중요하다. 종결은 상담 회기종결과 상담 관계의 종결로 나누어 생각할 수 있다.

(1) 상담 회기종결

　상담 회기와 시간을 제한하는 것은 대개 첫 번째 면담에서 이루어진다. 상담시간은 보통 계약의 일부가 된다. 일단 상담 시간이 정해지면 상담자와 내담자는 각 회기 동안 어떻게 상담 속도를 조절해야 할지에 대해 미리 계획하게 된다. 상담 과정 중 각 회기마다 면담을 끝내는 데 한 가지 원칙은 예정된 종료 시간 전에 몇 분 동안 대화의 강도를 서서히 낮추는 것이다. 그리고 다음의 기술들을 활용하면 도움이 된다.

　① 시간제한에 대하여 언급하기
　② 그 회기의 중요한 사항들을 요약하기
　③ 다음 약속을 잡기
　④ 어떤 과제를 제안하기(무엇을 읽고 생각하기)
　⑤ 문이나 시계를 바라보는 것과 같이 끝내기 위한 미묘한 준비 몸짓하기

⑥ 일어서기

⑦ 문으로 가서 열기

(2) 상담 관계종결

상담자와 내담자가 허심탄회한 대화를 통해 어떤 효과적인 해결책에 도달했으면 상담관계를 종결짓기로 피차간에 합의 하게 된다. 만약 상담관계가 오랜 시간 계속되었을 때, 관계를 종결짓는 것은 특히 내담자에게 어려울 것이다. 상담의 종결이 가까워지면 상담자는 내담자에게 끝이 가까이 왔다는 힌트를 주는 것이 지혜로울 것이다. 또한 점진적으로 만남의 횟수를 줄이는 것도 자연스런 기법이다. 일주일에 한 번 약속 했던 것을, 격주에 한 번으로, 그리고 세 주에 한 번으로 줄임으로 자연스럽게 이별을 준비하게 한다. 상담의 종결은 목회상담자에게 만족감도 주지만, 때때로 기대한 모든 것이 다 이루어지지 않았다는 점을 겸손하게 인정하도록 해 준다. 하나님의 능력만이 모든 변화를 가능하게 하기 때문에 오직 그 분께 감사하게 된다.

제11장 상담의 여러 유형

상담 상황은 한 가지만 있는 것이 아니다. 내담자에 따라서 다양한 상담 상황이 연출된다. 그러므로 상담자는 다양한 상담의 유형을 이해하고 그 기술을 숙달하여 내담자에 따라 지혜롭게 적용하고 대처해야 한다. 콜린스(Gary R. Collins)는 상담의 유형을 지원적 상담, 대결적 상담, 교육적 상담, 예방적 상담, 영적 상담, 의뢰상담, 심층상담 등으로 구분하고 이에 대한 다양한 상담기법을 다음과 같이 설명했다.[1]

1. 지원적 상담

지원 상담은 보통 인생 문제의 와중에서 홀로 어려움을 겪고 있는 사람들에게 사용된다. 평상시에는 정상적이고 원만하게 지내던 사람들도 위기를 당하게 되면 "무너지기" 마련이다. 그리고 실패의 낙심과 사랑하는 이의 상실 또는 기타 재난에 적응하는 동안 기대고 의지할 사람을 필요로 하게 된다.

지원 상담의 목표는 ① 곤경에 빠진 사람을 붙들어주어 안정시켜 주는 것이며, ② 다른 사람에게 미숙할 정도로 의존하게 만드는 것이 아니라, 잠정적인 지원을 베풀어 줌으로서 내담자가 새 힘과 옳은 관점을 얻어 인생 상황에 대처하는 일에 자신의 인격적 자원을 보다 효과적으로 활용하도록 도와주어야 한다.

1) 표본적인 문제

- 내담자나 그 가족의 중병
- 사랑하는 이의 사망
- 결혼이나 약혼의 파탄
- 각종 실패
- 의미 있는 사람에게 거부당함
- 심각한 낙망
- 여러 위기
- 미숙, 부족감, 의존적인 성격 등의 성격적 문제
- 낮은 지능이나 원하는 능력의 결핍

2) 특정적인 상담 기술

- "의지할 어깨"가 되어준다. 다짐, 위로, 인도, 그리고 지탱하는 것을 포함한다.
- 내담자가 사정을 털어놓을 때 들어주며 "기대고 울 수 있는 어

깨"가 되어준다.

- 내담자가 문제에 직면하도록 격려한다. 문제가 없다고 부인하거 나 환상, 알코올, 마약 등의 기제를 통해 문제를 회피하는 "불건 전한 반응"을 저지해야 한다.
- 상황을 객관적으로 보도록 도와준다.
- 자신감과 같은 심리적 방어 기제를 구축하도록 지원한다.
- 내담자의 환경을 바꿔준다. 예를 들면 스트레스를 느끼게 하 는 가정 상황으로부터 그를 격리시키는 것을 의미할 수도 있다.
- 활동을 권장한다.
- 기도, 성경, 경건 서적 등 영적 자원들을 활용한다.
- 내담자의 문제의 의미를 토론한다.

3) 잠재적 위험들

내담자가 지나치게 상담자를 의존하면 스스로 새 힘과 안정을 찾아 문제를 대처할 수 있는 상담의 목표를 잃어버리게 된다.

내담자를 문제 속에 "빠져 있도록" 권장하게 될 수도 있다. 기다리 기만 하면 하나님께서 모든 문제를 해결해 주시리라고 믿으면서 이를 악물고 버티는 것보다 문제를 직시하고 그 문제를 하나님께 맡기고 나 서(마 11:28-30), 이를 해결하기 위해 실제적 조치를 취하는 것이 더 현명하고 건강한 것이다.

2. 대결적 상담

좋은 상담자의 모델이 되시는 예수님도 종종 사람들의 죄를 책망하셨다. 예를 들면, 젊은 부자 관원이 부를 지나치게 사랑하는 것(눅 18:22), 사마리아 여인의 부도덕한 생활(요 4:16-18), 제자들의 믿음이 적은 것(마 8:26; 14:31), 종교지도자들의 죄(마 12:34; 15:7-8; 23:23-33; 요 8:44-45) 등이 있다. 대결적 상담은 내담자의 죄를 정죄하는 것이 아니다(이것은 하나님의 입장이다). 그러나 우리는 그리스도인으로서 사람들로 하여금 자신의 죄를 직시하고 이를 직면하도록 격려해야 한다. 자신의 부도덕한 행동을 숨기는 것은 죄책어린 좌절감과 신경증적 불안을 유발시킬 뿐이다.

우리가 죄를 자백하면 하나님께서 용서하시고, 긍휼히 여기신다(요일 1:9). 하나님의 종으로서 상담자는 내담자가 자신의 죄를 직시하고 자복하여 하나님의 용서를 받아 자신을 변화시키는 방안을 실천하도록 도와야 한다. 그러므로 대결적 상담의 목표는 ① 내담자가 어떤 죄나 어려운 상황을 직면하도록 강요하는 것이며, ② 앞으로 닥칠 비슷한 문제를 이길 수 있는 도덕적 힘을 기르도록 도와준다.

1) 표본적인 문제들

- 불법적이고 부도덕한 행동: 불법적인 마약 사용과 소지, 미혼모의 임신 등
- 개인이나 사회 또는 성경이 잘못으로 인정하는 행동

- 죄책감을 유발하는 행동
- 교회 내에 분파를 조장하는 것

2) 특정적 상담 기술

- 증거를 가지고 내담자를 직면한다.
- 그를 하나의 인격으로 지원하고 받아 준다.
- 하나님께 자백할 것과 잘못을 범한 사람들에게 고백할 것 (confession)을 권한다(잠 18:13; 요일 1:9; 약 5:16).
- 하나님의 용서를 확신하게 해 준다(요일 1:9).
- 내담자로 하여금 자신을 용서하도록 도와준다(죄책감에서 벗어나도록 하라).
- 가능한 경우 내담자가 배상하려고 할 때, 그를 격려해 준다.
- 보다 책임 있는 다른 행동을 하도록 격려한다.
- 양심과 자제력을 강화하도록 돕는다.
- 영적 성장을 유도한다.
- 기도와 성경읽기 그리고 성령을 의지할 것 등의 영적 자원들을 활용한다.

3) 잠재적 위험들

- 교만 또는 상담자의 "거만한 태도." 상담자는 겸손해야 하며 절대 정죄하는 태도를 취해서는 안 된다.

- 행동이 마음에 안 들어 내담자를 거부하는 것. 특히 선입관과 편견을 버려야 한다.
- 도덕적 가르침. 내담자의 태도에 대해 강의(설교)조로 말하며 상담의 기본적인 기술을 대부분 무시하는 것을 조심해야 한다.
- 내담자로 하여금 행동을 바꾸도록 돕지 않고 자제력을 키워주지 않는 것.

3. 교육적 상담

대부분의 인간의 행동은 배우고 익힌 행동이다. 한 마디로 학습적이라는 것이다. 그래서 어떤 문제가 발생하면 과거에 비운 학습내용을 기초로 문제 해결을 모색하고, 방어기재를 사용하여 문제를 회피하거나 달리 습득한 도피기술을 이용하여 문제를 피하려고 한다. 아무리 이상한 행동이라도 과거에 불안을 감소시키는데 성공적으로 사용되었던 행동이라면 앞으로도 계속 사용할 것이다.

이렇게 많은 행동이 학습되어진 것이라면 상담은 내담자가 비효과적인 행동을 버리고 보다 적절하고 새로운 행동 방식을 배우는 교육과정이라고 할 수 있을 것이다. 여기에서는 상담자는 의사가 아닌 선생님이고, 내담자는 환자가 아닌 학생의 관계가 성립된다. 목회상담자가 하는 일도 대체로 교육적이라고 할 수 있다. 교육 상담의 목표는 첫째, 내담자와 함께 필요한 정보를 발굴하는데 상담자는 정보를 제공해 주거나 내담자가 정보를 찾도록 도와준다. 둘째, 앞으로 어떻게 정보를 스스로 습득할 수 있는지를 보여준다.

1) 표본적인 문제들

- 직업 상담
- 혼전 상담
- 결혼 및 가정 상담
- 신학과 성경에 대한 질문들
- 사회적인 무능
- 충고를 요청함
- 내담자가 이해하지 못하는 문제 행동
- 교회 내의 긴장, 문제, 교리적인 분쟁

2) 특징적 상담 기술

- 질문을 권장한다.
- 질문이 내담자를 난처하게 하는 것이라면 지원해 준다(예/ 십대들의 성에 관한 질문).
- 정보를 알려주거나 내담자에게 책이나 유능한 전문가와 같은 정보원을 소개해 준다. 겸손한 상담자가 성숙한 상담자이다.
- 정보 토론을 위한 기회를 제공한다.
- 가능한 경우에 정보를 사용하도록 내담자를 격려한다(예/ 연애에 관한 정보는 데이트하는 상황에서 사용).

- 참된 학습이 이루어졌을 때 격려와 칭찬을 해주고 바람직한 행동이 나타날 때도 칭찬과 격려를 아끼지 않는다(학습 원리).
- 내담자에게 그의 행동을 통찰 할 수 있도록 돕는 제안을 한다.
- 다른 문제에 대해서도 주목한다(정보를 요청할 때 보통 기본적인 문제를 숨기는 경우가 많다).

3) 잠재적 위험들

- 내담자가 상담자를 선생으로 지나치게 의존하고 따른다.
- 정보를 나누어주는 것이 언제나 참된 학습이나 행동 변화를 유발한다는 상담자의 과도한 기대와 믿음.
- 상담자가 내담자를 조종함. 상담자가 자신의 생각을 받아들이도록 내담자에게 압력을 가함.
- 내담자를 지배함. 만일 당신이 정보를 제공하고 해석해 주고 새로운 행동 방법을 가르쳐 주는 입장이라면 이렇게 되기 쉽다.
- 사람들이 충고를 요청해 오기 때문에 상담자 자신이 "전문가"가 된 것처럼 생각하는 것. 자신이 전혀 모르는 주제에 대해서도 무리하게 의견을 제시하려는 경향이 있다. 좋은 상담자는 겸손하다. 하나님의 지혜를 구하고, "모른다"는 말을 부끄러워하지 말라. 그리고 내담자와 함께 연구하겠다는 태도가 중요하다.

4. 예방적 상담

　문제가 발생하기 전에 문제를 예측하거나 막 일어나기 시작한 문제를 더 악화되기 전에 해결하려는 노력을 예방적 상담이라고 한다. 충고를 받아들이기 좋아하는 사람은 별로 없다. 특히 청년들은 남의 충고에서 가장 많은 유익을 얻을 수 있는 연령층인데도 남의 충고를 받아들이는데 가장 인색하다(충고를 받아들이는 것이 성숙의 증거이다).

　예방적 상담의 목표는 문제가 일어나기 전에 문제를 예측하는 것, 그리고 현존하는 문제의 악화를 막는 것이다. 그 성격상 예방 상담은 대단히 교육적인 측면이 강하다.

1) 표본적인 문제들

- 성충동이 강하게 일어나는 청소년
- 대학 입시를 앞두고 있는 고등학생
- 은퇴 준비를 하는 노년층
- 결혼이나 입대 등을 앞둔 젊은이
- 수술이나 심각한 중병, 기타 위기를 맞고 있는 사람들

2) 특징적 상담 기술

- 잠재적 문제와 위험을 살핀다.

- 사람들에게 위험을 직시하게 한다.

- 설교, 토론, 사담(私談) 등을 통해 교육한다.

- 모든 것을 다 아는 것 같은 태도, "나는 당신보다 거룩하다"는 태도, 우월적 태도, 또는 믿지 않으려는 태도 등을 피한다. 예를 들면, "이대로 하지 않으면 나중에 후회할 거야!!!"

- 재치있게 임한다.

- 잠재적 문제를 터놓고 상의하도록 격려한다.

- 문제를 피하는 방법이나 해결책으로 제시된 것을 알아 익힌다.

- 적절한 성경구절을 알려준다.

3) 잠재적 위험들

- 문제가 심각해질 때까지 잠재적인 문제를 무시하는 것.

- 잠재적인 문제를 지나치게 확대하여 실제 문제보다 더 심각한 것처럼 보이게 만드는 것.

5. 영적 상담

어떤 의미에서 모든 목회상담은 영적 상담이다. 상담자는 그리스도의 제자로서 모든 사람을 제자로 삼을 의무가 있고(마 28:19-20), 약한 자를 도울 의무가 있다(갈 6:1-2; 살전 5:14). 그렇기 때문에 제시된 문제가 영적인 성격을 지니지 않는 것처럼 보일 때라도 영적인 문제를 제기하는데 주저할 필요가 없다. 상담자는 내담자에게 예수님을 구세주와 주님으로 모시도록 격려할 수 있고, 함께 기도하고 함께 성경을 읽을 수도 있다. 이러한 영적 상담은 내담자를 영혼 구원과 풍성한 삶으로 인도한다.

사람들로 하여금 인생의 의미와 목적을 발견하도록 돕는데 있어서 목회상담자를 능가할 사람은 없다. 그런데 많은 목회상담자들이 상담 중에 이러한 궁극적인 문제를 거론하기를 꺼려하거나 문제가 제기될 때 회피하려는 것은 참으로 유감스런 일이다. 인간은 영적인 존재이고 모든 인생사가 하나님의 섭리(攝理) 가운데 있지만, 그렇다고 일상의 모든 문제가 영적인 원인으로부터 발생한 것이라고 가정해서는 안 된다. 문제 원인은 다양하고 복잡하다. 그러나 내담자 목회상담자를 찾아 왔다는 것은 의식적이든 무의식적이든 영적 필요가 있기 때문이다. 목회상담자는 인간의 모든 문제를 영성의 수평적 차원과 수직적 차원에서 동시에 균형 있게 고려해야 한다. 영적 상담의 목적은 ① 문제를 명료화하며 신학적인 문제에 대한 해답을 찾으며, ② 내담자를 도와 인생의 의미와 목적을 찾게 하며, ③ 사람들에게 영적으로 성장하는 법을 가르쳐 주는 것이다.

1) 표본적 문제들

- 의심, 불신앙, 혼동의 문제들
- 공허감, 무의미, 목적의식의 결핍
- 하나님을 알고 싶어 하는 욕망

- 인생의 위기가 지니는 의미를 이해하지 못함
- 교리적인 문제로 교회 내에 생기는 혼란과 불일치

2) 특징적 상담 기술

- 문제와 관심사와 의심을 자유롭게 털어놓게 한다.
- 솔직하게 자신의 반응과 신앙 등을 표현한다.
- 신학적인 전문용어와 피상적인 대화는 피한다.
- 기꺼이 해당 관심사를 제기하거나 토론하고 면박한다.
- 적절한 성구와 다른 정보원을 알려준다.
- 영적으로 거듭나는 것과 영적인 성숙에 대한 사실을 가르쳐 준다.
- 내담자의 생활의 영적인 필요를 지적해 준다.
- 기도를 활용하고 성령께 의존하는 것 등을 가르쳐준다.

3) 잠재적 위험들

- 신학적인 질문 이면에 더 깊은 문제가 숨겨져 있다는 것을 인식하지 못하는 것.
- "주님을 신뢰하십시오. 모든 문제가 사라질 것입니다."와 같은 판에 박힌 말로 말문을 막아버리는 것(바울은 하나님을 신뢰했지만 육신의 가시로 심각하게 고민했다).
- 성경 구절 몇 개를 인용해주고 내담자의 진정한 관심사를 다루어주지 않는 경향.

● 영적인 문제는 모두 죄의 결과라는 가정.

6. 의뢰 상담

　문제를 더 잘 다룰 수 있도록 훈련 받은 사람에게 내담자를 의뢰하는 것은 실패나 무능력을 시인하는 것이 아니다. 어떻게 보면 이렇게 의뢰를 잘 하는 사람이 성숙한 상담자이다. 교회 지도자들은 바쁘다. 그러나 상담은 때때로 더 많은 시간과 기술을 요한다. 그러므로 교회 지도자들이 곤경에 빠져서 고통당하고 있는 내담자를 전문적인 도움을 받을 수 있는 상담자에게 소개하는 것도 가치 있는 봉사이다. 이러한 의미에서 새로운 지역에 부임하는 목사는 내담자를 의뢰할 수 있는 유능한 전문가 명단을 확보해야 한다. (심리학자, 정신과 의사, 각 분야 의사, 직업 상담사, 학교 상담지도교사, 사회사업가, 변호사, 다른 전문적인 목회상담자, 지역사회 유지, 경험이 많은 평신도 상담자 등)

　상담자는 내담자의 최선의 행복을 염두에 두어야 한다. "이 사람을 위해 제일 좋은 것은 무엇인가?" 의뢰는 내담자가 거부당한다고 느끼지 않는 방향으로 이루어져야 한다. 의뢰를 제안할 때 실망과 거부감을 느끼기 쉽다. 상담이 어렵다고 느껴지면, 상담 초기에 "이 문제를 더 잘 다룰 수 있는 분을 찾을 수 있다"고 의뢰에 대한 기대감을 갖도록 해 주라. 의뢰 결정에는 내담자도 참여하도록 한다. 대부분 상담자들끼리 전화통화로 해결할 수 있지만, 내담자가 솔선하여 새 상담자와 직접 상담 약속을 하도록 중개역할을 해 주는 것이 좋다. 교회 지도자는 내담자와 그의 복지에 대한 관심을 놓지 말아야 한다.

1) 표본적 문제들

- 심각한 혼란 자들
- 극심한 우울증 또는 자살 충동을 가진 사람들
- 장기적 상담을 요하는 사람들
- 당신이 도움을 주고 있지 못한 사람들
- 의학적인 치료를 필요로 하는 사람들
- 당신이 아주 싫어하는 유형의 사람들

2) 특징적 상담기술

- 지역 사회에서 의뢰 대상을 찾아본다.
- 이들 중 몇 사람을 사귄다.
- 대상에 대한 정보를 제공하고 그들을 접촉하는 법을 가르쳐 준다.
- 어떤 사람을 의뢰할 것인가를 안다.
- 의뢰받고 싶은 기대감을 불러일으킨다.
- 내담자에게 의뢰의 가치를 인식하게 한다.
- 용납하고 받아주라(때때로 의뢰를 거절로 인식할 수 있다).

3) 잠재적 위험들

● 의뢰를 실제로 거부로 생각하는 내담자.

● 너무 빨리 의뢰하는 것. 종종 목회상담자는 자신이 생각하는 것 보다 더 많은 도움을 줄 수 있다.

● 문제를 다룰 능력이나 훈련이나 시간이 부족한데도 의뢰하지 않는 것(교만하고 어리석다).

7. 심층 상담

심층 상담은 내담자의 뿌리 깊은 심층(深層) 문제들을 드러내어 상세하게 고려하는 정기적인 상담관계이다. 심층 상담은 고도의 기술과 많은 시간이 소요되는 과정이다. 그래서 어떤 교회 지도자들은 이러한 기술을 가지고 있지만(전문 상담사 자격을 보유), 실제적으로 교회 목회에 바쁜 목사들이 장기적인 심층 상담을 관여하는 것은 지혜로운 것도, 적절한 것도 아니다. 특히 목회자나 심리학자가 아닌 평신도가 심층 상담에 관여하는 일은 피해야 한다.

심층 상담의 목표는 ① 깊은 정서적 문제를 드러내어 치료하며, ② 내담자의 자아 인식과 자기 통찰을 유도하며, ③ 인격을 재구성한다. ④ 그래서 보다 효과적인 기능을 하도록 도와준다.

1) 표본적인 문제들

- 심각한 혼란자들
- 깊은 개인 문제, 불안정, 우울증, 사회적 부적응 등의 문제를 안고 있는 사람들

2) 특징적인 상담 기술

- 심층 상담의 기술은 다양하고도 대단히 전문적이다. 그러므로 목회상담자는 이 분야를 전문적으로 연구하지 않았다고 한다면 피하는 것이 좋다.

3) 잠재적 위험들

- 제대로 훈련 받은 적이 없는 비전문가가 전문가에게 의뢰 하지 않고 심층 상담을 시도하는 것.

8. 비공식적 상담

목회 현장에서 일어나는 대부분의 목회상담은 목양실(목사실)에서 공식적이고 딱딱한 분위기에서 이루어지는 것이 아니라 갑자기 비공식적으로 이루어지는 경우가 많다. 예를 들면, 병원 병실이나 교회 당

로비에서 커피를 마시면서, 또는 심방 중에, 성경공부를 마치고 복도 등에서 자연스럽게 이루어진다.

특히 교회 지도자가 포착하기 어려운 고통 증세(예배에 자주 빠짐, 우울한 표정, 사람들을 피함, 자주 술이나 마약에 취함, 기타 이례적이고 색다른 행동 등)에 민감하다면 비공식 상담의 기회는 얼마든지 있다. 목회 상담자는 이러한 고통 증세를 느꼈을 때, 열린 대화(개방적 질문)로 내담자의 마음을 열어야 한다.

"요즘 어떻게 지내십니까?"

"오늘은 좀 피곤해 보이네요?"

"요즘 영적 생활은 어떻습니까?"

"안색이 어두운데, 뭔가 괴로운 일이 있는 것이 아닙니까?"

클라인벨(Howard Clinebell)은 목회상담자가 비공식접촉을 통해 상담할 때 준수해야할 사항을 다음의 9가지로 정리했다.

① 집중해서 들어주라.

② 빨리 "갈등분야"에 초점을 맞추기 위해 조심스레 질문하라.

③ 전체적으로 문제를 검토하도록 도와주라. 내담자가 좀 더 명확하게 문제를 보게 되면 지혜로운 결정을 하게 되며, 문제해결을 위해 자신의 내적 자원을 동원할 수 있게 해 준다.

④ 유익한 정보를 제공하라.

⑤ 가능한 대안을 명시할 목적으로 주요 갈등문제 또는 결정사항에 초점을 맞추라.

⑥ 내담자로 하여금 "다음 단계"를 결정하게 도와주고, 그 단계를 밟게 하라.

⑦ 도움이 된다고 생각될 때는 지도(guidance)를 해 주라.

⑧ 정서적 지원과 감동을 주라.

⑨ 짧은 상담이 적절하지 않다고 판단되면 장기적 상담으로 유도하라.

제12장 상담 윤리

오늘날 시대의 특징을 사회학자들은 산업화, 정보화, 도시화, 다원화 등의 용어로 설명하고 있다. 그만큼 복잡하고 변화무쌍한 시대를 우리는 살고 있는 것이다. 이런 산업화, 도시화의 결과로 사람들은 상대적 빈곤(貧困)감과 함께 더욱 깊은 소외감과 고독감을 느끼고 있으며, 이것이 높은 이혼율, 청소년 범죄, 기타 정신적 스트레스와 질병으로 나타나고 있는 것이 현실이다.[1] 그리고 특히 도시화로 인한 물질주의, 세속주의의 팽배는 심신장애, 범죄, 비행, 자살, 매춘, 마약, 알코올 중독, 이혼, 가출, 실업, 파업, 도산, 빈곤, 슬럼, 도박, 지나친 경쟁, 탐욕스런 상업주의, 비정상적인 입신출세주의, 그리고 현대사회 특유의 인간의 원자화 현상 등의 사회병리현상을 더욱 가중시키고 있다.[2]

그러므로 이 시대를 살아가는 현대인들은 그리스도인이든, 비(非)그리스도인이든지 많은 문제를 안고 있으며 목회 상담자의 효과적인 사역의 필요성은 더욱 증대되고 있다. 구린(G. Gurin)의 조사에 의하면 사람들이 전문적인 도움을 구하기로 결심할 경우 42%가 목회자들

찾아가고, 29%는 의사를 그리고 그 나머지는 심리학자는 정신과 의사를 찾아간다고 한다.[3] 그리고 오츠(Wayne E. Oates)는 목회자는 '사람들을 상담할 것인가, 말 것인가를 선택할 수 있는 특권을 누리지 못한다'고 하면서 '사람들은 최선의 지도와 돌봄을 위해 문제들을 목사에게 가져간다. 그의 선택은 상담의 여부가 아니라 절제 있고 요령 있게 상담하는 것과 무절제하고 미숙한 방법으로 상담할 것인가의 선택'이라고 강조했다.[4]

이러한 목회상담자에 대한 내담자들의 기대감과 역할의 중요성을 생각해 볼 때, 목회상담자는 상담의 전문적인 기술 못지않게, 책임감과 윤리의식이 대단히 중요함을 깨닫게 된다. 상담자의 윤리의식은 하나님 상징의 전달자로서 상담의 효과뿐 아니라 내담자와 사회에 대한 하나님 인식에 막대한 영향을 미치기 때문이다. 필자는 본 논문을 통해 목회상담자로서의 윤리관을 확실히 정립하기를 원하며, 이를 위해 목회 상담의 근거로서의 목회 윤리에 대한 의미와 그 신학적 기초를 이해하고, 상담윤리의 실제적인 문제들을 분석해 보고, 마지막으로 상담윤리 규정을 정리해 보고자 한다.

1. 목회상담윤리의 근거와 이해

목회자의 상담윤리에 대해 논의할 때 목회 윤리에 대해 먼저 언급하는 것이 원칙일 것이다. 왜냐하면 목회자의 상담윤리는 넓게는 기독교 윤리, 목회 윤리에 그 바탕을 두고 있기 때문이다.

1) 목회상담윤리의 근거

목회자의 상담 윤리는 상담자의 의식과 형태에 따라 결정되기 때문에 목회자 자신의 정체성, 사명감과 깊은 관련이 있다. 또한 상담 윤리문제는 상담에 관한 모든 영역으로서 사명과 목표, 그리고 지향해야할 가치와 당위성 등을 모두 포함하는 것이다. 그렇기 때문에 상담 윤리는 상담에 부수적으로 따라 붙는 것이 아니라 상담에 필연적으로 내재하는 것이며, 상담의 기본적인 문제로 인식된다.[5] 이러한 관점에서 필자는 목회상담윤리를 더욱 명확히 하기 위해서 목회상담윤리의 밑바탕이 되는 목회 윤리의 의미와 그 신학적 기초에 대해 고찰해 보고자 한다.

(1) 목회 윤리의 의미

윤리학은 '최고선'(最高善)을 정의하는 것과 이 목표를 성취하기 위한 인간의 행위의 원칙을 선언하는 것, 두 가지 기능이 있다. 그러나 성경은 하나님의 뜻을 인간의 윤리적 목표로 말씀하고 있으며, 기독교 윤리학은 성경 해석과 주석을 통해 인간 행동을 위한 하나님의 뜻의 성격과 목적을 결정함을 추구한다.[6] 가이슬러(Norman Geisler)는 기독교 윤리에 대해 "윤리란 도덕적으로 옳고 그른 것이 무엇인지를 다루는 것이며, 특히 기독교 윤리는 크리스천에게 도덕적으로 옳고 그릇 것이 무엇인지를 다루는 것"이라고 정의했다.[7]

결국 목회 윤리가 광의적으로 기독교 윤리에 포함된다고 한다면, 목회 윤리는 목회자가 하나님의 뜻을 준거(準據)점으로 하여 무엇이 옳고 그른가를 다루는 것이라고 할 수 있다. 목회 상담자도 이러한 윤리 원칙에 따라서 행동해야 할 것이다. 이에 대해 굴라(Richard M. Gula)는 목회 윤리의 독특성에 대해 목회자의 윤리적인 책임은 전문가로서 자신과 다른 사람들에 대한 것일 뿐 아니라 궁극적으로는 하나님께 대한 것이라고 했다.[8]

목회자는 자신을 전문가로 인식하는 것이 중요하다. 그러나 이 전문가(professional)라는 말을 덜 숙련되고, 시간제 고용이며, 무급 직인 아마추어와 비교하는 말과 대비되는 개념인 숙련되고, 완전 고용에 유급 직을 뜻하는 개념이나 아마추어의 순수한 열정이 아니라 받는 급여에 의해 동기가 유발된다는 의미에서 사용하는 것은 윤리적인 측면에서 많은 문제점을 가지고 있다.[9] 전문가는 자신의 일을 즐기면서 풍성한 인간의 삶을 살게 하기 위한 근본적인 인간의 필요를 채운다. 그러므로 전문가 윤리는 공동의 선(the common good)에 뿌리를 두고 있는 것이다. 구체적으로 말하면 의사는 건강을 위한 필요를, 그리고 법률가는 정의를 위한 필요를 채우듯이 목회자는 교회의 선교를 통해서 구원을 위한 필요를 채우는 것이다.[10]

(2) 목회 윤리의 신학적 기초

목회자는 다른 어떤 전문가보다 엄격한 윤리기준을 적용한다. 이것은 결국 세계관 문제로 비(非)그리스도인은 다원화 사회에서 유래된 세계관 위에 자신들의 윤리 기준을 세우므로 그 기준이라는 것이 가변적이고 확실하지 않다. 그러나 목회 상담자는 그 권위와 윤리의 토대가 명확한 것이다.[11] 그러면 목회 상담자의 상담윤리의 근거가 되는 목회 윤리는 어디에 신학적 기초를 두고 있는가? 그 토대를 살펴보자.

① 하나님의 말씀 : 그리스도인들에게 있어서 성경은 교리와 윤리
모두에 있어서 최고의 권위를 가진다. 성경은 특별한 계명, 교
훈, 일반적인 원리, 예시, 포괄적인 세계관을 통해서 우리의 윤
리를 인도한다. 물론 성경이 우리가 직면한 모든 윤리적인 문제
를 다 담고 있는 것도 아니고, 해석 방법도 그리스도인들마다 다
르지만, 성경은 우리가 직면한 많은 문제들에 대해 직접 말씀하
기도 하고, 무엇보다 인간의 본질과 도덕적 원리들을 제시함으
로 그리스도인들에게는 윤리적 행위의 안내서 이상의 의미를 가
지고 있다. "모든 성경은 하나님의 감동으로 된 것으로 교훈과
책망과 바르게 함과 의로 교육하기에 유익하니 이는 하나님의
사람으로 온전케 하며 모든 선한 일을 행하기에 온전케 하려 함
이니라(딤후 3:16-17)." 그리고 성경은 그리스도인들에게 헌신
과 순종을 요구한다.[12]

② 계약 : 성경에 나타난 계약은 하나님의 은혜와 사랑 그리고 그
하나님의 사랑을 받아들이거나 거부할 수 있는 자유와 우리의
전부를 주는 위임(entrusting)하고 그 위임을 받아들이는 행동으
로 표현되고 있다.[13] 이 계약을 통해 우리가 섬기는 하나님에 대
한 책임과 섬기는 방법에 대해 잘 이해하게 된다. 성경에서는 이
계약 관계가 자유에 기초하며, 사랑에 의한 동기와 하나님의 형
상으로 지음 받은 인간에 대한 존엄성을 존중하는 것, 그리고 서
로 신뢰하는 것에 그 바탕을 두고 있다. 이 계약 관계는 우리에

게 신뢰와 계약자의 공동적인 요구에 대한 책임감과 또한 우리를 신뢰하고 의지하는 사람들의 권리들과 이익들을 위해 성실하게 봉사해야하는 우리의 근본적인 의무를 깨닫게 한다.[14]

③ 하나님의 형상과 성품: 인간은 하나님의 형상(image of God)으로 지음 받은 존재이다. Gula는 이 하나님의 형상이 우리의 윤리적 삶에서 하나님의 궁극적인 위치와 하나님의 형상으로서의 인간의 인격을 인정하는 기초를 제공해 준다고 했다. 그리고 하나님의 형상은 전문가로서 목회자의 모든 행동의 윤리적 기준이 되는 개인의 존엄성과 인간 존재의 사회적 성질을 강조한다.[15] 성품이라는 것은 행위를 인도하고, 사람들을 예견할 수 있으며, 또한 정의하기 어려운 개인의 속마음이다. 성격적인 면은 타고 날 수도 있지만, 성품은 평생 동안 형성되고 발전된다. 우리 모두가 하나님의 성품, 즉 예수 그리스도 성품인 선의, 자비, 연민, 믿음 충만, 인내, 그리고 겸손과 같은 성품으로 성숙하기 위해 우리 삶을 하나님께 내어 드릴 때 인격적인 사람이 된다. 하나님을 닮은 성품은 단지 하나님에 관한 많은 지식에 의하지 않고, 우리의 깨달음과 행위가 결합될 때 나타나게 되고, 정제된다. 그러므로 우리는 경건의 행위를 발전시킬 필요가 있는데, 그 이유는 경건이 하나님에 대한 헌신으로부터 흘러나오는 그리스도인의 성품이기 때문이다.[16] 목회 상담자는 자신 뿐 아니라 내담자를 하나님의 형상으로 창조된 인간으로서 존중해야하며, 또한 구속받아야할 존재, 그리고 예수 그리스도의 완전하신 성품에 이르기까지 성장해야할 존재로 생각하며 상담에 임해야 할 것이다.

④ 제자도 : 예수 그리스도를 자신의 구세주와 주님으로 영접한 모든 그리스도인은 예수 그리스도의 제자가 되어야 한다. 왜냐하면 예수님은 우리에게 있어서 대면하여 함께 하신 하나님(God-with-a-face)이시기 때문에, 그는 인간 존재의 의미와 하나님에 대한 책임 있는 윤리적 삶의 궁극적인 기준이 되신다. 그러므로 그의 행동, 말씀, 그리고 명령들은 그의 제자인 그리스도인 삶의 도덕률이다. 그러나 제자도(discipleship)는 역사적인 예수님의 행동을 단순히 형식적으로 모방하는 것이 아니라 오늘날 우리의 목회 현장에서 겸손하시고, 인내하시며, 하나님께 충성을 다하시는 그의 정신(spirit)을 가지고 사는 것을 의미한다. 이것은 목회자들이 예수님처럼 하나님의 눈으로 자신과 세상을 바라보면서, 종의 지도력(servant leadership)을 가지고 사는 것이다. 즉 사역이라는 미명하에 우리의 힘을 행사하는 것이 아니라 하나님의 사랑으로 다른 사람을 살리기 위하여 자신을 해방의 도구로 주는 것을 의미하는 것이다.[17]

2) 목회상담윤리에 대한 이해

여기서는 앞에서 고찰한 목회 윤리를 바탕으로 좀더 구체적으로 목회상담윤리의 의미와 그 필요성 그리고 상담 상황 속에서 목회상담자가 윤리적 행동을 결정하기 위해 꼭 해야할 윤리적 질문들에 대해 살펴보자.

(1) 상담윤리의 의미

상담은 도움을 필요로 하는 내담자와 도움을 줄 수 있는 상담자 사이의 개인적인 만남, 대인관계를 통해 문제해결의 실마리를 찾아가는 것이다. 이런 과정에서 우리는 때때로 윤리적 결단을 내려야할 경우가 발생하게 된다.[18] 어떤 때는 명확하게 대답하고 결정하기가 어려울 때가 많다. 예를 들면 다음과 같은 것들이다:

- 나는 나의 딸에게 학대하는 남편 곁을 떠나도록 권해야만 하는가?
- 나는 회사에서 횡령한 상사에 대해 누군가에게 말해야 하는가?
- 만약 나의 내담자가 그의 부모 중 한 사람을 해치게 하거나 살인할 우려를 가지고 있다면 나는 예고된 희생에 대한 그의 결심을 깨뜨리거나 만류할 수 있을까?
- 나의 내담자를 안아 주는 것이 좋을까?
- 만일 내담자가 나에게 값비싼 선물을 가져왔다면 나는 어떻게 해야 하는가?[19]

목회상담자의 윤리적 결단은 내담자에게 대단히 큰 영향을 미치지만 결국 그의 신앙적 가치판단과 양심의 기준에 따라 다양하게 내려질 수 있을 것이다. 따라서 상담자로서 올바른 윤리적 판단을 위해 목회상담자는 우선적으로 독선적인 신앙자세를 지양하고, 신앙적 양심에 따라 내담자에 대한 적극적인 이해와 더불어 사회정의실현에도 적극적인 자세를 지녀야 한다.[20]

(2) 상담윤리의 필요성

굴라는 목회적 관계에서의 파워(power)에 대해 언급했다. 사회학자들은 일반적으로 이 파워를 다른 사람에게 영향력을 주는 능력이라고 정의했다. 목회 상담자는 목회자로서의 합당한 권위를 가지고 있어야 하는 것은 당연하다. 목회 상담자는 건전한 목회적, 상담적 관계를 유지하기 위해 이 파워를 내담자의 존엄성이 존중되는 방법으로 사용해야 마땅하지만, 목회 상담자가 그 신용과 신뢰를 자신의 개인적 필요를 채우기 위해 악용할 수가 있는 것이다.[21] 그러므로 이러한 것을 예방할 수 있는 상담윤리는 목회 상담의 관계에서 대단히 중요하며, 필수적인 것이다. 최원호는 상담 윤리의 필요성을 다음 다섯 가지로 정리해서 설명했다.

첫째, 상담 윤리의 필요성은 상담자 자신의 사생활과 인격을 보장받을 근거를 제공할 수 있기 때문이다. 이것은 내담자의 과도한 요구에서 상담자의 윤리적 판단 기준을 명확하게 한다.

둘째, 내담자에 대한 상담자의 의무를 분명히 하고 이와 같은 상담자의 의무를 이해함으로써 내담자를 보호하기 위함이다. 상담 윤리 규정은 내담자의 인격을 존중하고, 그 복지를 증진하는 방법의 기준을 제시한다.

셋째, 상담 과정에서 발생되어질 수 있는 직무 수행의 갈등을 해결할 수 있기 때문이다. 가령 내담자에 대한 정보를 소속 기관장이나 기타 단체가 요구할 경우나 법에 저촉되는 사건이 내담자에게 발생할 경우 상담 윤리규정은 이러한 직무 수행과 관련된 갈등을 분명히 해결해 준다.

넷째, 상담 전문직으로서의 기능과 역할 수행에 따른 목적을 분명히 하기 위해서이다. 상담자는 내담자의 권리보호와 함께 전문직 종사자로서 기능과 역할 수행에 최선을 다해야 한다.

다섯째, 상담자의 활동이 사회 윤리와 지역 사회의 도덕적 기대를 존중할 수 있어야 한다. 상담자는 내담자로 하여금 반사회적인 의도나 사건을 노출시키지 않고 내담자 스스로 책임 있는 인간임을 인식시킴으로써 사회에 공헌할 수 있게 해야 하며, 내담자가 자기 행동에 책임을 지지 못하는 경우에는 상담자의 적절한 개입이 필요하다.[22]

(3) 상담자들을 위한 윤리적 질문들

상담 과정에서 결정해야할 윤리적인 문제가 발생했을 때, 안내해 줄 수 있는 어떤 기준이 없을까? 표 1은 이러한 복잡하고 어려운 윤리적 상황에 처한 상담자를 안내하는데 도움이 되는 질문들을 제시하고 있다. 여기서 한가지 미리 전제해야 할 것은 결정적이고 분명하게 성경의 원리를 위반했거나, 다른 사람의 권리와 큰 관심사를 파렴치하게 무시했을 경우에는 이 질문 목록을 검토할 필요도 없다는 것이다.[23]

윤리적인 결정을 위한 몇 가지 안내 질문들

1. 내려야 하는 결정은 무엇인가?
   이것을 분명히 진술하도록 하라.
2. 내게 필요한 부가적인 정보는 무엇인가?
   가능한 한 다수의 정확한 정보를 얻도록 노력하라.
3. 이 같은 결정을 내리는데 성경은 어떤 지침을 제공하는가?
   성경이 이 문제에 대해 어떻게 말하는지 파악하도록 노력하라. 어떤 문제는 성경 안에서 특별하게 거론되고 있지 않지만, 적용할 보편적인 지침들은 있을 것이다. 이 같은 지침의 예로는 다음과 같다. 성행위의 대상은 결혼한 배우자에게만 한정되어져야한다. 말은 절제되어져야한다. "당신은 무엇을 행할지라도 이 모든 것은 하나님의 영광을 위해 행하라."
4. 한 사람의 직업 윤리규범은 이러한 결정을 내리는데 어떠한 도움을 주는가?
   기독교 상담자들은 CAPS(심리학적 연구를 위한 기독교 연합)의 윤리 규범에 대해 특별한 관심을 가져야 하고 이것은 직업적인 윤리 규범에 첨가되어져야 한다.
5. 이러한 결정에 있어서 대안들은 무엇인가?
6. 무엇이 가장 의롭고 공정한 일인가를 결정한다는 것은 가능한가?
7. 사랑을 가장 잘 행할 수 있는 것은 어떤 일인가?
8. 각각의 다른 선택에 따라, 각 사람들은 어떤 영향을 받게 될까?
   영향을 받은 각 사람들에 대한 권리, 책임, 그리고 결과들은 평가되어야 한다. 이러한 질문에 대답하기 위해서는 얼마간의 시간이 필요할 수 있고, 각 사람마다 서로 다른 답을 가질지도 모른다.
9. 나의 개인적인 편견, 신념, 가치, 태도, 개성적 특성, 그리고 의견들은 어떤 식으로 결정에 영향을 끼쳤는가?
10. 다른 신앙인과 또는 다른 직업인들은 해야 하는 것에 대해 어떤 생각을 갖고 있는가?
    다른 사람들과 상의하는 것은 당신의 시야를 넓힐 수 있고, 당신만의 특유의 감응을 줄일 수가 있다. 그러나 다른 사람들과 의견을 상의함에 있어서 당신은 신뢰를 저버리지 않도록 주의하기 바란다.
11. 당신은 무엇이 해야 할 옳은 일이라고 느끼는가?
    여기에서 당신은 주의하라. 느낌은 다양하고 중요한 결정을 내리는 데 있어서 최고의 원리는 아니다. 그러나 때때로 우리는 모든 선택적 대안을 평가해 본 후에 어떤 한 가지 결정을 '올바르다고 느낀다.' 느낌은 성령의 내적 촉구일 수도 있다. 그러므로 느낌은 무시되어서는 안 된다. 그러나 항상, 당신의 느낌을 성경과 다른 헌신된 신자와의 상담에서 점검해 보아야 한다. 느낌은 더 확실하게 드러난 증거가 유용하게 될 때까지 '천천히 행하라'는 유익한 경고이다.

표10. 윤리적인 결정을 위한 몇 가지 안내 질문들

2. 목회상담윤리의 실제적인 문제들

지금까지 목회상담윤리의 기초적인 부분들과 이론적 부분들을 생각해 보았다. 그러면 목회상담 현장에서 실제적으로 나타날 수 있는 몇 가지 중요한 윤리적인 문제들에 대해 고찰해 보자.

1) 상담자의 능력

상담의 성공을 위해서 상담자의 능력은 대단히 중요하며 큰 비중을 차지한다. 그러나 내담자의 문제들 중에는 실타래처럼 복잡하고 다양하게 이해관계가 얽혀 있는 경우가 많고, 내담자의 모든 문제를 다 해결할 수 있는 메시야와 같은 상담자는 존재하지 않는다. 그러므로 상담 윤리적 측면에서 상담자는 자신의 능력과 상담 기술의 한계성을 인식하고 인정하는 것이 자신과 내담자에게 유익할 것이다.

상담 과정에서 발생하기 쉬운 문제의 근원은 상담자가 자신을 과신하여 무리하게 상담을 진행하다가 발생하는 경우가 많다.[24] 내래모어(C. M. Narramore)는 상담자의 자기 한계 인식의 중요성에 대해 다음과 같이 설파했다:

> 상담자가 필요한 진단을 혼자서 다 할 수 없다는 것을 인식하고 내담자의 특정한 필요를 더 잘 충족시켜줄 수 있는 사람에게 내담자를 기꺼이 의뢰하는 것은 성숙의 한 징조이다. 이 태도는 상담자의 인격에 보탬이 될 것이며, 사람들은 그의 그러

한 태도 때문에 그를 존경할 것이다.[25]

상담 윤리 요강에서 다루어지는 상담자의 지침을 요약하여 살펴보면 다음과 같다.

첫째, 상담자는 전문적인 자질을 갖추어야 한다. 가능하면 전문적인 학위나 자격증을 갖추어야 하며, 이렇게 갖추지 않은 사람에게 결코 전문 상담자나 전문 심리학자라는 용어를 사용하지 않는다.

둘째, 상담자는 자신의 한계성을 알아야 한다. 전문가는 자신의 한계성을 극복하기 위해 끊임없이 노력해야 하지만 자신의 능력 밖이라고 판단되어질 경우 다른 전문 상담자에게 의뢰할 수 있어야 한다.

셋째, 본인 스스로가 자신은 상당한 능력 이상의 능력을 보유하고 있는 것처럼 과장된 행동을 해서는 안되며, 자신의 한계에 대해서 다른 사람에게 알릴 의무가 있다. 즉 "~척"하는 행동을 버리고 진실해야 한다.

넷째, 상담자는 내담자의 무리한 요구를 거절할 권리가 있다. 다시 말하면 상담자는 내담자에 의해 경우에 따라 문제 해결사나 중재자, 위탁자의 역할을 요구받기도 한다. 상담자는 상담 과정의 전문 영역에서 벗어나는 무리한 요구 조건이나 비윤리적인 행위를 강요하는 요구 등을 단호히 거절할 수 있어야 한다.[26]

2) 비밀유지

내담자가 비밀을 지켜 주리라고 믿고 말한 것은 끝까지 비밀로 지켜 주어야 한다. 이것은 내담자의 허락 없이는 정보가 유출되어서는 안된다는 것을 뜻한다.[27] 만약 비밀에 대한 보장이 없으면 내담자는 아예 상담을 받으러 오지 않거나 상담이 진행되는 과정에서도 비협조적이 되며, 자신의 중요한 문제 즉 자기를 노출하는 것을 꺼리게 된다. 왜냐하면 내담자가 상담자에게 털어놓는 이야기 속에는 자신의 비밀뿐 아니라 다른 사람의 중요한 정보도 상담자에게 공개되는 경우가 흔히 발생할 수 있기 때문이다.[28] 이것은 결국 상담자와 내담자의 신뢰성의 문제가 되는 것이다. 서로 신뢰하지 못할 때, 아무리 훌륭한 상담 기술을 활용한다고 해도 절대로 상담은 성공할 수 없다. 목회상담자는 내담자 개인의 존엄성의 존중과 이 비밀유지로 말미암아 발생하는 여러 가지 유익들, 그리고 신뢰할 수 있는 강한 목회 상담의 관계의 유지를 위해서 비밀유지에 신경을 써야 한다.[29]

그러나 예외는 있다. 제3자에게 피해가 돌아가거나 불특정 다수에게 피해가 우려될 때에는 비밀을 보장할 수 없다. 왜냐하면 내담자에 대한 책임 뿐 아니라 상담자로서 사회에 대한 사회성의 책임을 동시에 져야하기 때문이다. 이런 점에서는 비밀보장은 한계가 있다. 따라서 상담자는 상담을 시작하기 전에 자신에 관한 사항과 상담 진행과정을 설명할 때, 매우 간결하게 특별한 상황을 제외하고는 상담 과정에 나눈 정보는 비밀이 유지된다는 것을 내담자에게 언급할 필요가 있다. 상담자는 가능한 비밀보장의 의무를 다해야 하며, 만약 비밀을 보장할 수 없는 상황이 발생했을 경우에는 내담자에게 상황을 설명하고 충분한 협의 또는 동의를 얻어야 한다. 그리고 내담자의 신분이 철저히 보장된 조건하에서 비밀이 공개되어야 한다.[30]

3) 내담자의 동의

내담자가 상담자를 찾아 올 때는 상담자가 내담자의 소망이나 가치들에 역행하는 상담 접근법을 사용해도 된다는 것을 의미하는 것은 아니다. 그래서 어떤 기독교인인 내담자는 불신자 상담자를 찾아갈 때 그의 신앙에 반하는 가치들을 강요할지 모른다는 불안감을 가지고 있다. 또한 어떤 내담자들은 상담자가 자신을 교묘히 조정하거나 자유롭게 결정하지 못하게 할지도 모른다는 두려워하기도 한다.

그러므로 내담자를 진정으로 배려하고, 정직하게 상담하기 위해서 상담자들은 자신의 가치와 신념, 그리고 치료를 위한 접근법에 대해 쉽고 명확하게 내담자에게 설명해 주어야 한다. 이것은 목회상담자가 상담을 시작할 때, 자신의 신념과 영적 목표를 분명하게 제시하는 윤리적 의무가 있음을 의미한다. 내담자의 동의는 지식에 기초되어야 하며, 자발적이고, 합리적이어야 한다. 그리고 내담자는 동의를 언제든지 취소할 수 있다.[31]

4) 성적인 친밀감

상담자가 목회자라고 절대로 이성에 의해 자극 받지 않는다고 보장할 수 없다. 두 사람이 일대일로 친근하게 면담할 경우에 어떤 내담자는 상담자에게 지나치게 끌려서 노골적으로 유혹할 수 있다. 또는 그 반대로 상담자가 내담자에게 성적 매력을 느낄 수도 있다.[32] 상담 과정은 내담자 자신의 말못할 고민이나 자신의 감정과 갈등 등을 솔직히 털어놓게 되고, 상담자는 이러한 내담자의 문제를 수용하고 공감해 주는 과정이므로 상담자와 내담자간에 인간적인 정(情) 또는 정서적, 성적 친밀감이 증대될 수 있다. 특히 이성적인 문제나 성적인 문제를 포함하는 부부 관계에 대한 문제들을 상담할 때, 상담자와 내담자의 성적 친밀감이 증대될 가능성이 더욱 높아진다. 또 어떤 내담자는 상담자의 따뜻한 정과 진실한 이해에 감격하여 감동을 불러일으킬 수도 있고, 상담자가 껴안아 주거나 관심을 보이게 되면 기꺼이 반응하여 조만간 성적인 친밀감으로 발전하게 될 가능성이 농후하다. 그리고 이것은 상담자의 의지나 대응자세에 의해 더욱 쉽게 나타날 수 있는데, 상담자가 내담자에게 끌리거나 불만족스러운 결혼생활을 하고 있는 사람일수록 쉽게 이루어진다.[33]

목회상담자들 중에 성적인 유혹에 쉽게 무너지는 사람들은 대체로 목회자로서의 사명감 부족, 개인적으로는 낮은 자존감, 원만하지 못한 부부관계, 책임감의 결여, 그리고 영성 훈련에 대한 무관심 등이 원인일 수 있기 때문에 이러한 부분들을 강화시키는 것이 성적 유혹에 대한 예방이 될 것이다.[34] 안태길은 이러한 목회상담자들의 성적인 비행에 대해서 다음과 같은 윤리적인 분석을 제시했다.

첫째, 그것은 역할의 위반이다. 성적 접촉은 목회적 및 전문적 역할의 부분이 아니다.

둘째, 그것은 권위와 힘의 오용/남용이다. 목사와 상담자의 역할에는 권위와 힘이 있는데, 이것이 내담자의 유익이 아닌 성적 접촉을 시도하거나 추구하기 위해 쉽게 오용될 수 있다는 것이다.

셋째, 그것은 사람의 약점을 이용하는 짓이다. 내담자는 여러 가지로 목사/상담자보다 연약한 입장이다. 이러한 약점을 성적 접촉의 구실로 이용하는 것은 약자를 피해로부터 보호해주어야 한다는 명령을 스스로 어기는 짓이다.

넷째, 그것은 의미 있는 동의의 부재에 해당된다. 성적 활동에 대한 의미 있는 동의는 선택의 상황을 요할 뿐 아니라 또한 상호성과 동등성의 상황도 요한다. 따라서 의미 있는 동의는 두려움이나 가장 작은 억압도 없어야 한다는 것이다.[35]

가끔 내담자 중에 상담자의 성적 유혹을 주장하는 자들이 있다. 이러한 내담자의 주장을 상담자가 사실 무근이라고 입증하는 것은 참으로 어렵다. 그렇기 때문에 상담자는 평소에 훌륭한 평판을 가지고 있는 것이 중요하며, 내담자가 이성일 경우에는 특히 상담 시에는 문을 살짝 열어 놓는다든지, 건물 내에 다른 사람이 있게 하는 것은 이러한 문제의 안전장치가 될 것이다. 아울러 내담자와 자동차나 외 딴 곳에서 상담하거나 다른 교역자를 대동하지 않고 낯선 사람을 방문하는 것을 삼가는 것도 하나의 지혜가 될 것이다.[36] 목회상담자들은 메이(R. May)의 성적 유혹에 대한 다음의 경고를 귀담아 들어야 할 것이다.

상담자의 가장 어려운 과업 중의 하나는 내담자로 하여금 자신에게 밀착되지 못하게 막는 것이다. 그런데 상담자 편에서도 감정적 밀착이 이루어져 있다면, 그 상담관계는 돌이킬 수 없을 만큼 파괴되어 있는 것이다. 상담자가 내담자의 면전에서 주관적인 쾌감을 느낀다면, 그는 상담을 조심하는 것이 좋다.[37]

3. 상담자의 성(Sexuality)

두 사람이 가까이에서 공통의 목표를 향해 함께 일할 때에는 흔히 둘 사이에 우정이나 온정이 생긴다. 특히 두 사람이 서로 비슷한 배경을 가진 이성간일 때에는 그 온정 속에 거의 언제나 성적인 요소가 들어 있다. 더더욱 내담자가 매력적이고 유혹하는 경향이 있다면, 상담자가 자신의 감정적이고 성적인 욕구를 다른 곳에서 충족시키지 못하고 있다면, 내담자가 진심으로 상담자를 원한다는 표시를 보내고 있다면, 혹은 상담을 하면서 성적으로 자극하는 일들에 대해 자세히 이야기 한다면 상담자가 부도덕해질 가능성은 더욱 커지게 된다.

- 프로이드(Sigmund Freud, 1856-1939): '치료자가 멋진 경험을 위해 자신의 치료법과 치료하는 일을 망각해 버리는 위험에 빠질 수 있다.'

프로이드가 말한 "멋진 경험"을 위해 성직, 명예, 가정까지 파괴한 상당수의 목회상담자들이 있다. 그들은 또한 내담자에게도 돌이킬 수 없는 악영향을 준다. 현명한 상담자는 자기 통제(self-control)를 위해 특별히 노력한다.

1) 영적인 보호

날마다 하나님의 말씀을 묵상하고, 기도하고, 성령께 의지하는 것은 참으로 중요하다. 반드시 개인 경건의 시간(Quiet Time)을 가져야 한다. 마음에서 일어나는 일을 경계해야 한다. 대개 생각은 행동을 앞지른다. 현명한 목회상담자는 성적인 생각에 빠지지 않고 대신 좋은 생각에 초점을 맞추는 훈련을 한다. 정기적으로 자신의 행동을 설명할 수 있는 다른 믿을 만한 사람(supervisor)을 찾는 것도 역시 중요하다. "다른 사람에게는 그런 일이 일어날지 모르나, 나에게는 결코 일어나지 않는다."는 자만심에 빠져서는 안 된다.

평생을 하나님과 친밀한 관계를 나누었던 하나님의 사람인 다윗도 순간적 음욕을 참지 못하고 충신 우리아의 아내 밧세바와 음행함으로 그의 인생에 큰 고통을 주었으며, 결코 지울 수 없는 오점(汚點)이 되었다(삼하 1장). 우리 속에 아직도 욕심의 지배를 받는 옛 사람(old self)의 모습이 남아 있다(엡 4:22). 그러므로 목회상담자는 "그런즉 선줄로 생각하는 자는 넘어질까 조심하라."(고전 10:12)는 성경의 말씀에 항상 귀를 기울여야 한다.

2) 위험 신호들의 인식

대부분의 질병에는 전조증상(前兆症狀)이라는 것이 있다. 이와 같이 성적 위험에도 반드시 전조증상이 나타난다. 라쉬에(Rassieur)는 전문적인 상담 관계가 위험한 불의의 관계로 전락할 가능성을 보이는 몇 가지 단서를 다음과 같이 지적했다.

① 보다 친밀한 속성을 지닌 미묘한 메시지들을 교환한다 – 미소, 눈짓, 신체적 접촉 등.
② 상담자와 내담자 양쪽 다 관계가 지속되기를 바란다.
③ 특히 내담자가 성적인 경험이나 상상한 것을 상세하게 말하고 싶어 한다.
④ 상담자가 내담자로 하여금 자신을 조종하도록 허용한다.
⑤ 자신이 내담자를 만나고 싶어 한다는 것을 상담자가 인식한다. 이것은 파멸의 신호이다.
⑥ 상담자의 결혼 생활에 좌절감이 늘어난다.
⑦ 상담시간을 연장하고, 횟수가 빈번해지며, 때때로 전화로 보충한다.

3) 상담 장면의 제한

성적으로 끌리고 그것이 인식되면, 상담자는 상담을 중지하거나,

의뢰하거나, 아니면 이런 감정을 내담자와 의논할 수 있다. 이러한 감정이 생기기 전에 몇 가지 분명한 한계를 정하는 것이 예방의 효과를 위해 중요하다.

① 상담 회수와 시간을 분명히 규정한 후에 이런 규제를 지킨다.
② 길게 전화로 이야기 하지 않는다.
③ 성적인 화제를 가지고 오래도록 상세하게 이야기하지 않는다.
④ 신체적인 접촉을 피한다.
⑤ 한 장소에서 만나며, 두리번거리는 눈길을 피하며, 개인적인 친밀한 관계를 저지하는 태도로 앉는다.

4) 고찰하는 태도

성적 감정들은 보편적이며 사람을 난처하게 만들고, 자극하지만 다음 사항들을 기억한다면 지배할 수 있다. 무조건 그 감정들을 부인하는 것은 바람직하지 않다.

(1) 사회적 결과
성적 유혹에 굴복하면 자신의 명성, 결혼, 목회, 그리고 상담효과가 파괴된다.
(2) 전문가로서의 인식
당신은 전문상담자이며, 하나님의 성숙한 사람이라는 사실을 명심한다.

(3) 신학적인 진리

혼외의 성적인 관계들은 하나님 앞에서 죄악이므로 피해야 한다. 목회상담자로서 그 책임을 면할 수 없다. "마귀가 나로 하여금 그 일을 하게했다."라고 책임을 전가하면서 자신을 합리화할 수 있지만, 마귀는 결코 우리가 어떤 일을 하도록 강제 하지 않고 단지 유혹한다는 진리를 기억해야 한다. 사실 우리 속에 계신 성령께 반대하여 고의적으로 행동함으로 우리 자신의 의지로 죄를 짓는 것이다(고전 6:15-20).

5) 지지그룹의 보호

성적으로 끌리는 것을 정직하게 인정하면 효과적으로 대처할 수 있다. 이럴 때는 한 두 명의 믿을 수 있는 친구나 다른 상담자(supervisor)와 의논하는 것이 좋다.

배우자는 좋은 상담자이다. 좋은 결혼관계는 내담자에게 성적으로 끌리는 것을 막지는 못해도, 대처해 나가는 상담자의 능력에 중요한 영향을 미친다. 내담자가 상담자의 결혼생활에 심한 위협을 준다면, 내담자가 나타나기 전에 이미 결혼생활에 근본적인 원인이 있는 것이다. 상담자의 결혼관계가 좋을수록 그만큼 성적유혹에 강한 저항력을 가진다.

다른 믿을 만한 상담자나 가까운 친구와 자신의 감정을 의논하는 것이 좋다. 문제에 대해 객관적이고 올바른 견해를 유지할 수 있고, 서로 기도할 수도 있다.

성적으로 끌리는 것을 내담자와 의논해야할까? 때로 내담자의 이해력과 성장을 도울 수 있을 것이다. 그러나 위험도도 매우 높다. 왜냐하면 어떤 내담자들은 보다 친밀한 관계로의 유혹으로 해석할 수 있기 때문이다. 특히 미성숙한 내담자와 의논하는 것은 소문이 나고 비참한 결과를 가져올 수 있다. 그러므로 자신의 성적 감정을 내담자와 의논하기 전에 먼저 다른 친구나 전문가와 상의하는 것이 현명하다.

목회상담자에게 내담자가 찾아 올 때 그는 얼마나 많은 고민 후에 결심하고, 기대감을 가지고 오겠는가? 결국 목회상담의 관계는 상담자와 내담자와의 관계 뿐 아니라 제3의 인격이 되시는 하나님과의 관계 속에서 이루어지는 것이다. 그리고 이 관계를 신뢰를 기초로 하고 있다. 목회상담자의 부도덕한 행동은 상담의 성공과 실패를 떠나 이 세 관계의 신뢰를 무너뜨리는 일인 것이다. 나우웬(Henri J. M. Nouwen)은 현대를 사는 목회자들을 자기 자신의 상처를 돌보면서 동시에 다른 사람의 상처를 치유할 준비를 하고 있어야 하는 "상처 입은 치유자"라고 정의했다.[38] 아무리 잘 훈련된 목회상담자라도 예수님처럼 완벽한 메시야는 아닌 것이다. 우리 모두는 상처가 많은 불완전한 인간이기에 더욱 내담자와의 상담관계에서 전문가로서 그리고 부름받은 목회자로서 철저한 윤리의식을 가지고 상담에 임해야겠다는 확고한 다짐과 헌신이 필요하다.

9장

1. Gary R. Collins, 「훌륭한 상담자」, 정동섭 역 (서울: 생명의말씀사, 1990), 21.
2. Gary R. Collins, 「효과적인 상담」, 정동섭 역 (서울: 도서출판 두란노, 1993), 21-26.
3. Collins, 「효과적인 상담」, 26.
4. Carl R. Rogers, 「카운셀링의 이론과 실제」, 한승호 역 (서울: 지문각, 1963), 247-49.
5. 이 객관성을 통제된 동일시, 건설적 냉정, 정서성에서 분리된 태도 등으로 표현한다. 황의영, 56을 참조.
6. Carrol A. Wise, 「목회상담학」, 이환신 역 (서울: 대한기독교서회, 1962), 4.
7. Jay E. Adams, 「목회상담학」, 정정숙 역 (서울: 총신대학출판부, 1989), 142-44.
8. Hurding, 151-81.
9. Collins, 「크리스챤 카운슬링」, 48-50.
10. Ibid., 51-4.
11. Ibid., 63-4.
12. Ibid., 64-5.
13. 전영복, 82-8.
14. Meier, 288-302
15. Collins, 「크리스챤 카운슬링」, 55-7.

10장

1. Collins, 「효과적인 상담」, 19-20.
2. Collins, 「효과적인 상담」, 27-8.
3. Dayringer, 103
4. Edward P. Wimberly, 「치유와 기도」, 전요섭 역 (서울: 아가페문화사, 1998), 11.
5. Collins, 「효과적인 상담」, 28-47.
6. Gerard Egan, 「상담의 실제」, 오성춘 역 (서울: 한국장로교출판사, 1991), 54-83.
7. 이장호, 「상담면접의 기초」 (서울: 중앙적성출판사, 2005), 57-8.
8. 오성춘, 275-76.

11장

1. Collins, 「효과적인 상담」, 60-76.

12장

1. Murry H. Leiffer, 『도시교회목회론』, 박근원 역 (서울: 대한기독교출판사, 1985), 48-9.
2. 이규환, 이근수, 지윤, 『지역사회의 이해와 개발』 (서울: 이화여자대학교출판부, 1977), 137-38.
3. Collins, 『효과적인 상담』, 7.
4. Wayne E. Oates, ed., An Introduction to Pastoral Counseling (Nashville: Broadman, 1959), vi. Ibid.에서 재인용.
5. 최원호, "상담과 윤리의 기본 개념 접근①," 『가정과 상담』, 통권 32호 (2000. 9), 66.
6. Henlee H. Barnette, 『기독교 윤리학개론』, 최봉기 역 (대전: 침례신학대학교출판부, 1995), 24.
7. 최원호, "상담자로서의 윤리에 관한 연구," 『가정과 상담』, 통권 22호 (1999. 11), 32.
8. Richard M. Gula, Ethics in Pastoral Ministry (New York: Paulist Press, 1996), 9-10.
9. Walter E. Wiest, Elwyn A. Smith, 『목회윤리』, 강성두 역 (서울: 대한기독교서회), 123.
10. Gula, 56.
11. Gary R. Collins, 『기독교와 상담윤리』, 오윤선 역 (서울: 두란노, 1995), 47.
12. Ibid., 47-8.
13. Gula, 16-8. Gula는 위임은 마치 결혼관계에서 서로에게 자신의 모든 것과 삶을 맡기는 것으로 설명하면서, 이것은 서로 몸을 주는 것으로 상징된다고 했다. 그러므로 위임은 신뢰의 관계이며, 신용의 의무(fiduciary responsibility)가 있다고 했다.
14. Ibid., 18-21, 144.
15. Ibid., 21-5. Gula는 인간의 개인의 인격적 존엄성을 설명하기 위해서 하나님의 사랑과 신실함이 나타나 있는 창조기사(창 1:26-28)를, 사회적 성질을 설명하기 위해서 하나님의 자기 공여(self-giving)적인 사랑의 관계인 삼위일체 교리 (the doctrine of the Trinity)를 들어 설명했다.
16. Collins, 『기독교와 상담 윤리』, 50.
17. Gula, 25-9, 145.
18. 최원호, 34.
19. Collins, 『기독교와 상담 윤리』, 44-5.

20. 최원호, 34.
21. Gula, 66-75.
22. 최원호, 35.
23. Collins, 『기독교와 상담 윤리』, 55-6.
24. 최원호, 36-7.
25. C. M. Narramore, The Psychology of Counseling (Grand Rapids: Zondervan, 1960), 29. Collins, 『효과적인 상담』, 49에서 재인용.
26. 최원호, 37.
27. Collins, 『효과적인 상담』, 48.
28. 최원호, 37.
29. Gula, 120-21.
30. 최원호, 38.
31. Collins, 『기독교와 상담 윤리』, 62-3.
32. Collins, 『효과적인 상담』, 51.
33. 최원호, 38.
34. Gula, 107-10.
35. 안태길, "목회자에 의한 성적 학대: 목회적 이해와 개입," 『복음과 실천』 제26집 (2000. 여름), 146-47.
36. Collins, 『효과적인 상담』, 52.
37. R. May, The Art of Counseling (New York: Abingdon, 1939), 173. Ibid., 51-52에서 재인용.
38. Henri J. M. Nouwen, 『상처 입은 치유자』, 이봉우 역 (경북: 분도출판사, 1990), 94.

제3부

목회상담의 방법론과
주요 주제들

Pastoral Counseling and
Spirituality

목회상담과
영성

제13장 목회상담의 방법론

    요즘 다양한 상담기법들이 소개되어 실행되고 있지만, 인간에 대한 이해와 치유는 하나님 안에서 가장 확실하게 이루어진다. 그것은 하나님이 영적 존재인 인간을 창조하셨고, 그 뜻대로 섭리하며, 또한 치유하시기 때문이다. 그러나 일반상담에서는 결코 하나님의 존재나 섭리를 인정하지 않으며, 영적 존재로 인간을 이해하지 않는다. 이것은 인생문제의 가장 본질적 부분을 망각하는 처사이다. 그러므로 그 어느 상담이론이나 기법보다 기독교세계관에 근거한 목회상담의 방법들은 내담자의 전인적 치유를 위해 더욱 유익하다고 생각한다.

1. 관계상담

    관계 상담이란 상담자와 내담자 간의 관계 형성이 상담 과정에 미치는 영향이 지대하다는 것에 착안하여 문제를 가지고 온 내담자를 돕기 위해 상담하는 과정에서 상담자와 내담자 상에 의미 있는 관계를 형성하여 효과적인 상담을 추구하는 것을 말한다. 대표적인 학자인 칼슨(David Carlson)[1]은 상담자가 자신의 권위나 자격을 앞세우게 되면 내담자와 진정한 교류를 나눌 수 없기 때문에 오히려 그 권위와 자격마저도 상담을 위한 헌신적인 도구로 사용해야 한다고 했다(권위주의자가 아니면서 지혜롭게 권위를 사용해야 한다). 그러면 상담자의 권위와 자격이 진정으로 빛을 발하게 되고 훌륭한 상담의 효과를 거둘 수 있다고 강조한다. 관계 상담은 이렇게 내담자와의 관계성을 강조하는 상담이며, 목회상담의 제사장적 접근과 선지자적 접근의 통합을 시도하는 성경적인 상담 방법이다.[2]

- 본훼퍼(Dietrich Bonhoeffer): "우리가 하나님의 말씀을 올바로 전하려면 먼저 하나님의 귀를 가지고 내담자의 말을 귀 기울여 들을 줄 알아야 한다."

1) 목회상담의 통합과정

기독교와 문화의 관계성을 바라보는 관점은 목회상담에도 크게 영향을 미친다. 역사적으로 기독교와 문화와의 관계성은 크게 세 가지 기본적인 입장이 있다.

① 문화에 대한 기독교의 관련성을 무시하는 입장 : 특별히 기독교 상담 같은 것은 존재하지 않는다(기독교 상담을 무시, 지나치게 세속의 상담심리학적 방법만 맹신).

② 문화로부터 기독교를 분리시키는 입장 : 성경적인 상담만이 유일한 기독교 상담이다(세속의 상담심리학적 방법을 무시, 문화와 기독교를 분리)
③ 문화와 기독교를 통합시키는 입장 : 세속적인 상담과 기독교적인 상담의 통합은 가능하며 필요하다.

관계 상담은 기독교와 문화의 관계성의 세 번째 입장, 즉 문화와 기독교를 통합시키는 입장을 지지한다. 기독교 상담에서 진정한 통합이란 상담에 관한 성경적 자료와 그 외의 자료들을 다 수용하는 것이다. 즉 하나님의 특별계시(그리스도와 성경)와 하나님의 자연계시(문화와 자연) 사이의 관련성을 인정하고 받아들이는 것이다. 이 통합과정은 성경적 자료와 과학적인 자료를 통합하는 것 이상의 하나님의 진리를 발견해 나가는 과정이다. 또한 신학과 심리학이 각각의 영역이나 주체성을 침해하지 않고, 둘 사이에 있는 갈등과 역설적 정황들을 무시하지 않으면서 각각을 구성하고 있는 요소들을 함께 조직하는 의식적 작업이라고 할 수 있다. 그래서 문제를 인식할 때 단지 신학이나 심리학적 입장을 넘어서 통합적이고 폭넓은 관점에서 이해하게 한다. 그러므로 통합을 심리학에 단순히 성경 구절을 갖다 붙이는 것으로 인식해서는 안 되고 심리학과 신학의 상호 관련성과 공통점을 찾기 위해 나란히 배열해 놓고 대조하는 것 그 이상을 의미한다고 하겠다.

2) 목회상담의 접근 유형

크게 선지자적 접근과 제사장적 접근이 있다. 모두다 성경적이지만, 다소 차이점이 있다. 선지자적 상담은 좀 더 심리학적 방법론보다는 성경적 상담을 강조하는 상담으로서 복음주의, 격려, 권고, 교화라는 개념으로 묘사된다. 선지자적 상담은 조언하고 권고하는 상담자의 역할을 중요시하며, 성경에서 하나님의 영감을 받은 상담의 법칙과 기술 등의 방법론과 예증을 얻고자 한다. 즉 성경이 상담에 대한 정보와 지침을 얻을 수 있는 유일하고도 가장 우선된 자료이다. 대표적인 학자로서는 로렌스 크렙, 제이 아담스 등이 있다.

그러나 제사장적 상담은 심리학과 신학의 통합을 추구하는 상담이다. 상담자의 역할은 내담자의 필요를 채워주고 상황을 이해시키며 상담을 진행하는 촉진자로서의 폭넓은 역할을 수행한다. 제사장적 상담은 성경이 상담에 필요한 모든 것을 가르쳐 준다고는 생각지 않지만 믿음과 실제 생활의 절대적 규준이 되며, 상담에 대해 인간이 발견하고 연구한 심리학적인 결과도 이 규준에 포함된다고 생각한다. 즉 성경 이외의 다른 정보 자료들도 목회상담의 발전에 필요한 정보 원천이 될 수 있다는 것이다. 대표적인 학자로서는 흄, 메이, 레이크, 클라인벨, 힐트너, 투르니어, 네래모어, 콜린스 등이 있다.

선지자적 접근	제사장적 접근
확 신	위 로
대 면	고 백
설 교	면 담
강 의	청 취
일방적인 생각	내담자와 함께 생각
일방적인 대화	내담자와 함께 대화
일방적인 상담 진행	내담자를 위로

표11. 목회상담의 접근 유형

3) 성경적 통합 모델로서의 관계 상담

어떤 목회상담이든지 그 중심은 예수 그리스도이어야 한다. 즉 그리스도가 목회상담의 핵이 되어야 한다는 것이다. 그러므로 성경적 통합 모델을 제시하는 관계 상담을 더 정확하게 말하면 "예수의 관계 방식"(Jesus' style of relating)이라고 부를 수 있다. 관계 상담은 예수님의 상담의 관계 방식의 원리를 목회상담에 적용하는 것이다.

(1) 예수님의 관계 방식

일반적으로 선지자적 상담과 제사장적 상담의 입장이 서로 반대적으로 보이지만 사실은 모두 성경적 상담의 바탕을 가지고 있다. 예수님의 관계 방식은 선지자적 방식과 제사장적 방식을 나누지 않고 창조적으로 적절하게 병합하여 사용하셨다. 예수님은 바리새인이나 서기관을 만나셨을 때는 변론하셨으나 간음하다가 잡힌 여인에게는 위로 하셨다. 즉 만나는 사람에 따라 관계를 맺고 선지자적 접근과 제사장적 접근을 지혜롭게 사용하셨다는 것이다. 이것은 예수님의 신분과 관련성이 있다.

신 분	역 할
선지자	설교, 교육, 변론, 촉구
제사장	청취, 용서, 중재, 고백 요구
왕	예루살렘 행진, 통치, 왕국의 확립
어린양	희생, 조롱과 수치를 참으심, 죄인 구원
종	음식을 제공, 보호, 발을 씻김, 돌봄, 자신을 내어줌, 겸손을 요구
목자	보호, 양육, 잃은 양을 찾음

표12. 예수님의 신분과 역할

위에서 보듯이 이렇게 다양한 신분과 그에 따른 다양한 역할을 한 분 예수에 의해 행해졌다. 그러므로 예수님의 상담을 생각해 볼 때, 선지자적 입장과 제사장적 입장으로 목회상담이 양분되는 것은 바람직하지 않다. 오히려 양 입장의 연속적이고 통합적인 상담이 바람직할 것이다. 이러한 예수님의 상담을 정리하면 다음과 같다.

상담	연속적이고 통합적인 상담
신분	선지자적, 목회자적, 제사장적
역할	비평가, 설교자, 교사, 해석자, 중재자, 변론자, 설득하는 자, 바로잡는 자, 고백자, 깨우치는 자, 옹호자, 지원자, 후원자, 강연자, 조언자, 세상 죄를 지고 가는 자, 듣는 자, 꾸짖는 자, 경고자, 돕는 자, 위로자, 용서하는 자

표13. 예수님의 관계 방식

(2) 관계 상담의 방법

목회상담자는 내담자를 돕는 역할 뿐 아니라 진정으로 그 인격이 예수님을 닮아가야 하며, 좋은 상담을 위해 상담 기술 뿐 아니라 바람직한 마음의 태도를 가져야 한다.

성경적 목회상담자는 선지자적, 목회자적, 그리고 제사장적 역할 모델을 모두 포함한다. 이 역할들은 성경적 상담의 필수 요건이다. 이 각각의 역할들은 서로 밀접한 관계가 있으며 그리스도 몸의 전체적인 역할 개념을 구성하는 통합 요소가 된다(롬 12장; 고전 12장). 성령은 위대한 상담자이며, 성령이 주시는 은사는 목회상담에 종합적으로 역사하며 큰 능력이 된다.

상담자로서 예수님은 그가 관계하는 내담자에 따라 선지자적 역할, 목회자적 역할, 그리고 제사장의 역할을 수행하셨다. 우물가의 사마리아의 여인의 경우에는 세 가지 역할을 동시에 수행하셨다. 그러므로 목회상담자는 지시적(선지자적)이면서 동시 비지시적(제사장적)인 상담을 할 수 있어야 한다. 즉 상황에 따라 성경의 선지자들처럼 훈계하고, 가르치고, 지시할 수도 있어야 하고, 때로는 위로와 용서의 말을 할 수도 있어야 한다(고전 14:3).

▶ 목회상담자가 이러한 통합적인 관계 상담모델을 수용하기 어려운 경우

① 상담자들이 성경적 모델과는 다른 치료 모델에 익숙해져 있는 경우: 일반적인 상담훈련만을 받았기 때문에 성경적 모델을 모른다.

② 상담자의 사고방식이 고착되어 있는 경우: 자아정체감(self-identity), 자아 개념(self-image), 자아 이상(self-ideal) 등이 배타적으로 한 역할모델에만 투영시키는 사람은 상담할 때에도 특정한 역할만 수행하는 경향이 강하다(선지자적 모델 혹은 제사장적 모델만 고집한다). 역할의 통합을 위해서는 전인적인 성숙과 통합이 요구된다.

③ 상담자의 영적인 은사와 소명의 문제로 인해 역할의 가변성을 수용하지 못하는 경우: 상담자의 은사가 제한되거나 한정되어 있는 경우나 상담자로서의 소명을 받지 못한 경우이다. 지혜로운 목회상담자는 자기 능력을 넘어서는 상담상황의 경우에는 그러한 능력과 은사를 가진 다른 지체인 상담자에게 도움을 요청할 줄 알아야 한다. 이것은 상당한 영적 분별력과 함께 성숙한 인격이 요구된다.

관계 상담은 문제에 대한 성경적 이해와 해결 방안을 모색하는 상담법이지만, 먼저 선행되어야 할 것은 내담자가 털어놓는 문제를 경청하고 그것들을 이해하려는 마음의 자세이다(공감). 목회상담자는 내담자의 문제와 필요들을 주의 깊게 파악한 후에야 자신의 전문적인 지식과 경험을 통해 내담자를 도울 수 있는 것이다.

목회상담자는 권위주의자가 되어서는 안 되겠지만, 권위를 사용할 줄 알아야 한다. 분명히 권위는 내담자를 위해 유익한 수단으로 사용되어야하며 상담자 자신의 불안이나 부족함, 열등감 등을 감추기 위한 수단으로 사용되어서는 안 된다.

목회상담자는 상담자가 전제로 취하는 기독교의 가치관과 전통, 그리고 성경적 원리들을 내담자가 받아들이지 않거나 순종하지 않으려고 부정적인 반응을 보일 수 있다는 것을 인정해야 한다. 진리는 사람들의 수용여부에 좌우되지 않는다. 상담자가 진리를 전해주어도 내담자가 수용하지 않으면 내담자의 행동이나 태도나 감정 등 그의 인격을 변화시키는 진리가 될 수 없는 것이다. 즉 내담자에게 효과적인 변화가 일어나기 위해서는 내담자가 먼저 자신에게 적용되는 진리를 듣고 이해하고 순종해야 하는 것이다.

목회상담자는 내담자가 도움을 받아들일 준비가 되어 있는가에 대해 민감해야 한다. 선지자적 스타일의 상담자는 흔히 내담자의 개인적인 준비 여부에 관계없이 성경의 권위만을 인식하고 적절하게 상담함으로써 그들을 변화시킬 수 있다고 생각한다. 그러나 이것은 비효과적이며, 단순한 생각이다.

죄와 죄책감은 목회상담자가 깊이 관심을 가져야할 중요한 요소이다. 상당수의 내담자들이 자신이 저지를 죄에 대한 죄책감으로 인해 고통을 당하고 있다. 이들은 이러한 죄를 짓는 상황과 무거운 죄책감의 멍에로부터 벗어나도록 도와줄 상담자를 찾고 있다. 이러한 내담자들에게 필요한 것은 죄를 인식하는데 그치지 않고 그 죄를 고백하고 회개하는 것이다. 목회상담자는 제사장의 마음으로 인내하며 사랑 가운데 진리를 말해야 한다.

상담자가 죄에 대해 선지자적인 태도를 보여야 할 때는 하나님의 말씀을 정죄하기 위한 것보다는 죄를 깨닫게 하기 위해 사용해야 한다. 보혜사 성령은 죄를 깨닫게도 하고 위로하기도 한다. 목회상담자가 진정으로 위로자의 역할을 할 때 내담자는 꾸짖음과 책망과 아울러 자신이 용납되고 있다는 사실을 깨닫게 된다. 그리고 특히 그리스도인 내담자에게는 "이제 그리스도 예수 안에 있는 자들에게는 결코 정죄함이 없다"(롬 8:1)고 선포할 수 있어야 한다. 사단은 정죄하지만, 성령은 죄를 깨닫게 하고 진정한 회개가운데로 인도한다. 고통당하는 사람에게는 선지자적인 태도를 가진 상담자보다는 제사장적인 태도를 가진 상담자가 더욱 필요하다.

제사장적 상담자는 하나님과 인간 사이를 중재하는 역할을 한다. 목회상담자는 제사장의 마음을 가지고 상담해야할 뿐 아니라 그리스도인 내담자가 왕 같은 제사장으로 스스로 제사장적인 기능을 수행하는 능력을 개발하도록 계속 지원해야 한다. 즉 내담자가 자신의 문제를 가지고 스스로 하나님 앞으로 나아가도록, 자신의 문제를 하나님께 솔직하게 내 놓고 기도하도록 지원하는 것이다. 이것은 상담자가 그의 문제에 뛰어들어 대신하여 중재 기능을 수행하는 것이 아니라 내담자로 하여금 자신의 영적 장애물을 제거하고 다시 하나님 앞으로 나아갈 수 있도록, 내담자가 스스로 제사장적 기능을 회복할 수 있도록 돕는 것을 말한다.

2. 권면적 상담

상담이란 내담자의 삶을 사는 방식을 변화시키는데 그 목적이 있다. 즉 바람직하지 않은 가치관이나 삶의 태도, 믿음, 행동 등을 변화시켜 그 인격을 성장시키는 것이다. 그러면 이러한 변화를 위한 적절한 규범을 어디에서 찾을 수 있을까? 권면적 상담자들은 주저 없이 유일한 자료로서 성경을 제시한다. 프로이드 이전에 살았던 그리스도인들은 성경을 통해 서로에게 적절한 도움을 주었으며, 예수님도 성경을 통해 완전한 상담자가 될 수 있었다. 하나님은 현대의 심리 요법이 등장하기 훨씬 전에 이미 당신의 백성들의 삶과 변화를 위해 필요한 모든 것을 성경을 통해 제시해 주셨다.

그러므로 성경은 구원과 성화의 메시지 뿐 아니라 사람들이 어떻게 하면 하나님을 기쁘시게 하고 이웃에게 선한 일을 하면서 살아갈 수 있는 지에 대한 지혜를 제시해 준다. 그런데 현대 심리치료사들이 자신들을 하나님과 성경에 대등하게 올려놓는 잘못을 범하고 있으며, 이것이 상담 심리학이나 정신의학이 성경적 상담과 통합될 수 없는 분명한 이유라고 권면적 상담자들은 생각한다. 그들은 오늘날 상담 분야의 혼란은 유일한 상담의 책인 성경을 상담분야의 기본 토대로 사용하는데 실패했기 때문이라고 주장했다. 권면적 상담의 대표적인 인물은 아담스(Jay E. Adams)이다. 그는 목회상담분야에서는 가장 영향력 있는 스승과 같은 존재이다.[3]

1) 권면적 상담의 개념

권면적(nouthetic)이라는 단어는 헬라어 νουθεσία(권고, 훈계: 골 3:16; 살전 5:14)에서 파생된 말인데, 신약성경에서 상담과 관련하여 사용되던 말로 다음 세 가지의 의미를 내포하고 있다.

① 변화: 내담자는 성경적 규범에 합당하지 않은 방법으로 살고 있기 때문에 변화될 필요가 있다.

② 대면: 내담자에게 바람직한 변화를 일으키기 위해서는 상담자와의 대면이 이루어져야 한다.

③ 관심: 효과적인 대면과 변화는 사랑을 통해 얻어질 수 있다. 상담에서 우선되어야 할 것은 내담자에 대한 관심이다.

2) 권면적 상담의 3단계 과정

(1) 문제 파악

① 경청 : 상담자는 내담자로 하여금 자신의 문제를 고백하게 하고 이것을 경청해야 한다.

② 이해: 경청과 동시에 행해지는 이해는 권면적 개입의 기초가 되며 내담자가 현재 안고 있는 문제를 분석하는 계기가 된다. 문제 이해의 바탕은 사랑이다.

③ 분석: 내담자가 내놓는 문제의 핵심이 무엇인지 분류하고 분석해야 한다. 분석 과정은 공정하고 정확해야 한다. 그리고 그 기준은 인간의 편견과 감정을 초월하여 하나님의 말씀이 되어야 한다.

(2) 교훈과 책망

문제 상황을 정확하게 파악한 다음에는 상담자는 내담자로 하여금 자신의 죄를 인정하고 고백하게 해야 한다. 이것이 바로 권면의 개념이다. 상담자는 내담자의 문제에 적극적으로 개입하여 하나님의 말씀으로 가르치고 훈계하고 권고해야 한다. 이 권면을 위해 상담자는 성경을 사용해야 하는데, 이를 위해 성경을 정확하게 이해, 해석, 적용하는 능력을 갖추어야 한다. 이 단계에서 상담자는 디모데후서 3:16에 나타난 4단계를 실시할 수 있다.

① 교훈: 그리스도인인 내담자로 하여금 성경에 제시된 신앙과 삶에 대한 하나님의 요구에 직면하게 한다.
② 책망: 죄를 인정하고 고백하게 하기 위해 적절한 성경 구절을 사용한다.
③ 바르게 함: 용서를 통하여 내담자로 하여금 곤경에서 벗어나도록 도와주어, 하나님과 또한 이웃과의 관계가 변화하도록 한다.
④ 의로 교육함: 내담자에게 하나님을 기쁘시게 하는 성경적 삶의 모습들을 제시하고, 전에 가졌던 삶의 패턴들 대신 새로운 삶의 패턴을 개발하도록 도와준다.

(3) 문제해결

교훈과 책망이 잘 이루어지면 문제해결은 자동을 이루어진다. 결국 권면적 상담이 말하는 문제해결은 "옛 습관을 벗어버리고 새로운 습관을 입는 것"이다(엡 4:22-24).

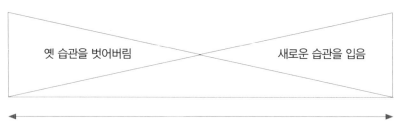

옛 습관을 벗어버림   새로운 습관을 입음

약 8주–12주간

표14. 권면적 상담을 통한 내담자의 변화 과정

일반적으로 새로운 삶의 습관을 갖는 변화의 과정은 약 8주–12주로 잡는다. 즉 옛 습관을 벗어버리는데 4–6주가 걸리고, 또 새로운 습관을 입는 것이 4–6주 정도 걸린다고 보는 것이다. 그런데 상담 1회부터 급격한 변화가 일어나는 것은 쉽지 않다. 보통 옛 사람을 벗고 새 사람을 입는 변화의 순간은 2–4번째 회기부터 일어나기 시작한다. 그리고 이런 변화가 일어나기 위해 반드시 선행되어야 하는 것은 진실한 회개이다. 내담자가 하나님과 사람 앞에서 자기의 죄를 깨닫고 과거의 죄악 된 행위와 잘못을 벗어버리고 의로운 행위를 덧입기 위해 하나님의 도우심을 구할 때 새 사람을 입는 변화가 생기는 것이다. 따라서 좀 더 자세하게 그 완전한 과정을 그림으로 나타내면 아래와 같다.

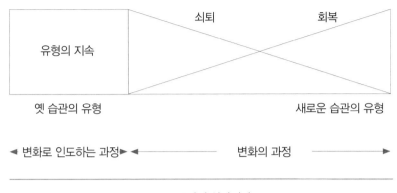

표15. 상담을 통한 변화의 전 과정

3) 권면적 상담의 내용

① 상담을 할 때 관계된 모든 사람을 상담에 참여시킨다.

② 성경적인 용어를 사용한다.

③ "옛 상태에서 새로운 상태로의 변화"를 강조한다.

④ 내담자에게 일어난 성경적 변화를 설명해 주고 나중에 다시 닥칠지도 모를 실패를 피하는 방법을 알려준다.

⑤ 매번 상담에서 일어날 변화를 기대하고 이에 대한 계획을 세우면 처방을 내린다.

⑥ 적합한 자료에 근거한 성경적 행동 계획들을 세운다.

⑦ 상담하는 동안 그 자리에 없는 사람들에 대한 비방이나 험담을 삼간다.

⑧ 내담자의 문제로부터 하나님과 이웃을 향한 내담자의 책임을 가려낸다.

⑨ 상담은 대개 일주일 간격으로 하며 상담을 거듭하면서 내담자의 일주간의 일상생활에서 어떤 변화가 일어나는지를 주목한다.

⑩ 그리스도의 몸 된 교회 안에서 상담이 실시되는 것이 가장 바람직한 일이며, 목회상담은 목회의 필수적 요소이다. 이것을 위해 교회의 필요한 모든 자원을 활용한다.

3. 성장 상담

하워드 클라인벨(Howard Clinbell)이 주도하는 상담 법을 성장상담(Growth Counseling)이라고 한다. 성장 상담이란 말 그대로 개개인의 성장과 개인 속한 사회집단의 성장을 목표로 하는 상담이다. 개인성장이란 개인이 보다 행복한 삶을 살 수 있도록 인생의 각 단계에서 잠재력을 최대한 발휘할 수 있도록 해 주는 것이다. 그리고 사회의 성장은 모든 사람이 자신의 잠재력을 충분히 발휘할 여건을 만들어 주는 사회, 즉 개인 모두가 귀하게 가치평가를 받는 사회를 만드는 것을 의미한다.

성장 상담에서는 인간을 엄청난 일을 해 낼 수 있는 잠재력을 가진 존재로 보고, 과거가 아니라 현재와 미래에 초점을 맞춘다. 과거의 괴롭고 상처받은 경험들은 성장을 방해하는 걸림돌들로서 필히 제거되어야 한다. 그리고 아직 사용하지 않는 현실의 건설적인 면을 개발해서 보다 나은 미래를 창조해 나가는 것이 성장상담의 목표이다. 성장상담에서는 인간관계를 중요하게 보고, 인간은 영적 존재이므로 영적 성장(spiritual growth)이 결국 모든 인간 성장의 총체적인 핵으로 본다. 하워드 클라인벨(Howard Clinbell)은 미국 신학자이자 목회상담 자이다.[4]

1) 성장 상담의 목표

개인으로 하여금 자신의 가능성, 잠재력을 최대한 발휘하는 것을 목표로 한다. 그러므로 버려진 삶, 사용되지 않은 자질, 허비된 능력 이라는 감옥으로부터 성장욕구를 일깨우고 자극해서 내담자가 해방 되도록 돕는 것을 목표로 한다.

2) 성장 공식(growth formula)

목회상담자는 한 사람의 성장을 극대화하기 위해서 다음의 성장공 식(growth formula)을 경험할 수 있는 깊이 있는 인간관계를 갖도록 노 력해야 한다. 성장촉진의 원리는 다음의 공식으로 간략하게 표현될 수 있다.

성장 = 돌봄 + 대면(confrontation)
또는
성장 = 사랑 + 정직 = 사랑 + 정직

3) 성장 상담의 방법

① 상담자는 희망을 가지고 내담자를 바라본다.

② 내담자가 느끼는 갈등이나 분노는 정상적인 것이므로 자연스럽게 표출되는 분위기를 허용한다.

③ 상담자는 내담자가 개인 성장을 추구하도록 격려할 뿐 아니라 문제에 관련된 상대방의 성장 또는 추구하도록 격려한다.

④ 상담자는 내담자의 인간으로서의 가치를 긍정해 주며 이러한 진실한 긍정을 통해 내담자가 자부심을 갖도록 돕는다.

⑤ 상담자는 긍정을 바탕으로 대결의 모습도 보여주어야 한다.

⑥ 내담자의 삶을 변화시키기 위해 내담자 스스로 선택과 결정의 권한이 주어졌음을 일깨워준다.

⑦ 행동이행에 있어서 감정의 영역과 행동의 영역이 공존한다는 것을 일깨운다.

⑧ 상담자는 내담자의 문제를 야기(惹起)시킨 원인이 사회구조에도 있음을 일깨운다.

⑨ 상담자는 내담자에게 영적 문제들을 분명하게 취급해 주어야 한다.

⑩ 상담자는 내담자의 성장이 지속되도록 보다 넓은 공동체의 일원이 될 것을 격려한다.

⑪ 상담자는 내담자로 하여금 자신의 문제를 스스로 해결할 수 있는 진정한 상담자의 자리로 올려놓는다.

목회상담자는 영성 안내자(Spiritual mentor) 또는 영적 지도자

(Spiritual director)가 되어야 한다. 클라인벨은 목회상담을 영성 지도 (Spiritual direction)로 본다.[5] 파울러(James W. Fowler)의 영적 성장의 단계(Stages of Faith)는 다음과 같다.

① 미분화된 신앙(Undifferentiated Faith): 신앙발달기초시기(기본적 신뢰 대 불신), 0(zero)단계로 본다.

② 직관적 - 투사적 신앙(Intuitive-Projective Faith): 논리적이지 않고 상상력의존(환상적)

③ 신화적 - 문자적 신앙(Mythic-Literal Faith): 신앙이야기의 표면적 의미를 그대로 수용

④ 종합적 - 인습적 신앙(Synthetic-Conventional Faith): 신앙다양성 인정, 객관적 성찰을 못함

⑤ 개별적-성찰적 신앙(Individual-Reflective Faith): 정체성, 세계관의 틀, 비판적 성찰

⑥ 결합적 신앙(Conjunctive Faith): 성숙, 포용적 신앙(비판적 성찰을 넘어 통합, 수용)

⑦ 보편적 신앙(Universalizing Faith): 모든 존재를 포괄하는 신앙구성, 그리스도와 일치

4. 성경적 상담

로렌스 크랩(Lawrence J. Crabb Jr.)은 성경에 입각하여 심리학의 제

반 지식을 활용한 성경적 상담(Biblical Counseling)을 내놓았다. 성경적 상담은 기독교와 심리학의 통합을 모색하는 상담인 것이다. 성경적 상담이론은 3가지의 강조점 위에 놓여있다.

① 격려: 삶의 위기와 곤경에 직면하여 고통당하고 있는 내담자에게 사랑을 갖고 위로하며 힘을 북돋아 주는 것이다.
② 권고: 삶의 문제에 대한 적절한 성경적 해결 방법을 제시해 주는 것이다.
③ 교화: 사고 자체의 전반적인 변혁을 의미하는데 자신과 인생과 하나님에 대한 그릇된 개념들을 보게 하고 그것을 올바른 성격적 사고로 바꾸는 것이다.[6]

1) 성경적 상담의 전제

성경적 상담은 무한하고 절대적이신 인격적인 하나님을 확신하는 것으로부터 시작된다. 한정적이고 일시적인 존재인 인간은 외부로부터 공급되는 영원하고 원천적인 사랑이 필요하다. 즉 유한한 존재가 자체적으로는 만족을 얻을 수 없기 때문에 무한하신 하나님으로부터의 공급이 필요하다는 것이다. 인간은 하나님의 형상으로 지음 받은 존재이고 그분께 의존해야할 인격적 존재이다. 하나님과의 친밀감이 깨어지면 인간은 잘 조화된 세계 속에서도 자신의 중요성을 깨달을 수 없고 안전도 느낄 수 없다. 왜냐하면 하나님만이 영원한 안식처요 중요성을 부여하는 절대적 기준이 되시기 때문이다. 모든 정신 병리학의 바탕에는 하나님의 도움 없이 인간의 욕구를 충족시키려는 죄 된 동기들이 깔려있다. 이는 죄로 오염된 세상에서 사단이 부리는 조작인데 이 세상의 가치관들은 이것을 마치 진리인 것처럼 받아들이게 한다.

인간이 인격적 존재로 참되게 살려면 반드시 충족되어야할 인격적인 요소들이 있는데 먼저는 중요성(significance)의 욕구이고, 그 다음은 안전(security)의 욕구이다.

① 중요성(significance)의 욕구: 그리스도 안에서 "내가 누구인가"를 이해하는 것이 중요. 세상에서 인정받지 못해도 예수님 안에서 귀한 존재임을 깨달아야 한다(자존감).

② 안전(security)의 욕구: 무조건적인 그리스도의 사랑 안에서 영원토록 용납되고 보호 받는 것을 깨달아야 한다. 행동과 상관없이 하나님의 은혜 가운데 완전히 용납된다.

인간이 인격적인 존재로서 온전한 존재가 되려면 근본적으로 중요성과 안전이 필요한 것이다. 이러한 요소가 없다면 인간은 제대로 살 수 없고, 완전한 삶을 살아갈 수 없다. 이런 요소가 있을 때 사람들은 어떤 상황에서든지 이것으로부터 힘을 얻어 풍성한 삶을 누릴 수 있다.

바울은 환경적으로는 궁핍하고 비천하였지만 사도로서의 높은 자존감(self-esteem)과 상황을 초월한 자족하는 마음, 그리스도 안에서 모든 것을 할 수 있다는 자심감과 믿음을 가짐으로 중요성과 안전의 욕구를 충만히 채웠다(빌 4:11-13).

2) 일반적인 정신 건강과 정신 병리학 이론

표16. 정신적으로 건강한 상태

　　모든 인간은 중요성과 안전의 욕구를 충족하려는 인격적 필요를 가지고 있다. 그래서 이것을 성취하기 위해 ① 기본적으로 도달해야 할 목표를 고려하게 되고 ② 목표지향적인 행동에 착수하게 된다. 만약 적절한 행동으로 목표에 도달하게 되면 ③ 일시적으로 만족과 성취감을 느낄 것이다. 그러나 그리스도를 떠나서는 진정한 만족과 문제해결이란 있을 수 없기 때문에 곧 ④ 불만족 상태로 돌아간다(막연한 공허감). 그리고 다시 무의미한 과정을 반복하게 된다. 따라서 특별한 신경증적인 문제나 질병을 가지고 있지 않는 건강한 사람들은 대부분 이러한 정신 건강의 순환주기를 되풀이 하고 있다고 보면 된다.

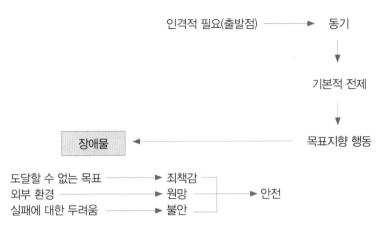

표17. 정신적인 문제의 상태

인간이 목표성취를 위해 노력하다가 장애물에 부딪히게 되면 좌절하게 된다. 만약 그 장애물이 도달할 수 없는 목표(예: "나는 사랑받기 위해 완전해지고 싶다")라면 자신에 대한 호된 비판과 함께 죄책감을 갖게 되고, 장애물이 주위환경에서 온 것이라면 그 외부환경에 대한 원망감을 갖게 될 것이며, 실패에 대한 두려움이 장애물이라면 심리적인 불안감을 갖게 된다. 이렇게 목표에 도달하지 못해서 자기는 중요하지 않고 안전하지도 않다고 느끼는 사람은 더 큰 상처를 받지 않으려고 몸을 사리면서 안전한 상황 속으로 도피하려고 한다.

3) 성경적 상담 방법

성경적 상담의 전 과정은 다음과 같이 간단한 7단계의 모델로 도식화 할 수 있다. 이 7단계의 모델에서는 다양한 테크닉과 접근 방법을 사용하는 상담유형들을 내포할 수 있다.

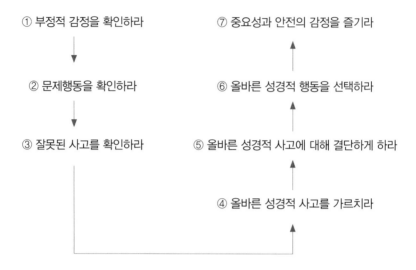

- 1단계: 문제의 감정들을 확인하는 단계(Identify problem feelings)
  외적 환경이나 문제 행동 등에 대해 내담자들이 토론을 함으로
  문제의 감정(불안, 원망, 죄책감, 막연한 공허감)이 무엇인지를 정
  확하게 찾아야 한다.
- 2단계: 문제의 행동을 확인하는 단계(Identify goal-oriented
  problem behavior)
  문제 감정들을 느꼈을 때, 내담자가 어떤 행동을 했는지를 알아
  보는 것이다. 즉 문제 감정을 일으키는 문제 행동을 파악한다(문
  제 감정과 행동은 서로 밀접하게 연결되어 있다).
- 3단계: 문제의 사고를 확인하는 단계(Identify problem thinking)
  문제 행동은 문제 사고(잘못된 가정)에서 나온다. 예) "자신의 인생의 모든 가치가 남편이나 자녀에게 달려있다"는 문제 사고는 남편과 자녀의 태도에 지나치게 민감 → 불평 →불행한 마음(의부증, 마마보이, 마마걸 등)으로 이어진다.

- 4단계: 잘못된 가정을 변화시키는 단계(Change the assumptions)

  문제 사고를 변화시켜 새로운 성경적 사고를 하도록 변화시키는 것을 말한다.

- 5단계: 안전한 결단의 단계(Secure commitment)

  실천의 단계. 잘못된 행동, 사고(죄)를 고백하고, 하나님의 뜻(말씀)에 순종하겠다는 결단을 이끌어내야 한다.

- 6단계: 성경적 행동을 계획하고 수정하는 단계(Plan and carry out biblical behavior)

  5단계(안전한 결단의 단계)를 육성하고 지원하는 단계이다. 행동수정을 계획, 실천한다.

- 7단계: 영적으로 조절된 감정을 확인하는 단계(Identify spirit-controlled feelings)

  고통스런 느낌, 죄와 관련된 감정들(상한 감정)의 치유를 확인하는 작업이 필요하다. 고요함, 평안함, 하나님이 함께 하심과 같은 감정이 마음에 가득한지를 발견하도록 한다.

4) 교회 공동체 안에서의 3단계 상담훈련

크렙 박사의 성경적 상담연구소(The Institute of Biblical Counseling, IBC)에서 교회 공동체 안에서 상담자를 훈련시키고 성도들의 필요를 충족시켜 주기위해서 7단계 모델을 근거로 3단계 상담훈련을 제공하고 있다.

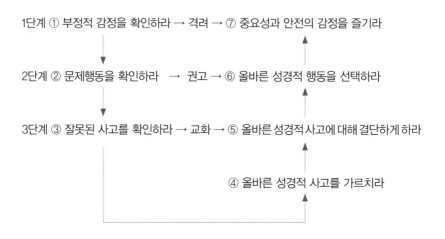

1단계 ① 부정적 감정을 확인하라 → 격려 → ⑦ 중요성과 안전의 감정을 즐기라

2단계 ② 문제행동을 확인하라 → 권고 → ⑥ 올바른 성경적 행동을 선택하라

3단계 ③ 잘못된 사고를 확인하라 → 교화 → ⑤ 올바른 성경적 사고에 대해 결단하게 하라

④ 올바른 성경적 사고를 가르치라

표18. 교회에서의 3단계 상담훈련

크렙 박사는 이미 제시한 7단계의 모델을 근거로 해서 교회 안에서 효과적으로 시행할 수 있는 상담의 3단계를 제시했는데, 그것은 격려, 권고, 교화이다. 이를 정리하면 다음과 같다.

(1) 1단계: 격려에 의한 상담

교회 모든 성도가 1단계 상담을 받을 필요가 있다. 일상적 교제를 통해 드러나지 않는 상대방의 고통이나 문제에 보다 민감하게 되고 서로 돌아볼 수 있게 된다.

(2) 2단계: 권고에 의한 상담

주로 목회자와 직분자들이 받아야할 훈련 과정인데, 주어진 상황에 성경적인 전략을 제시한다. 성경은 우리 삶의 안내서이다. 그러므로 성경을 광범위하게 알고 지혜롭게 활용할 수 있어야 한다. 2단계 훈련은 ① 크리스천 삶의 여러 영역에 대한 기본 원리 ② 문제상황을 취급하는 성경적 전략 ③ 일반적인 인터뷰(상담) 기술 등이다.

(3) 3단계: 교화에 의한 상담

잘못된 신념이나 감정들은 문제행동을 유발시키고 불행하게 한다. 3단계 상담은 그리스도 안에서 누리는 중요성과 안전에 대한 생각을 깨우치도록 돕는 과정이다. 잘못된 사고의 뿌리를 발견하고 캐내고 성경적 사고로 바꾸는 것이 교화의 목적이다(세계관, 가치관 문제).

5. 제자화 상담

제자화 상담(Discipleship Counseling)은 게리 콜린스(Gary R. Collins) 박사에 의해 주창된 상담이다. 이 상담기법은 모든 믿는 이들을 제자로 삼으라는 예수님의 명령에 근거한다(마 28:19-20). 제자화 상담은 새롭고 독특한 기독교 상담 기법이 아니라 오히려 기존의 근본적 상담 요소들을 요약하여 성경의 가르침, 특히 주님이 당부하신 대 사명과의 관련성을 보여주려는 하나의 시도라고 콜린스는 말했다.[7]

1) 제자화 상담의 기본 전제

제자화 상담의 목적은 내담자로 하여금 일상생활에서 영적, 심리적 갈등, 그리고 대인관계에서의 갈등 등으로부터 벗어나 하나님과의 관계가 깊어짐에 따라 평안을 찾고 타인과의 원만한 관계를 유지 발전하게 할 뿐 아니라, 그리스도 안에서 내담자가 가지고 있는 잠재력을 충분히 인식하여 적극적으로 예수 그리스도의 제자가 되도록 하는데 있다. 이러한 목적 하에서 상담자는 내담자를 어떻게 도와야 하는가?

첫째, 내담자에게 그리스도를 증거해야 한다.
둘째, 내담자가 성숙에 이르도록 도와주어야 한다.
셋째, 내담자를 제자 훈련자로 육성해야 한다.

2) 제자화 상담의 6가지 원리

① 상담자는 성숙한 인격, 가치관, 삶의 자세, 확신 등을 겸비해야 한다.
② 상담자의 도움을 필요로 하는 내담자의 동기나 태도는 상담에 있어서 중요한 역할을 한다.
③ 상담에 있어서 상담자와 내담자 사이의 관계는 상담에 커다란 영향을 미친다.
④ 상담은 내담자의 감정, 사고, 행동 모두에 초점을 맞추어야 한다.
⑤ 상담을 하려면 다양한 상담기술을 알아야 한다. 여기서 기술이

란 집중해서 내담자의 말을 듣고(경청), 주의 깊게 관찰하는 것, 그리고 문제에 대해 적절하게 질문하는 것 등의 상담테크닉을 말한다.

⑥ 상담의 궁극적인 목표는 내담자를 제자로 삼아 그 내담자로 하여금 다시 다른 사람을 제자화 하는 사람으로 만드는 것이다. 이 제자화 과정은 다섯 단계로 분류할 수 있는데 a. 접촉 b. 그리스도를 전함 c. 결단하게 함 d. 제자로 성장하게 함 e. 다른 사람을 제자로 삼도록 가르침이다.

3) 제자화 상담의 유의사항

① 상담자는 불신자, 신자할 것 없이 다양한 사람들과 만나게 된다.
② 상담자는 내담자가 제자화 5단계를 거치기까지 도와주거나 또는 일시적 도움만 주고 다른 사람이 내담자를 도울 수 있도록 해야 한다. 내담자에 대한 지나치게 소유적 태도를 버려야 한다. 제자화는 여러 사람에 의해 이루어질 수 있다.
③ 상담자는 돌발적으로 너무 서둘러 영적인 복음을 전하려고 해서는 안 된다. 오히려 역효과를 가져온다.
④ 상담은 그리스도의 몸 된 교회 공동체와 밀접한 관계가 있다(롬 12장; 고전 12장). 교회는 상담자의 상담활동과 내담자의 성장을 돕는 치유 공동체가 되어야 한다.
⑤ 제자화 상담은 전인으로서의 균형에 관심을 가진다. 영적인 문제, 정신 장애, 사회적 갈등, 신체적 질병 등이 단독으로 발생하

는 것이 아니라 그 중 하나라도 생기면 그 사람 전체에 영향을 준다. 즉 인간에게는 영적인 것, 정서적인 것, 이지적인 것, 그리고 신체적인 것이 구별은 되지만 완전히 구분되는 것은 아니다. 서로 연결되어 있다.

제14장 귀신들림에 대한 이해와 치유

빛이 있으면 어둠이 존재하듯이 오늘날도 강한 성령의 역사와 함께 귀신의 역사가 목회와 선교현장에서 실제적으로 나타나고 있다. 머피(Ed Murphy)는『영적 전쟁』이라는 그의 책에서 "하나님은 오늘날 교회가 악의 세력과 영적인 전쟁 가운데 있음을 알기를 원하시는 것 같다. 우리가 싸우는 악은 비인격적인 존재가 아니다. 그들은 인격을 갖고 있으며 사단의 왕국을 형성하고 있는 초자연적인 존재들이다. 믿음의 투사인 예수님은 우리가 십자가 군병이 되기를 요구하신다." 라고 교회를 대적하는 초자연적인 악한 존재들과의 영적 전쟁에 대해 언급했다.[1]

귀신론에 대한 연구는 아직 명확하게 구분되지 않고 다양한 형태로 나타나고 있다. 천사론에서 악한 천사로 구분되어 다루어지기도 하고(Guy P. Duffield & N. M. Van Cleave, C. Fred Dickason), 마귀론 속에서 다루어지기도 하고(Merrill F. Unger), 그리고 마귀론(Satanology)과 구분하여 독자적으로 귀신론(Demonology)을 다루기도 한다(Guy P. Duffield & N. M. Van Cleave). 그리고 근래에는 선교학의 영적 전쟁

(Spiritual Warfare)이나 목회상담분야에서 임상적으로 귀신론에 대한 연구가 활발하게 진행되고 있다.

1. 귀신의 정체

1) 성경의 증거

성경에는 귀신의 실체에 대해 풍부한 증거가 존재한다. 구약과 신약에 기록되어 있는 귀신의 존재에 대한 증거를 살펴보자.

(1) 구약

① 수염소(레 17:7): "그들은 전에 음란히 섬기던 수염소(seirim)에게 다시 제사하지 말 것이니라." 여기서 수염소(seirim)는 염소형상의 신들 즉 귀신들을 의미한다고 할 수 있다.

② 마귀(신 32:17): "그들은 하나님께 제사하지 아니하고 마귀에게 하였으니…"여기에서 마귀(shedhim)은 70인역에서 daimonia(demons)로 번역한 것으로 보아 귀신들이라고 할 수 있다.

③ 사신(시 106:37): "저희가 그 자녀로 사신(shedhim)에게 제사하였도다." 사신도 70인역에서 귀신들(demons)로 번역하고 있다.

④ 거짓말하는 영(왕상 22:20-23): 거짓 선지자들의 입에 들어가 아합을 꾀어 죽게 할 거짓말하는 영(a lying spirit)도 귀신을 의미한다고 할 수 있다.

⑤ 바사국 군(단 10:13-14): 다니엘의 기도에 대한 응답을 가지고
온 천사를 막은 바사국 군이 바로 귀신들임을 알 수 있다.[2]

(2) 신약

① 예수님의 가르침과 사역 : 예수님은 귀신들을 사탄의 주관 하에
있는 악한 천사들로 이해하셨다(마 12:22-28; 25:41). 그는 귀신
들이 인격적 존재이며, 사탄과 함께 영원한 지옥 불에 들어갈 운
명임을 가르치셨다(마 25:41). 예수님의 사역의 많은 부분이 귀
신을 쫓아내는 일이었다(마 9:32-33; 15:21-28; 막 5:1-20). 또
한 예수님은 제자들에게 귀신을 쫓아낼 권세를 주시고 전도를
위해 파송하셨다(마 10:8; 눅 10:1-20). 예수님은 귀신을 정복하
는 것을 사탄을 정복하는 것으로 보았다(눅 10:18).[3] 예수님은 모
든 믿는 자들에게 그의 이름으로 귀신을 쫓아낼 수 있는 능력을
주신다고 했다(막 16:17).

② 제자들의 사역 : 초대교회에서도 귀신을 쫓아내는 사역은 능력
있게 행해졌다. 베드로와 사도들은 큰 능력으로 병자를 치유하
고 귀신을 쫓아냈고(행 6:15-16), 빌립집사도 사마리아 성에서
더운 귀신들을 쫓아내어 그 성에 큰 기쁨이 임했다(행 8:7-8).
바울사도도 빌립보 성에서 점치는 귀신들린 여종을 치유하여 옥
에 갇히는 고초를 겪기도 했다(행 16:16-34).

③ 그 외 신약성경의 증거들 : 신약성경의 기자들은 귀신의 존재를
확실히 믿었으며, 많은 곳에서 언급하고 있다. 그들은 귀신들의
존재에 대해 언급했고(약 2:19; 계 9:20), 귀신들의 본성(눅 4:33;

6:18)과 활동(딤전 4:4; 계 16:14), 사탄의 지배하에 있는 그들의 조직(엡 6:12)과 거주지(눅 8:31; 계 9:11), 그리고 귀신들의 최후 멸망에 대해 지적했다(마 25:41).[4]

이렇게 귀신에 대한 풍성한 성경적 증거가 있다는 것은 하나님께서 교회가 귀신에 대한 실체를 깨닫고 적극 대처하기를 원하신다는 것을 알 수 있다. "적을 알고 나를 알면 백전불패"(知彼知己 百戰不敗)라는 말이 있다. 지금도 선교현장과 목회현장에서 치열한 영적 전쟁(spiritual warfare)이 벌어지고 있다.

2) 귀신의 이름

귀신의 정체를 드러내는 것 중에 이름을 연구해보는 것만큼 확실한 것은 없다. 성경에는 귀신의 이름이 다양하게 나타나고 있다.

(1) 쉐드힘(Shedhim)(신 32:17; 시 106:37)

항상 복수형인데, 쉐드(Shedh) 즉 "다스리는 것, 주(主)가 되는 것"이라는 말에서 나왔다. 그러므로 쉐드힘은 "지배자들, 주인들"이라는 뜻이 있다. 히브리인들은 우상의 형상이 단순히 사람들에게 숭배하도록 하는 보이지 않는 귀신들의 보이는 상징으로 생각했다. 그러므로 쉐드힘은 실제로 존재하지 않지만 존재하는 것처럼 가정하여 만든 우상의 형상을 의미할 뿐 아니라 동시에 인간들 배후에서 잘못된 예배를 드리도록 하는 영적 실체들인 귀신들을 의미한다(시 106:37-38).[5]

(2) 세이림(Seirim)(레 17:7)

레위기 17장 1절-7절의 제사법에 보면 이스라엘 백성들은 제물을 반드시 성막에서 잡아야하고, "전에 음란이 섬기던 수염소에게 다시 제사하지 말 것이니라."(레 17:7)라고 했다. 여기서 수염소(Seirim)는 예배의 대상으로 언급하고 있고, 이런 예배는 하나님께 대한 배신행위로 보았다. 이 수염소 우상은 여로보암이 세운 우상으로도 언급되고 있고(대하 11:15), 요시아 왕이 헐어버린 산당도 바로 수염소을 섬기던 곳이었다(왕상 23:8). 세이림(Seirim)은 귀신들을 의미한다고 할 수 있다.[6]

(3) 갓(Gad)(사 65:11)

"오직 나 여호와를 버리며 나의 성산을 잊고 갓(Gad)에게 상을 베풀어놓으며…"(사 65:11)이라는 말씀에서 갓(Gad)은 시리아와 고대근동에서 부의 여신으로 알려졌는데, 70인 역에서는 daimonion(귀신)으로 번역했다.[7]

(4) 엘리림(Elilim)(시 96:5)

"만방의 모든 신은 헛것이요(For all the gods of the nations are idols)…"(시 96:5)에서 귀신(Elilim, gods)을 우상과 동일시하고 있다. 우상숭배의 배후에는 활발한 귀신의 역사가 있음을 알 수 있다. 그리고 이러한 우상은 무가치하고, 공허하다.[8]

(5) 파멸(Qeter)(시 91:6)

"흑암 중에 행하는 염병과 백주에 황폐케 하는 파멸을 두려워 아니
하리로다."(시 91:6)에서 파멸(Qeter)는 "백주의 악령" 즉 귀신을 의미
한다.[9] 이것은 귀신의 목적이 무엇인지를 알게 해 준다. 사단의 부하
인 귀신의 목적은 인간을 죽이고 멸망시키는 것이다.

(6) 다이몬(Daimon)과 다이모니아(Daimonia)

"Daimon"(마 8:31; 막 5:12; 눅 8:29; 계 16:14; 18:2)에서 악령, 귀
신을 의미하는 영어 "demon"이 나왔다. Daimon의 용례를 살펴보면
고대 헬라어에서는 신(theos)과 같지만 "악의 세력, 나쁜 영향력"으로
생각했다가, 신과 사람의 중간 매개자로, 그리고 나중에 성경 헬라어
에서는 사탄의 하수인이며, 악한 존재로 묘사되고 있다. Daimonia
는 Daimon의 축소형으로 신약성경에서 65회 정도로 빈번하게 등장
한다.

(7) 프뉴마타(Pneumata)

귀신이 Pneuma(영)나 Pnumata(영들)로 불린 것이 신약성경에 43회
정도 나오는데, 문맥을 살펴보면 이 영들이 귀신이 분명하다. 누가복
음 10장 17절-20절을 보면 demons(17절), Satan(18절), spirits(20절)
을 번갈아 사용하고 있다. 결국 귀신을 demons, spirits으로 동일하게
사용할 수 있고, 이 귀신들이 사탄의 하수인들임을 증명하는 것이다.

(8) 사자들(angels)

"또 왼편에 있는 자들에게 이르시되 저주를 받은 자들아 나를 떠나 마귀와 그 사자들(the devil and his angels)을 위하여 예비된 영영한 불에 들어가라."(마 25:41)는 말씀에서 귀신은 타락한 천사들이며, 그 우두머리는 마귀임을 분명히 알 수 있다.[10]

이러한 어원적 연구를 통해 결국 우상숭배는 허무한 것이며, 그 배후에는 귀신의 역사가 있음을 알 수 있다. 그리고 귀신은 사탄의 하수인들로서 타락한 천사들이며, 인간이 하나님께 참된 예배를 드리는 것을 집요하게 방해하며, 결국은 파멸로 인도하는 악한 영임이 확실히 드러난다.

2. 귀신의 기원

귀신의 기원에 대해 일반적으로 다양한 학설이 존재한다. 예를 들면 한국의 민간 귀신관을 보면 물건(오래된 물건)이나 생물(금수충어, 초목)이 변하여 귀신이 될 수도 있고, 사람이 죽어서 귀신이 된다고 한다.[11] 그리고 이러한 정령론을 믿는 헬라 신앙에서도 귀신을 죽은 사악한 자들의 영이나 작은 신들로 생각했다.[12] 그러나 이러한 학설들은 성경의 지지를 받지 못한다. 그러면 보수주의 학자들이 인정하는 성경에 나타나는 귀신의 기원에 대한 세 가지 학설에 대해 살펴보자.

1) 아담 이전 시대에 지상에 살던 족속들의 영

이 견해는 창세기 1장 1절 "태초에 하나님이 천지를 창조하시니라."는 땅의 완전한 창조를 말해주며, 그 때 아담 이전의 인류는 아직 타락하지 않은 루시퍼(겔 28:14)의 지배를 받으면서 살았다. 그런데 이 태초의 지구에 사탄이 반란을 일으켜(사 14:12-14) 죄가 이 세상에 들어오게 되고. 타락한 천사와 그 반란에 가담한 인간의 죄에 대한 하나님의 심판의 결과로 1절과 2절 사이에 대격변이 있었다. 그 결과 2절과 같이 땅은 혼돈하고 공허하고 흑암에 덮이게 되었다. 그리고 재창조는 3절, "하나님이 가라사대 빛이 있으나 하시매 빛이 있었고"에서 시작된다. 재창조 때 그 이전에 타락하여 하나님의 심판을 받은 육체를 입은 사람들이 육체를 상실하게 되었고, 몸이 해체된 영들이 지금의 귀신들이라는 것이다. 그래서 귀신들이 인간의 몸을 장악하려고 끊임없이 애쓰는 것도 이 때문이라고 주장한다. 그러나 이 주장의 증거는 지나치게 추측에 근거한다. 성경은 아담 이전에 어떤 인종이 있었다고 말한 곳이 전혀 없고, 그 전에 "육체를 입은 사람들"들에 대한 주장은 억측에 불과하다.[13]

2) 천사들과 홍수 이전 시대에 살던 여인들 사이에서 낳은 자식들

이 학설은 창세기 6장 1절-4절에 근거한다. 이것은 주전 2세기까지 거슬러 올라가는 오래된 이론이다. 창세기 6장에 나오는 "하나님의 아들들"인 악한 천사들이 노아 홍수 전 여인들과 변태적인 동거생활을 해서 반은 사람이고 반은 천사인 "네피림"[(Nephilim) 히브리어로 타락한 자들이라는 뜻]들을 낳았는데, 이들은 거인이었고 고대 유명한 용사들이었다(창 6:4). 그러나 노아 홍수 이후에 멸망하여 그들의 영이 귀신이 되었으며 지금은 사람들의 몸에 들어가 계속 음란을 행하려고 한다는 것이다. 그러나 이 주장에서 "하나님의 아들들"을 결코 하나님의 은혜를 떠난 타락한 천사로 칭할 수 없으며, 천사와 사람의 결합으로 비정상적인 자녀들(네피림)이 출생한 것이나, 그들이 귀신이 된 것에 대한 어떤 증거도 찾을 수 없다.[14]

3) 타락한 천사들

이 견해는 많은 성경구절들이 사단의 권세 아래 있는 무수히 많은 영들에 대해 언급하고 있는 사실에 근거하고 있다: "귀신의 왕 바알세불"(마 12:24), "마귀와 그 사자들"(마 25:41), "용과 그 사자들"(계 12:7, 9). "아침의 아들"(사 14:12)로 불리던 루시퍼가 반란을 일으켜 타락했을 때, 그를 추종하던 최소 1/3의 천사들이 함께 타락했고, 그들이 귀신이 되었다는 것이다. 그런데 이때 타락한 천사들은 자유로운 자들과 결박된 자들로 크게 둘로 나뉜다. 그리고 결박된 자들에 대해 감금장소가 두 곳이 있는데, 최후 심판 때까지 영구적으로 감금되는 타르타로스(tartarus, 벧후 2:4에 지옥으로 번역 됨)와 임시로 감금되었다가 대 환란 때 사악한 자를 괴롭히기 위해 잠시 놓이게 되는 무저갱(눅 8:31; 계 9:1-3, 10)이다. 귀신들은 결박된 자들이 아니라 자유로운 자들로 사탄의 신복들이며, 하나님과 교회를 대적하는 일을 한다. 그들은 사탄과 함께 하늘에서 쫓겨나 둘째 하늘(공중)에 거하고 있다(엡 2:2).[15] 대부분의 보수주의 신학자들은 이 이론을 지지하는데, 디카슨(C. Fred Dickason)은 "마귀와 그 사자들"(마 25:41), "용과 그의 사자들"(계 12:7) 등과 같은 사탄과의 관계의 유사성, 천사도 "영"이라고 하고(시 104:4; 히 1:14), 귀신들도 "영"이라고 부르는(마 8:16; 눅 10:17, 20) 존재 구성요소의 유사성, 사람의 몸에 들어가거나 하나님과 대항하여 싸우는 귀신과 사탄의 활동의 유사성(계 9:1-11, 13-15; 눅 11:14-15; 눅 22:3), 그리고 사탄의 천사들과 귀신들을 특별히 구분 없이 사용하고 있는 동일시되는 표현이 충분히 많음을 들어 타락한 천사들이 귀신이라는 이 이론을 지지했다.[16] 이 이론을 알기 쉽게 도해하면 다음과 같다.[17]

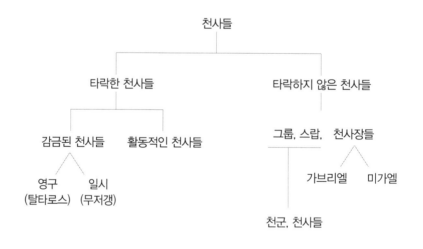

표19. 천사들의 구분

3. 귀신의 본성

1) 영적 본성

귀신은 천사처럼 영적 존재이다(마 8:16; 눅 10:17, 20). 이것은 혈과 육, 또는 유형적 존재와 좋은 대조를 이룬다. 그러나 이들은 피조물이기 때문에 시간과 공간, 그리고 능력에 있어서 제한을 받는다. 그리고 천사들처럼 죽을 수도 없다(눅 20:36).[18]

2) 지성적 본성

귀신들의 초자연적 지성은 일반적으로 무당들이나 신비종교 등에서 나타난다. 그리고 성경 속에서도 다양하게 나타나는데, 그들은 예수님의 신분에 대해 초자연적으로 알고 있었고(막 1:14, 34), 주님의 권능에 대해서도 알았고(막 5:6-7), 자신들의 파멸적 운명과 장래의 심판에 대해 알고 있었다(마 8:28-29; 눅 8:31). 그러나 그들의 지성이 초자연적이라고는 하지만 전지한 것은 아니며, 악하게 사용되었다. 그들은 구원의 지식을 제지하고(요일 4:1-4), 광명한 천사의 모습으로 사람들을 교묘히 속여 건전한 교리를 부패케 하며(고후 11:13-15; 딤전 4:1-3), 믿는 자와 믿지 않는 자를 구별한다(계 9:4). 결국 귀신들은 그 지식으로 하나님의 계획을 방해하고 믿는 자들을 미혹하고, 믿지 않는 자들의 마음을 진리에게 멀어지게 한다.[19]

3) 도덕적 본성

사탄과 함께 타락한 귀신들은 도덕적인 본성도 부정해졌다. 그들의 인격을 삐뚤어졌으며, 그들의 본성과 활동영역은 도덕적 영적 어두움이다. "더러운 영"(마 10:1; 막 1:23; 눅 11:24) 또는 "악한 영"(눅 7:21)과 같은 귀신을 지칭하는 용어들이 그들의 도덕적 본성을 나타낸다. 귀신들의 도덕적 본성은 그들이 지배하고나 영향을 미치는 사람들에게도 작용해서 사람들을 불의, 부정, 불법, 방종, 타락, 무질서, 음탕하게 한다(눅 8:47; 벤후 2:1-2, 10, 13-14, 18).[20]

4) 능력

귀신들의 초자연적인 지성과 사악한 본성이 연합하여 놀라운 능력을 나타낸다. 그들은 사람들의 육체를 제어할 힘이 있어서 "귀신 들려 벙어리 된 자"(마 9:32-33), "귀신 들려 눈먼 자"(마 12:22), "귀신 들려 미친 자"(눅 8:26-36). "귀신 들려 자살하려는 자"(막 9:22), "귀신 들려 자해하는 자"(막 9:18) 등 여러 가지 인간을 고통의 수렁에 빠지게 한다. 그들은 말세에 큰 능력과 기사와 표적으로 믿는 자라도 미혹할 것이지만(계 13:13), 하나님의 뜻에 어긋난 것이며, 절대 전능하지 않으며, 거짓된 것이다.[21]

4. 귀신의 목적

사탄과 함께 귀신들은 사악한 일에 쉬지 않고 역사한다. 이러한 사탄과 귀신들의 열심에 대해 성경은 "땅에 두루 돌아 여기 저기 다녀왔나이다."(욥 1:7), "너희 대적 마귀가 우는 사자같이 두루 다니며 삼킬 자를 찾나니"(벧전 5:8)로 표현되고 있다. 사탄과 함께 귀신들이 이렇게 열심히 활동하는 목적이 무엇일까?

1) 하나님을 반대하고 하나님의 뜻을 파괴하려 한다.

하나님의 뜻을 반대하는 것이 사탄의 주된 목적이다. 사탄(Satan)이란 명칭 속에 "적(敵)"이라는 뜻이 있는데, 그는 하나님의 원수이며(욥 1:6; 마 13:39), 인간의 대적자이다(슥 3:1; 벧전 5:8). 또한 마귀라는 이름 속에는 "비방자"라는 뜻이 있는데, 사람 앞에서 하나님을 비방하고(창 3:1-5), 사람 앞에서는 하나님을 비방한다(욥 1:9, 11; 2:4-5; 계 12:10). 사탄은 하나님의 뜻에 대항하여 배반하였고(사 14:13-14; 살후 2:4), 그 배반행위에 많은 천사들이 가담하여 타락하여 귀신이 된 것이다. 귀신들은 사탄을 왕으로 섬기고 있기 때문에 그들도 사탄과 같이 하나님을 대적하고 있다(마 12:26-27). 사탄을 중심으로 한 귀신들의 하나님에 대한 반역행위와 그 뜻에 대한 독시서린 저항은 예수님의 사역 속에서 끊임없이 계속되었고, 지금까지의 교회역사 속에서도 계속되고 있으며, 앞으로 주님의 재림 때까지 지속적으로 계속될 것이다(계 16:13-16).[22]

2) 사람들을 억압하여 행복을 방해하려 한다.

귀신들은 어떤 자연적 현상들을 조정하거나 질병 등을 통해 사람들의 현세적 축복이나 영원한 축복을 방해한다. 욥에게 괴로움을 주기 위해 돌풍과 질병을 사용했고(욥 1:12, 16, 19; 2:7), 18년간이나 한 여인을 꼬부라뜨려 조금도 펴지 못하게 하는 병에 걸리게 했다(눅 13:11, 16). 이 여인은 예수님을 회당에서 안식일에 만나기 전까지 귀신에 매여 불행한 삶을 산 것이다.[23] 예수님의 공생애 사역을 보면 예수님의 구원은 그저 영혼의 구원만을 의미하지 않다. 그것은 전인적 구원이며, 귀신의 매임에서 영혼을 구원하여 이 땅에서 행복하고 건강하게 사는 것도 예수님의 구원사역의 일환이었다(눅 13:16).

3) 성도를 대적한다.

귀신들은 성도들의 거룩한 생활, 주님께 헌신하는 생활을 항상 방해한다. 바울도 "우리의 씨름은 혈과 육에 대한 것이 아니요 정사와 권세와 이 어두움의 세상 주관자들과 하늘에 있는 악한 영들에게 대함이라."(엡 6:12)라고 말함으로 악한 영들과의 영적 싸움(spiritual warfare)에 대해 경고했으며, 그 자신도 귀신의 방해로 사역이 막히고 어려웠음을 이렇게 고백했다. "그러므로 나 바울은 한번 두 번 너희에게 가고자 하였으나 사단이 우리를 막았도다."(살전 2:18).[24] 귀신들의 성도와 교회에 대한 대적은 다양한 형태로 나타나는데 개인이나 국가, 그리고 세상의 문화나 체계를 통해 자신의 사상과 철학을 확산시킴으로

서 성도와 교회를 세속화시키고 공격한다.[25]

4) 결과적으로 하나님의 목적을 성취한다.

귀신들의 활동은 종종 경건치 않는 사람들을 벌하기 위한 하나님의 계획을 실행하는 도구의 역할을 한다(시 78:49). 예를 들면, 거짓말하는 영이 모든 거짓선지자들에게 들어가 길르앗 라못에서 아합을 죽게 함으로 하나님의 심판이 이루어지게 했다(왕상 22:23). 또한 귀신들은 경건한 사람들을 단련하기 위한 하나님의 훈련을 실행하는데도 일익을 담당하기도 한다(눅 22:31; 욥 42:5-6).

5. 귀신들림

"귀신들리다"는 말은 헬라어로 "daimonizomai"인데, 마태복음에 일곱 번, 마가복음에 네 번, 누가복음과 요한복음에 각각 한 번씩 사용되고 있다. 귀신들림은 귀신의 활발한 활동을 드러내는 것이며, 예수님은 적극적으로 치유해 주셨다. 지금도 목회와 선교현장에서는 귀신들림에 대한 치유역사가 나타나고 있고, 교회는 적극적으로 대처해야 할 것이다.

1) 귀신들림의 정의

(1) 디카슨(C. Fred Dickason)

"귀신들림은 하나 또는 그 이상의 악령 혹은 귀신이 몸속에 들어가 살면서 그 희생물을 마음대로 조종할 수 있는 상태"를 말한다.[26]

(2) 머피(Ed Murphy)

"하나 또는 그 이상의 귀신들의 부분적인 통제를 받게 되는 것"을 말한다.[27]

(3) 더필드와 클리브(Guy P. Duffield & N. M. Van Cleave)

그들은 귀신의 모든 활동이 귀신들림만 있는 것이 아니라고 하면서 귀신들림(demon possession)과 귀신의 영향(demon influence)를 구분하여 정의했다. 귀신들림은 "귀신이 몸에 들어와 몸을 지배하는 능력을 장악해 버리는 것"이지만, 귀신의 영향은 "외부로부터 오는 투쟁인 귀신의 제안, 유혹 및 영향에 의해 싸움이 벌어지는 것"이라고 했다. 이것을 "악한 자의 화전"(the fiery darts of the wicked)(엡 6:16)이라는 것이다.[28]

결국 귀신들림은 귀신에 의해 개인의 영혼과 육체가 장악 당하는 것이며, 다중인격과 같은 정신질환과는 구별되어야 한다. 그리고 귀신들림과 귀신의 영향과도 구분해야 한다.

2) 귀신들림의 성격

(1) 성경적 이해

리히(Frederick S. Leahy)는 그의 책『사단의 세력을 이렇게 추방하라』에서 성경에 나타난 다양한 귀신들림의 현상을 연구했다. 첫째, 가다라 지방의 귀신들린 사람(마 8:32-34; 막 5:1-20; 눅 8:26-39), 둘째, 가버나움 회당의 귀신들린 사람(막 1:23-27; 눅 4:31-36), 셋째, 귀신들린 수로보니게 소녀(마 15:21-28; 막 7:24-30), 넷째, 아버지와 함께 예수님을 찾아온 귀신들린 소년(마 17:14-21; 막 9:14-29; 눅 9:37-42), 다섯째, 귀신들려 벙어린 사람(마 9:32-34)과 귀신들려 눈 멀고 벙어리 된 사람(마 12:22-30), 여섯째, 빌립보 지방의 귀신들린 여종(행 16:16-18) 등이다. 이렇게 사도행전과 복음서에 나타난 주요 귀신들림의 현상을 연구한 결과 여섯 가지의 일반적인 귀신들림의 성격을 분석했다.[29]

① 귀신들림은 자발적 또는 비자발적 현상이다.

② 희생자의 성격과 그가 귀신들린 것 사이에는 어떤 본질적 상관관계도 없다.

③ 귀신들림은 영구적일 수도 있고 간헐적일 수도 있다. 전자의 실례는 누가복음 11장 26절에 "이에 가서 저보다 더 악한 귀신 일곱을 데리고 들어가서 거하니 그 사람의 나중 형편이 전보다 더 심하게 되느니라."(눅 11:26)인데, 여기서 "거하니"로 번역된 단어가 영구적인 귀신들림 상태를 가리킨다.

④ 귀신들린 사람의 육체와 정신이 똑같이 영향을 받는다. 인격의 전반적인 억압현상이나 일종의 이중인격현상이 나타난다. 두 경우 모두 희생자는 귀신의 도구역할을 한다. 따라서 귀신들린 사람을 도구로 말하는 존재는 귀신이다.

⑤ 귀신들림의 증상은 매우 다양한데, 정신이상상태, 간질 또는 이와 유사한 발작, 초인간적인 힘, 자기 파괴적인 행동들 그리고 타인에 대한 위해(危害)적 태도 등을 자주 수반한다. 특히 비자발적인 경우 더욱 그러하다.

⑥ 귀신들림으로부터의 해방은 즉각적으로 나타난다.

(2) 목회상담의 임상적 이해

인간을 일반심리학과 같이 정신적 심리적 존재로만 보지 않고, 영적 존재로 인식하는 목회상담에서 귀신들림에 대한 치유는 매우 특별한 의미가 있다. 이것은 하나님 나라의 임재이며, 구원이 이루어지는 것이다.[30] 목회상담자들은 실제적인 상담사역을 통해 몇 가지 귀신들림 현상의 특징을 열거했다. 이것은 정확한 진단을 위해 꼭 필요하다.

① 엉거(Merrill F. Unger): 새로운 인격의 표출(다중인격과는 다름), 초자연적 지식(배우지 않은 언어로 말할 줄 아는 능력을 포함—마귀 방언), 초자연적인 힘, 도덕적 부패, 심한 우울증, 표면적 백치, 극도로 악하거나 잔인한 행동, 무의식적 발작, 입의 거품 등.

② 코크(Kurt E. Koch): 기도나 성경읽기를 방해함, 기도할 때 황홀경에 빠짐(성령의 신비적 체험과는 다름), 예수님의 이름에 반응을

보임, 투시 능력, 배우지 않은 언어로 말함(마귀 방언) 등.

③ 레크러(Lechler): 거짓말과 부정적인 생각에 집착, 불안과 침울과 두려움, 하나님께 반역하거나 모독하도록 강제함, 폭력과 저주, 과도한 성욕 또는 육욕, 영적인 것에 대한 저항과 증오, 예수님의 이름을 말하거나 쓸 수 없음, 영매나 투시 능력, 기독교의 지혜로 행동할 수 없음, 목회상담자를 거역함, 마귀의 역사를 부인하지 못함, 졸도 또는 한동안의 무의식, 배우지 않은 언어로 말함(마귀방언), 보통이 아닌 신체적인 힘, 병이나 상해와 무관한 고통으로 괴로움을 당함 등.[31]

④ 호로빈(Peter Horrobin): 중독, 균형을 잃은 식욕, 극단적인 행동들, 쓴 마음과 용서하지 않음, 강박적인 행동 유형들, 기만적인 인성과 행동, 우울증(인내와 분별력이 필요), 감정의 동요, 현실도피, 두려움과 공포증, 죄의식과 자기정죄, 목소리 듣기, 유전병, 이단적 신앙, 거짓종교에 가담, 비이성적 행동, 성숙한 관계의 결여, 율법주의와 영적 속박, 악몽, 사술에 가담, 절제할 수 없는 혀, 재발하는 질병이나 만성적인 질병, 자기중심, 성적 일탈, 자살적 성향, 진단할 수 없는 증상들(의학적 진단이 나오지 않는 병), 폭력적 성향들, 퇴행성 반사회적 행동 등.[32]

우리 사회전반에 귀신의 영향력이 만연해 있는 것이 사실이다. 그러나 마치 모든 질병과 문제의 배후에 귀신의 역사가 있다든지, 지나치게 귀신의 능력을 확대 해석해서 공포감을 조성한다든지, 귀신을 쫓아내는 사역이 마치 자신의 능력인양 교만해지는 것에 대해 경계해야 할 것이다.

3) 그리스도인의 귀신들림에 대한 견해

예수님을 영접한 그리스도인들도 귀신들릴 수 있는가? 하는 문제는 지금까지도 그 논쟁이 끝나지 않은 민감한 문제이다. 대체로 그리스도인의 귀신들림에 대해 두 가지 견해가 있다. 그러나 어느 주장이든지 귀신들림으로 인해 예수님을 통한 신자들의 구원을 잃지는 않는다는데 동의한다. "내가 확신하노니 사망이나 생명이나 천사들이나 권세자들이나 현재 일이나 장래 일이나 능력이나 높음이나 깊음이나 다른 어떤 피조물이라도 우리를 우리 주 그리스도 예수 안에 있는 하나님의 사랑에서 끊을 수 없느니라."(롬 9:38-39)

(1) 그리스도인들은 절대 귀신들릴 수 없다.

중생의 교리를 믿는 자들 안에 성령께서 영원히 내주하신다는 기독교 교리에 의하면, 거듭난 그리스도인이 귀신에 사로잡힌다는 것은 절대로 불가능한 일이다. 즉 신자는 하나님의 성전이기 때문에 사탄의 무리가 성령이 거하시는 집을 점령하는 것은 불가능하다(고후 6:15-16). 신자들의 내면 속에서 일어나는 싸움도 성령과 정욕의 싸움이지, 절대 성령과 귀신의 싸움은 아니다(롬 6:1-7:25; 갈 5:17). 그러나 중생한 그리스도인들도 믿음으로 살지 못하고 죄에 떨어지거나 회개하지 않으면 귀신이 도둑같이 무단 침입하여 성령의 능력을 상실할 수는 있다. 즉 귀신이 잠시 동안 신자를 예속하고 영향력을 미칠 수는 있다. 그렇다고 해도 귀신이 성령이 내주하시는 것처럼 정당하게 영원토록 점령할 수는 없다(요일 4:4).[33] 리히(Frederick S. Leahy), 엉거(Merrill F. Unger), 더필드와 클리브(Guy P. Duffield & N. M. Van Cleave) 등과 같은 학자들이 이를 주장한다.

(2) 그리스도인들도 귀신들릴 수 있다.

임상적으로 많은 축사사역을 경험한 목회상담자들은 그리스도인들도 귀신들릴 수 있다는데 동조한다. 그들은 성령이 거하시는 사람들 안에 귀신이 거주할 수 없다는 가설에도 불구하고 신자들 안에 거주하는 귀신들을 내쫓은 경험이 많다고 한다. 그러나 그 귀신들도 신자들이 그리스도를 영접하기 전에 들어간 것이고, 성령이 오셔서 거하시게 되면 귀신들은 떠나야 한다. 그러나 귀신들은 계속 신자들의 마음, 감정, 육신, 의지 안에 부분적으로 거주할 수 있다. 그러므로 신자는 구원을 받은 후에도 죄와 계속 싸워야 하듯이 귀신들림을 통해서 사탄에게 사로잡힌 부분들을 대적해야 한다.[34] 특히 연약하고 무지한 신자가 신비종교나 사탄과 연합하는 이교의식에 빠진다면 귀신에 사로잡힐 가능성을 배제할 수 없다고 주장한다.[35] 크레프트(Charles H. Kraft), 디카슨(C. Fred Dickason), 머피(Ed Murphy) 등이 이에 동조한다.

4) 귀신들림과 다중인격

다중인격장애(Multiple Personality Disorder)은 정신질환이다. 그런데 훈련되지 않는 목회자들이 다중인격자 속에 있는 교체인격을 귀신으로 취급하는 우를 범할 수 있다. 다중인격이란 "한 개인이 가지는 정체성 내에서 의식 · 기억 · 정체감 · 환경 등의 통합적 정신기능에 대한 지각이 붕괴되면서 개인의 활동이 각각 구별되는 다수의 정체감이나 인격이 반복적으로 조절되면서 나타나는 증상을 말한다. 다중인격 장애(MPD)를 겪는 사람에게는 각기 고유한 둘 이상의 인격이 나타난다."[36] 한 마디로 다중인격 장애는 심각한 심리적 인격분리장애이다. 학대의 경험에서 오는 엄청난 고통으로부터 자아를 보호하기 위해 잠재 자아들과 자아 사이에 거의 뚫을 수 없는 벽이 세워질 수 있다. 심각한 다중인격의 경우 주인 인격(핵심 인격)과 완전히 다른 정체, 기억, 감정들을 소유하는 완전히 다른 별개의 인격들이 존재한다.[37]

목회자는 이를 정확히 직시하고 내담자가 다중인격자라고 판명되면 훈련된 상담자에게 위탁해야 한다. 다중인격자 속에 있는 교체 인격과 귀신들을 구별하기 위해 서로 다른 특징을 표 2에서 비교 분석했다.[38]

교체 인격	귀신
1. 대부분의 교체인격들, 심지어는 "핍박자" 교체 인격들도 강력한 동맹을 이룰 수 있다. 처음에는 부정적으로 시작된 것이라도 거기에는 분명한 관계의식이 있다.	1. 귀신들은 건방지고, 그들과는 전혀 관계의식을 느낄 수 없다.
2. 교체인격들은 처음에는 주체인격과 "이가 맞지 않는 것"처럼 보이지만 시간이 흐르면 "이가 들어맞게" 된다	2. 귀신들은 끝까지 외부인으로 남는다.

3. 교체인격들만 있을 때에는 적합한 치료를 하면 혼동과 두려움이 가라앉는다.	3. 귀신들이 있을 때에는 혼동, 두려움과 정욕이 치료에도 불구하고 계속 지속된다.
4. 교체인격들은 주위 환경에 적응하는 경향이 있다.	4. 귀신들은 원하지 않는 행동을 억지로 나오게 하고 나서는 교체인격을 탓한다.
5. 교체인격들은 성격들을 가지고 있고 그에 동반하는 목소리를 가지고 있다.	5. 귀신들은 성격과는 어울리지 않는 부정적 목소리를 가지고 있다.
6. 교체인격들 사이에는 성나게 함, 불만과 경쟁심이 잦다.	6. 귀신들 사이에는 미움과 원망이 가장 흔한 감정이다.
7. 교체인격들의 형태는 인간이며 그것은 연상법을 사용할 때마다 항상 동일하다.	7. 귀신들의 형태는 인간과 비인간적인 형태 사이에서 변하며 다양한 변화가 있다.

표20. 교체 인격과 귀신들을 구별하는 법

6. 축사(축귀)사역

1) 축사사역의 기본원리

크레프트(Charles H. Kraft)는 귀신을 쫓아내는 사역을 위해 다음의 기본원리를 충분히 기억할 것을 강조했다. 목회자들이 축사사역 전에 꼭 기억해야할 기본원리는 다음과 같다.

① 우리의 관심은 귀신도 아니고, 기술도 아니고, 치유도 아니고 바로 사람에게 있음을 알아야 한다.

② 우리 목적은 사람들로 하여금 완전한 자유를 누리게 하는 것이다.

③ 사람들의 영, 혼, 육은 서로 긴밀히 연관되어 있다. 그러므로 치유 받는 사람을 위해 기도할 때, 전인적 접근이 필요하다.

(4) 절대 어떤 문제를 단순히 육체적인 것이다, 감정적인 것이다, 영적인 것이다, 혹은 귀신에 의한 것이라고 단정 짓지 말아야 한다. 대부분의 경우 여러 가지 복합적인 문제로 인해 고통을 당하고 있다.

⑤ 귀신들은 사람의 내부에 있는 어떤 문제에 기생한다. 귀신들은 "먹이"가 없는 사람 안에서는 살 수 없다. 귀신들은 쓰레기를 찾아 모여드는 쥐들과 같다. 그들은 주로 감정적 혹은 영적 문제들에 붙어산다. 그러므로 귀신들린 사람을 치유하기 위해서는 먼저 감정적 혹은 영적 쓰레기를 제거하고, 그 다음으로 귀신을 쫓아내야 한다.[39]

2) 축사사역을 위한 준비

① 축사사역은 반드시 기도로 준비 되어야 한다. 특히 금식기도는 매우 중요하다.

② 가능한 한 팀으로 사역하는 것이 가장 좋다. 한 팀의 적당한 인원은 셋에서 다섯 명이다. 그 이상이면 혼란을 가져올 수 있다.

③ 사역을 시작할 때 사역하는 장소와 시간, 함께 사역하는 사람들을 사탄이 주장하지 못하도록 그 위에 예수 그리스도의 이름으로 권세를 행사해야 한다. 사탄으로부터 보호해야할 필요가 있다.[40]

3) 축사전략

① 회개: 회개는 정신적이고 영적인 행위이지만 또한 실제적인 것이다. 하나님 아버지 앞에서 범죄한 사실을 슬퍼하고 금식하며 기도해야 한다. 그리고 하나님께 재 헌신하고 하나님을 영화롭게 하는데 자신의 삶을 드려야 한다. 이 때 내면의 쓰레기를 치우는 것이 중요하다.(막 2:17; 고후 7:9-10; 욜 2:12-13)

② 용서: 회개한 후에 곧바로 용서를 구해야 한다. 마음속에 아직 깨끗하지 못한 것이나 쫓아내야 할 더러운 것이 있다면 알려 달라고 주님께 기도하라. 그리고 용서를 믿어라(시 51:7; 골 1:13-14; 약 5:15)

③ 축사: 보통 용서를 통해 깨끗해진 마음과 생각을 갖게 되면, 축사를 통한 온전함을 경험할 수 있다(요 8:31-32). 사역자는 자신이 귀신을 대적할 수 있는 권세를 하나님께 받았다는 사실을 믿고 두려워 말고 침착해야 한다. 그리고 하나님께 순복한 후 예수 그리스도의 이름의 권세로 귀신을 대적해야 한다(눅 4:33-35).[41]

7. 영적 전쟁의 승리를 위한 생활

신자가 살고 있는 세상은 악하며, 항상 사탄은 이 세상의 풍습과 신자의 내면 속에 있는 옛 사람의 악한 욕망을 통해 틈탈 기회를 찾고 있다. 축사 후에 영육 간에 건강한 삶을 위해서, 그리고 사탄과 귀신들과의 이러한 영적 전쟁에서 승리하기 위해서는 항상 깨어 있어야 한다.
그러면 영적 승리를 위해 깨어있는 생활은 어떤 것인가?

첫째, 성령으로 항상 충만해야 한다(롬 8:9; 엡 5:18). 성령의 내적인
충만(성령의 열매)과 외적인 충만(성령의 은사)로 항상 무장되어 있어야
한다. 성령의 충만한 삶을 사는 사람은 결코 사탄이 틈탈 기회가 없다.

둘째, 하나님의 전신갑주를 입어야 한다(엡 6:10-17).

셋째, 성령 안에서 항상 깨어 기도해야 한다(엡 6:18; 막 9:29).

넷째, 경건에 이르기를 계속 힘써야 한다(딤전 4:6-8).

교회에서 지속적인 경건에 이르는 영성훈련을 받고 영적 성장을
계속해야 한다. 이것을 통해 귀신들과의 영적 전쟁에서 항상 승리하
고 주님을 기쁘시게 하는 그리스도의 좋은 용사가 될 수 있다(딤후
2:3-4).

제15장 중독에 대한 이해와 치유

우리는 중독사회에서 살고 있다. 2021년 보건복지부의 조사에 의하면 주요 정신질환(우울장애, 불안장애, 니코틴 사용장애, 알코올 사용장애, 자살사고, 자살계획 및 자살 시도등을 포함)에 대한 우리나라 성인의 평생 유병율이 27.8%(남자, 32.7%, 여자 22.9%)로 성인 4명 중 1명이 평생 한번 이상 정신건강문제를 경험하고 있는 것으로 밝혀졌다.[1] 과거 충격적인 부산 여중생 살해사건이 성중독자인 김길태의 계획적인 범행의 결과[2]로 드러나자 학교 앞 등하교 시간이 되면 딸을 둔 부모님들의 차량으로 북새통을 이루었다. 도대체 얼마나 많은 성중독자들이 은밀하게 우리 자녀들 주변을 배회하고 있을까? 성중독 뿐인가? 얼마 전에는 인터넷게임 중독에 빠진 아들이 이를 나무라는 어머니를 살해하는 어처구니없는 일도 있었고, 이렇게 인터넷게임중독에 빠져 아이를 돌보지 않던 철없는 부모는 세달 된 딸이 굶어죽게 했다. 이 뿐 아니라 도박중독, 알코올중독, 쇼핑중독, 일중독, 마약중독 등 지금 우리사회를 보면 중독의 수렁에 빠져 허우적거리는 것 같다.

중독의 사전적인 정의는 "술이나 마약 땅위를 계속적으로 지나치게 복용하여 그것이 없이는 생활이나 활동을 하지 못하는 상태"라고 했다.[3] 한 마디로 어떤 약물이나 음식이나 행동의 노예가 되어버리는 것이다. 필자는 중독을 우상숭배라고 믿는다. 중독은 개인의 영혼뿐 아니라 가정과 교회와 사회를 파괴하는 사탄의 도구이다. 교회는 영혼의 우상숭배인 중독을 치유하는 치유공동체(Healing Community)가 되어야 한다. 필자는 자신도 모르게 중독사회를 살아가는 현대인들을 치유하는 교회가 되기 되기 위해 중독에 대한 일반적, 성경적, 신학적 이해, 중독의 원인, 중독의 뿌리와 중독 사이클, 중독을 치유하기 위한 AA 12단계 프로그램과 영성훈련 등에 대해 살펴보려고 한다.

1. 중독에 대한 이해

중독의 영적 심리적 사회적 심각성을 깨닫고 치유하기 위해서는 먼저 중독에 대한 정확한 정의와 이해가 필요하다. 필자는 먼저 중독에 대한 정의를 포함한 학자들의 일반적 이해, 성경적 이해, 신학적 이해, 그리고 중독의 원인에 대해 살펴볼 것이다.

1) 중독의 일반적 이해

중독은 사전적으로 "습관적으로 열중하거나 몰두하는 것"이라고 할 수 있다. 그런데 여기에는 부정적인 활동 뿐 아니라 좋은 활동도 포함된다. 중독의 라틴어의 어원의 addicene인데, "동의하는 것, 양도

하거나 굴복하는 것"을 말한다. 어원적으로 중독은 우리가 습관적으로 동의하여 몰두하는 행동이나 우리를 굴복시켜 노예화하는 힘을 가진 행동을 말한다.[4]

쉐프(Anne Wilson Schaef)는 "중독은 우리를 무력하게 하는 어떤 과정이다. 중독은 우리를 통제하고, 우리 스스로 개인적 가치들과 모순되는 일을 생각하고 행하게 하는 원인이 되며, 우리를 더욱 충독적이고, 강박적이 되도록 한다."고 정의했다. 그는 중독의 확실한 증상으로 거짓말, 부인, 덮어 버리는 것(cover up)과 같이 자신과 다른 사람들을 속이는 것을 들었다. 또한 메이(Gerald G. May)는 "중독이란 어떤 강박관념에 사로잡힌 것이며, 인간 욕망의 자유를 제한하는 습관적인 행위"라고 정의하고, 특정 대상들에 대한 집착과 고정이 중독의 원인이라고 했다.

결론적으로 중독은 우리를 무력화시키고, 굴복시켜서, 우리의 자유를 제한하는 모든 습관적 행동을 말한다. 중독은 어느 정도 쾌락을 주며, 강박적이며, 금단현상을 일으키며, 결국 우리를 노예화한다. 중독은 아담과 하와를 범죄케 하여 타락시킨 뱀이 건넨 선악과와 같은 달콤한 유혹이다. 그런데 밖으로 드러나서 일반적으로 알고 있는 중독의 형태보다 더 무서운 것은 숨겨진 중독이다. 하트(Archibald D. Hart)는 잘 드러나지는 않지만 숨겨진 무서운 중독의 형태를 다음과 같이 정리했다.

숨겨진 중독의 형태	
논쟁하기	분노
수집하기	종교활동
경쟁	원망
먹기	모험하기(무모한 행동)
정서(우울증같은)	자기징벌(메조키즘—자학)
낚시	섹스(환상, 자위)
도박	가게에서 훔치기(도둑질)
남의 소문 이야기 하기	쇼핑
곤궁에 처한 사람 돕기(구제, 자선사업)	고독
조깅(운동)	불끈 화내기
거짓말하기	스릴찾기/익스트림(extreme,극한) 스포츠
강박적 사고	TV
사람(관계중독)	일(일중독)
완전주의	종교(중교중독)
외설적인 책	독서

표21. 숨겨진 중독의 형태[5]

2) 성경적 이해

성경에는 구체적으로 중독이라는 용어가 나오지 않지만, 중독의 의미와 중독에 대한 바른 태도를 분명히 교훈하고 있다. 그러면 중독에 대한 성경적 이해를 살펴보자.

(1) 창세기 2장-3장: 아담과 하와의 타락

아담과 하와를 유혹한 뱀의 거짓말에 속아서 선악을 알게 하는 나무의 실과를 따먹은 것은 중독의 시작이라고 할 수 있다. 하나님은 선악과를 따먹은 것에 만족하지 않으실 것을 잘 아셨다.

4.뱀이 여자에게 이르되 너희가 결코 죽지 아니하리라 5.너희가 그것을 먹는 날에는 너희 눈이 밝아져 하나님과 같이 되어 선악을 알 줄 하나님이 아심이니라 6.여자가 그 나무를 본즉 먹음직도 하고 보암직도 하고 지혜롭게 할 만큼 탐스럽기도 한 나무인지라 여자가 그 열매를 따먹고 자기와 함께 있는 남편에게도 주매 그도 먹은지라 (창 3:4-6)

중독의 요소인 거짓, 절제하지 못함(금단현상), 그리고 전염성 등이 명확하게 나타난다. 그리고 그 중독의 밑에는 절대 만족하지 못하는 인간의 탐욕이 자리를 잡고 있다. 하나님은 이것을 알고 계셨다.

여호와 하나님이 이르시되 보라 이 사람이 선악을 아는 일에 우리 중 하나 같이 되었으니 그가 그의 손을 들어 생명 나무 열매도 따먹고 영생할까 하노라 하시고 (창 3:22)

하나님은 인간을 자유의지를 가진 인격적 존재로 창조하셨으므로, 인간은 자발적으로 하나님께 헌신함으로 응답해야 한다. 그러나 타락한 인간은 자신이 주인이 되어, 하나님의 뜻 대신 자신의 뜻을 실현하려는 교만함을 가지고 있다. 그리고 그 교만은 항상 우리를 실패로 인도한다. 아담과 하와의 선악과 타락 이야기 속에는 자유, 고집, 욕망, 유혹, 집착 등과 같은 중독과 은혜의 기본 요소들이 농축(濃縮)되어 있다.

2. 신명기 5장—6장: 십계명

　하나님은 유일한 신이시며, 우리의 주인이 되시길 원하신다. 그리고 하나님 외에 어떤 물질, 물체, 구조물이나 사람을 하나님보다 앞세우는 우상숭배를 배격하신다.

> 6.나는 너를 애굽 땅, 종 되었던 집에서 인도하여 낸 네 하나님 여호와라 7.나 외에는 다른 신들을 네게 두지 말지니라 8.너는 자기를 위하여 새긴 우상을 만들지 말고 위로 하늘에 있는 것이나 아래로 땅에 있는 것이나 땅 밑 물속에 있는 것의 어떤 형상도 만들지 말며 9.그것들에게 절하지 말며 그것들을 섬기지 말라 나 네 하나님 여호와는 질투하는 하나님인즉 나를 미워하는 자의 죄를 갚되 아버지로부터 아들에게로 삼사 대까지 이르게 하거니와 10.나를 사랑하고 내 계명을 지키는 자에게는 천 대까지 은혜를 베푸느니라 (신 5:6—10)

　중독은 하나님의 자리에 다른 물질이나 사람이 주인이 되어 있는 우상숭배이다. 왜냐하면 중독을 일으키는 것들이 중독된 사람의 마음을 지배하고, 위로를 주고, 심지어 일시적인 쾌락을 주며 그는 그것들을 하나님 대신 강하게 의지하기 때문이다. 중독을 예방하고 이기기 위해서는 일상의 삶 가운데 더욱 하나님을 전인격적으로 의지하고 사랑해야 한다.

4.이스라엘아 들으라 우리 하나님 여호와는 오직 유일한 여호
와이시니 5.너는 마음을 다하고 뜻을 다하고 힘을 다하여 네
하나님 여호와를 사랑하라 (신 6:4-5)

(1) 누가복음 15장: 탕자의 비유

누가복음 15장에 나오는 탕자는 예수님이 드신 비유이다. 탕자는
현대의 중독자의 삶을 잘 보여주고 있다. 그는 아버지의 유산을 미리
달라고 해서 받았다. 하지만 그 돈을 잘 관리하지 못하고 흥청망청 썼
다. 성경에서 그가 허랑방탕(虛浪放蕩)했다고 하는 것으로 보아 그가
흥청망청 돈을 썼을 때, 아마도 그는 여러 가지 것들에 중독되어 있
었을 것이다. 그것은 알코올 중독은 말할 것도 없고, 성중독 등을 비
롯해 다양한 중독의 증상들로 나타났을 것이다. 하지만 중독된 생활
은 그를 가난과 절망의 구렁텅이로 밀어넣었다. 그는 가진 많은 돈을
다 탕진하고 끼니조차 제대로 떼우기 힘들었다. 그는 이제 생계를 위
해서 심지어는 돼지를 치는 일을 해야 했다. 돼지를 치는 일은 그 당
시로서는 가장 천박한 일이요. 가장 더럽고 지저분한 일이었다. 탕자
가 처한 정말적 환경은 돼지가 먹는 쥐엄열매를 배고픔을 해결하기
위해 먹었다고 하는데서 잘 드러난다. 이 '쥐엄 열매'(kerativon)는 본
래 '작은 뿔'이라는 뜻으로 짐승들의 먹이로 사용되었다. 돼지와 함께
쥐엄열매를 먹었다는 것은 비참함의 극치를 보여 준다.[6] 중독의 결과
도 이렇게 비참하다.

이 절망적 고난이 탕자가 회개하고 아버지께로 돌아가는 전환점이
되었고 중독치유의 열쇠를 제공해준다. 탕자의 아버지는 회개하고 돌

아온 탕자를 따뜻하게 맞이하고, 진심으로 용서하고, 아들의 신분을 회복시켜 주었다. 그의 중독은 따뜻한 아버지의 품에서 치유되었다. 결국 그가 중독의 올무에서 벗어나게 된 것은 "아버지께로 돌아가는 것"(회개)이다. 하나님 아버지와의 관계회복이 중독치료의 핵심이다.

(2) 요한복음 4장: 수가성 우물가의 여인

성경의 요한복음 4장에 나오는 여인은 굉장히 곤고한 삶을 살았던 여인이다. 아마도 사랑받고자 하는 갈망으로 6명이나 되는 남자와 살았으나 헤어졌고, 마지막 남자까지도 같이 살고는 있으나 정식으로 결혼한 남편은 아니었다. 메이필드는(May Field)는 눅 4장 18절 원문분석을 통해 남편이라는 단어를 분석함으로써 여인이 도덕적으로 안좋은 상태에 있음을 나타낸다고 하였다.[7] 이 여인은 다섯 명의 남자와 함께 산 기구한 운명을 보여 주며, 또한 성적 죄악의 모습도 나타내 준다. 이러한 여인의 생활은 그 무대가 사마리아 지방이라는 것을 감안해 볼 때, 종교 형식과 관련된 나쁜 도덕적 행실을 이 여인이 소유하였음을 알 수 있다. 그녀는 항상 목말랐고 갈증을 채워줄 누군가를 계속 갈구하였다. 보통 중독은 다중중독으로 나타나는데 이 여인의 중독 형태는 관계중독 내지는 성중독의 형태로 나타나는 것 같다. 아마도 이 여인은 여러 남자를 만났지만 그 남자들이 자신의 깊은 필요를 채워줄 수 없다는 것을 절감했을 것이다. 다시 말하면 한계상황에 부닥혔을 것이다.[8] 중독의 어둠에 빠져 있는 여인을 예수님께서 찾아오셨고, 그를 직접 만나셨으며, 그에게 영원히 목마르지 않는 샘물을 주셔서 그의 중독의 목마름을 해갈해주셨다. 예수님을 만나고 주님을 영접함으로 여인은 중독의 사슬에서 해방되어 참된 구원과 자유를 누렸다.

탕자와 우물가의 여인에게서 나타나는 중독치유의 공통점은 스스로 만족을 찾아보려고 했으나 실패한 사람들이 하나님의 은혜로 중독을 치유한 것이다. 탕자는 재물만 있으면 행복할 줄 알았던 것 같다. 여인은 어떤 남자가 자기를 만족시켜 줄 것인가 행복하게 해줄 것인가를 계속 찾아 헤매었던 것 같다. 성경에 나오듯이 둘 다 한계상황에 부딪혔다. 또한 이 한계상황으로 인해 맘이 겸손해지고 외부의 도움을 절실히 필요로 하는 시점이었다. 자신의 부족함을 깨닫고(죄인인 인간의 실존을 깨달음), 우리를 구원하시는 능력을 가진 절대적 존재인 하나님과의 만남(하나님 사랑의 재발견)과 은혜가 중독치유의 핵심인 것이다.

3) 신학적 이해

오츠(Wayne E. Oates)은 중독을 주 예수 그리스도가 아닌 어떤 것이나 어떤 사람에 대한 습관적이고 맹목적인 열심이라고 했다. 중독자들에게 있어서 도박, 알코올, 약물, 종교적 권위와 같은 강박적 중독이나 섹스 파트너와 같은 사람들은 생활의 중요한 의미가 있으며, 이러한 중독들이 예수 그리스도의 자리를 차지하고 있다. 결국 중독은 예수님보다 더 사랑하고 위로받고 의지하는 마음의 우상을 만드는 것이며, 영적으로 하나님을 배반하는 우상숭배이다.

메이(Gerald G. May)는 중독은 하나님을 향한 인간의 갈망을 방해하는 가장 강력한 심리적인 적이라고 중독의 영적 위험성을 강조했다. 중독은 우리를 노예로 삼고 우상숭배자로 만들며, 하나님과 다른 사람을 사랑하지 못하게 만든다. 그리고 우리의 진정한 자유의지와 존엄성을 좀먹는 인간 자유와 사랑의 대적자이다. 그는 중독의 우상을 파괴하고 이기는 유일한 힘과 소망은 바로 은혜(grace)라고 강조했다. 은혜는 모든 중독을 이길 수 있는 세상에서 가장 강력한 힘이다. 은혜는 중독을 포함한 모든 인간내면의 자유를 억압하는 어둠의 세력들을 능가하는 힘이 있다. 그래서 은혜가 인간의 희망이다.[9] 중독은 죄인으로서 우리의 연약한 실존을 깨닫게 하며, 또한 우리를 예수 그리스도 안에 있는 하나님의 은혜 가운데로 인도한다.

세계적인 목회상담학자인 하트(Archibald D. Hart)도 중독을 "영적 우상숭배"라고 분명히 선언했다.[10] 목회신학적으로 중독은 분명히 우상숭배이다. 왜냐하면 중독의 특징이 일시적이지만 만족과 쾌감을 가져오며, 다른 모든 일보다 우선수위를 차지하며, 통제할 수 없는 심리적 집착과 의존을 동반하기 때문이다. 마음 속 하나님 자리에 이 우상이 자리 잡고 있다. 하나님이 주시는 만족과 행복을 섹스, 도박, 일, 알코올 등에서 얻는 것이다. 인간은 육체적, 정신적 존재일 뿐 아니라 하나님의 형상을 닮아 하나님과 교제할 수 있는 영적 존재요, 창조의 면류관이다. 하나님과 교제하면서, 하나님이 창조하신 세계만물을 지배하고 다스려야할 창조의 축복을 받을 존재이다. 그런데 하나님과의 관계가 끊어지고 타락함으로 마땅히 다스리고 지배해야할 것들에 지배당하고, 노예가 된 것이다. 그러므로 중독현상은 현대사회에 갑자기 나타난 것이 아니라 인간의 원초적인 타락과 깊은 관계성이 있다.

4) 중독의 원인

중독의 원인은 개인에게만 국한 된 것이 아니다. 중독의 원인은 역기능 가정 안에 있고, 또한 급속한 도시화, 산업화로 인한 사회병리적 현상 속에도 있다. 그 원인에 대해 살펴보자.

(1) 중독을 일으키는 가정

"나는 어떤 가정에서 성장했는가?" 우리 실존의 뿌리인 가정은 건강한 개인의 영적 정신적 건강에 지대한 영향을 미친다. 건강한 가정을 순기능 가정이라고 하고, 여러 가지 정서적 심리적 문제가 있는 가정을 역기능 가정이라고 한다. 순기능 가정(건강한 가정)의 6가지 특징을 살펴보자(Ways to Strengthen Families, 미연방정부 가정생활부&로고스리서치연구소).

① 가족구성원들의 헌신으로 이기적이지 않다.
② 함께 시간을 보내며 친밀감(intimacy)이 높다.
③ 감사의 표현를 표현한다. 감사는 파괴적 성향을 낮춘다.
④ 갈등해소의 능력이 있다.
⑤ 신앙적 헌신이 있다. 신앙이 강한 가정이 더 행복하다.
⑥ 의사소통(communication)을 잘 하는데, 대화 속에 관심, 수용, 애정, 따뜻함이 있다.

그러면 중독의 원인이 되는 역기능 가정(병든 가정)의 특징은 무엇일까? 간단히 정리하면 다음과 같다.

① 역기능 가정은 정서적으로 문제가 있는 가족에게 관심이 집중되어 있다. 정서적으로 결핍된 사람은 대게 중독적이며, 강박적 성격을 소유하고 있다. 알코올 중독, 약물 중독, 습관적 분노 폭발, 일 중독, 섹스 중독, 무절제한 식습관, 쇼핑 중독, 도박 중독, 종교 중독 등의 중독의 원인은 이러한 정서적 결핍과 문제에 있다.

② 역기능 가정은 감정 표현을 제한한다. 정서적으로 불안정한 한 사람에게 과도하게 집중되어 있는 가정은 다른 가족들이 감정을 표현할 수 있는 여유를 주지 않는다. "나의 감정은 중요하지 않아. 나의 감정은 아무런 상관이 없다. 나는 고통을 느낄 권리조차 없다." 상한 감정을 치유하지 않으면, 그것이 중독의 뿌리가 된다.

③ 역기능 가정은 가정 내의 어린 아이들에게 파괴적인 역할을 하게 한다. 어린이가 희생양(아이 어른), 영웅(가족의 명예를 위해 열심), 대리 배우자(문제 부모의 상담자), 말없는 아이(문제를 일으키지 않는 얌전한 아이)의 역할을 한다.

④ 역기능 가정은 어린이의 성장발달에 필요한 적절한 양육을 제공하지 못한다. 부모로부터 육체적 정서적 보살핌을 받아야 하는데, 오히려 정서가 불안한 성인을 돕는 위치에 있다. 보호자와 피보호자가 바뀐 가정이다.

⑤ 역기능 가정은 명백한 문제가 있음에도 불구하고 공개적인 대화

를 피한다. 건강한 가정은 갈등이나 스트레스를 서로 말하면서 지혜롭게 해결하지만, 역기능 가정은 아무도 그 사실을 알고 있으면서 이야기 하려고 하지 않는다. 이것은 용서나 망각이 아니라 현실부인이며 회피이다.

⑥ 역기능 가정은 외부세계와 단절되어 있다. 역기능 가정은 종종 그들만의 비밀을 가지고 있다. 예를 들면, 알코올 중독 어머니, 교회 지도자이면서 폭력적인 아버지 등이다. 그들은 다른 사람이 집을 방문할 때, 종종 비밀을 감추기 위해 연극을 한다.

어린 시절 신앙과 정서가 형성이 되는 가정은 인간의 영적 정서적 모판(seedbed)이다. 역기능 가정은 가정 내 어린 아이를 중독에 취약한 성인아이로 만든다. 그리고 역기능 가정의 특징은 큰 영적 가정인 병든 교회의 특징으로 나타난다.

(2) 중독의 원인인 되는 사회

급속한 사회의 도시화가 중독의 원인이 된다. 도시화의 어둠 중에 치열한 경쟁, 고독, 상대적 빈곤, 황금만능주의, 비행청소년문제, 우울증, 자살 등을 일으키는 도시의 아노미(anomie)현상이 중독의 사회적 원인이 된다. 아노미(Anomie)란 무엇일까? 아노미는 원래 그리스어 아노미아(anomia)에서 유래된 용어로서 프랑스어로 "가치관의 혼란, 무질서"을 뜻한다. 사회학적으로 "사회규범의 동요, 이완, 붕괴 등에 의해 일어나는 혼돈상태 또는 구성원의 욕구나 행위의 무규제 상태"를 말하는 것으로, 행위를 규제하는 공통의 가치나 도덕 기준이 없는 혼돈상태를 의미하며, 심리학적으로는 도시와 같이 특수화된 사회구조 속에서 사람들이 느끼는 분리감이나 고립감 등을 일컫는 말이다. 이 용어는 프랑스 사회학자 뒤르켐(E. Durkheim)이 도시사회의 가치관의 혼란을 이해하는 사회학적 용어로 처음 사용했다.[11] 사회심리학자들은 아노미를 "인지적 와해"상태라고 하면서, '인간의 삶의 동력이 되는 특정대상에 대한 의미부여가 상실되어 가치가 사라진 상태'라고 했다. 이러한 아노미를 경험한 사람은 극단적으로 생물학적인 자기파괴 혹은 사회학적으로는 자기기피 현상이 나타나는데 이것이 자살과 범죄로 이어진다.[12]

한국사회를 바라보면 마치 중독의 늪에 빠진 사회와 같다. 한강의 기적으로 세계에서 그 유래를 찾기 힘든 빠른 산업화, 도시화, 정보화를 거치면서 한국인은 일중독에 빠져 있고, 이것이 스트레스, 음주, 섹스, 자살 등 심각한 후유증을 동반하고 있다. 사행산업통합감독위원회의 조사에 의하면 한국국민의 도박중독 유병율이 7.2%로 다른 나라의 1.3-3.4%보다 2-3배 높게 나타났다고 한다. 여기에 알코올(술), 니코틴(담배), 약물(마약), 성형, 쇼핑 등 다양한 중독현상이 한국사회를 병들게 하고 있다. 중독은 쾌감과 황홀감을 얻기 위해 일상의 삶을 소홀히 하면서까지 몰입하고 빠져 들어가는 현상을 말하는데, 중독은 현실의 고통, 죄책감, 수치심으로부터 중독자를 분리시켜주기 때문에 떨치기 힘들 정도로 매혹적이며 금단현상을 동반한다. 이러한 중독현상은 또한 도시의 아미노현상을 심화시켜 사회의 근본을 흔든다.[13]

그리고 아노미현상은 도시를 더욱 중독사회로 만든다. 특히 사회지도층이나 해외유학파들을 중심으로 일어나는 환각파티나 대마나 마약의 상습복용은 사회적 큰 문제로 대두되고 있다. 이러한 사회지도층의 일탈행위는 가치관의 혼란과 갈등으로 인한 아노미현상의 전형적인 예라고 할 수 있다. 그들은 가치관의 혼란과 갈등으로 인한 스트레스를 알코올이나 니코틴을 비롯하여 개인과 사회에 나쁜 영향을 주는 코카인, 헤로인, 마리화나 등의 향정신성 물질로 해결하려는 경향이 있는 것이다. 이러한 약물 중독은 일시적으로는 스트레스를 해결하고 마음의 기쁨을 주는 것 같지만 더 큰 스트레스와 고통 가운데로 인도하는 중독의 악순환의 고리 가운데로 인도하며, 결국 개인과 가정 그리고 사회를 철저히 파괴한다.

3. 중독의 뿌리와 중독 사이클에 대한 이해

역기능 가정과 병든 사회는 개인의 중독에 지대한 영향을 미친다. 그리고 개인에게 중독을 일으키는 뿌리의 원인자이자 자양분이다. 그러면 개인에게 중독을 일으키는 뿌리와 중독 사이클을 살펴보자.

1) 중독의 뿌리

(1) 죄책감(guilt)

외부와 내부로부터 오는 보복에 대한 공포, 후회, 회한 그리고 참회를 포함한 복합 정서. 죄책감의 핵심에는 일종의 불안이 있는데, 이 불안에는 "만약 내가 누군가를 다치게 하면, 결국 나도 다칠 거야"라는 생각이 포함되어 있다.

(2) 수치심(shame)

거부되고, 조롱당하고, 노출되고, 다른 사람으로부터 존중받지 못한다는 고통스런 정서를 가리키는 용어로서, 여기에는 당혹스러움, 굴욕감, 치욕, 불명예 등이 포함된다. 수치심의 발생에는 초기에 누군가에게 보여지고, 노출되고, 경멸받는 경험들이 중요한 역할을 한다.

(3) 두려움(fear)

두려움은 대상이 명확하지 않지만, 뭔지 모르는 추상적인 불안한 감정이다. 늦은 시간 주변에 아무도 없고 혼자 집에 있을 때 내 안에서 올라오는 것은 무서움(외부적 대상 명확)이 아니라 바로 '두려움'이다. 역기능 가정에서 서로 믿지 못하는 상황과 불확실성이 또한 두려움을 만들어 낸다.

2) 중독의 사이클

죄책감, 수치심, 두려움에 뿌리를 두고 있는 중독은 각각 반복에 따라 심화되는 네단계의 사이클을 통해 발전한다. 그 단계란 몰입(preoccupation), 의식화(ritualization), 강박적인 행동(compulsive behavior), 그리고 절망(despair)이다.[14]

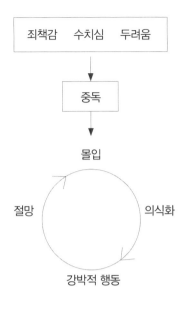

그림1. 중독 사이클

(1) 몰입

중독자의 마음은 온통 성행위에 대한 생각과 공상에 몰두해 있기 때문에 스쳐가는 모든 사람들이 성적 강박 관념의 여과기에 걸러진다. 즉 중독자가 성적 자극을 병적으로 추구하기 위해 정신적으로 무아지경이 되었을 때 사람들은 성적 대상으로서 음미된다. 이때 중독자는 이러한 성적 강박 관념에 사로잡혀 있는 것이다. 모든 지나가는 사람들이나 모든 대인 관계, 모든 만남의 상대들이 강박 관념의 여과기를 통과하지 않을 수 없다. 사람들은 중독자가 음미하는 대상이 되는 것이다. 상가를 지나가다가도 이성의 눈에 띄기 위해 돈을 물쓰듯 하여 물건을 왕창 사기도 한다. 서로에게 몰두해 있는 두 연인이 서로 하나가 되는 도취감에 빠졌을 때 주위를 아랑곳하지 않는 것과 같다. 중독자의 기분은 강박관념적인 무아지경에 빠져들 때에 전환된다. 생리학적 반응에 의해 아드레날린의 분비에 따른 자극이 신체의 기능을 상승시킨다. 중독자가 자신의 기분 전환을 위한 물건이나 행위에 몰두할 때 심장은 쿵쾅거린다. 위험, 모험, 폭력은 당연히 상승한다. 몰입은 중독자의 고통과 후회와 죄책감에 의한 경계 의식을 무디게 한다. 중독자는 항상 행동을 하지 않아도 된다. 종종 지난 행위가 가져다 주었던 안락함을 생각하기 때문이다.[15]

(2) 의식화(儀式化)

의식이란 행사를 치르는 일정한 법식 또는 정하여진 방식에 치르는 행사라고 사전에서는 제시하고 있다. 의식은 무아지경에 이르는 것을 돕는다. 의식 그 자체로 흥분이 몰아치는 것을 고양시킬 수 있다. 의식은 중독자를 성적 행동으로 이끌어 가는 중독자의 특별한 습관이다. 이 의식은 몰입을 강화시키고, 흥분과 쾌감을 더해 준다. 예를 들어 성중독자들은 오랜 시간 동안 포르노그래피를 보면서 지속적으로 성적 흥분을 높이고, 실제로는 일어나지 않을 누군가와의 성적 만남을 준비한다고 한다.[16] 이것은 니코틴 중독자에게서도 동일하게 나타난다. 흡연자들은 담배를 담배 갑에서 꺼내는 독특한 방법을 가지고 있다. 어떤 이들은 담배를 피우기 전에 항상 담배를 몇 번 두드린다. 어떤 흡연자들은 불을 붙이거나 담배 개비를 잡는 독특한 방법을 가지고 있다.[17] 이처럼 의식에는 흥분을 야기시키는 숙련된 행동의 신호가 포함된다. 몰입에 따른 몽상이나 영향력 있는 의식은 성적 접촉만

큼이나 중요하고, 때로는 더 중요하다. 기대되는 의식은 모든 행동 절차를 보다 도취적으로 만든다. 사람이 언제나 오르가즘에 도달할 수는 없다. 따라서 중독자의 집중력과 정력을 한데 모으기 위한 탐색과 긴장이 필요하다. 배회하고, 바라보고, 기다리고, 준비하는 것 등이 기분 전환의 일부인 것이다.[18]

(3) 강박적인 행동

중독이 계속되면서 의존의 증상이 나타나기 시작한다. 의존의 증상이 심화되면 이제 습관적으로 몰입한다. 이전의 인간관계, 취미 활동, 여가 생활을 잃어버리고 오락의 수단으로 성중독인 경우 성적 행동에 몰입한다. 이 단계에서는 내성이 생기게 되어 중독을 극복하기가 더욱 어려워진다.[19] 이것은 실제적 행위로서 몰입과 의식화의 목표이기도 하다. 이 시점에 이르면 중독자는 자신의 행동을 통제할 수 없다. 전에는 멈출 수 있는 방책이 있었음에도 불구하고 중독자는 무력해진다. 중독자는 자신의 성적인 사고와 행동에 대한 통제력을 상실한다.[20]

(4) 절망

중독자들이 자신의 행동과 무기력에 대해 극도의 절망감을 느끼는 것은 네 단계 사이클의 가장 마지막 단계이다. 이것은 중독자가 성욕을 주체하지 못할 때 느끼게 된다. 이러한 느낌은 중독자가 자신의 행동을 통제할 수 없음에 대한 무기력과 아울러 그 행동을 멈추는 방도를 지키지 못할 때에 갖게 된다. 중독자는 자기 연민, 자기 증오를 또한 체험하게 되고 그것이 지나치게 되면 자살을 기도하기도 한다.

중독의 뿌리인 역기능가정에서 비롯된 수치심, 두려움, 죄책감에서 시작된 중독의 사이클은 그 자체로 반복된다. 왜냐하면 사이클의 맨 처음 단계인 몰입이 중독자를 마지막 단계인 절망의 구렁텅이에서 끌어내는 데 사용될 수 있기 때문이다. 이러한 사실로 인해 사이클은 무제한으로 계속된다. 중독자는 사이클의 각 단계가 반복될 때마다 앞의 체험을 배가시키고 중독은 순환적 본질을 굳힌다. 이러한 갈등이 지속되기 때문에 중독자의 생활은 붕괴하기 시작하고 걷잡을 수 없게 된다. 이러한 중독적인 구조 속에서 중독 체험은 삶과 주요 인간 관계의 목적이 된다. 의식 상태의 전환을 가져오는 그러한 행동의 양상은 정상적인 행동을 비교에 의해 무기력하게 만든다. 이러한 사이클은 중독에 있어서 강력한 힘이다.

4. 우상숭배인 중독의 치유

중독을 치유하는 것은 대단히 힘든 일이다. 왜냐하면 내성과 금단 현상 그리고 강력한 중독 사이클과 싸워야 하기 때문이다. 중독을 이기기 위해서는 중독보다 더 큰 힘이 필요하다. 이것이 하나님의 은혜이며, 강력한 성령의 역사이다. 필자는 우상숭배인 중독을 치유하기 위한 AA12단계 프로그램과 영성훈련을 간단히 소개하고자 한다.

1) AA 12단계 프로그램 이해

(1) 역사적 배경

AA 프로그램의 가장 중요한 인물은 빌 윌슨과 밥 스미스이다. 빌은 10살 때, 부모가 이혼했고, 조부모 댁에서 성장했으며, 1차세계대전으로 대학을 마치지 못하고 군복무를 하면서 술을 마시기 시작했다. 그 후 월 스트리트에서 일하고 결혼도 했지만, 사업에 실패하고 더욱 술을 의지하면서, 알코올 중독에 빠지게 되었다. 1921년 프랑크 부커만(Frank Buch-man)이 시작은 작은 소그룹 기독교운동인 옥스퍼드 그룹 운동의 영향을 받아 깊은 회심을 체험했고 중독치료를 경험했으며, 삶이 큰 변화했다. 1935년 5월에 그는 스미스 박사를 만나게 되었는데, 그 역시 알코올 중독자로서 여러 번 실직을 경험한 사람이었으나 빌의 회심체험과 치료경험을 듣고 충격을 받아 옥스퍼드 그룹의 AA(Alcoholics Anonymous, 알코올 중독자 익명모임)에 참여했다. 이들을 통해 AA 중독치유프로그램은 크게 발전하게 되었다.[21] 이렇게 중독을 효과적으로 치유하고 있는 AA 12단계 치유프로그램은 기독교 경건 운동에서 시작된 것이다.

(2) AA 12단계 내용

첫째, 알코올 앞에 무력함을 시인하라. 알코올릭은 현재 상황에서 삶을 통제할 수 없으며 패배했음을 시인해야 한다.

둘째, 더 큰 힘이 알코올릭을 회복시킬 것이라는 믿음을 가져라. 더 큰 힘에 의존하겠다고 시인하는 것은 알코올릭이 삶 속에서 마음을 열고 큰 변화를 받아들일 준비를 하는 데 필수적이다.

셋째, 하나님의 보호에 대해 신뢰할 것을 약속하라. AA 회원들은 스스로 자신의 집단이 영적이라고 여기지만 직접적으로 특정 종교와 관련된 것은 아니라는 점을 명심해야 한다. 하나님의 존재를 인정하지만 하나님에 대한 정의는 사람마다 다르게 내릴 수 있다. 이것은 영적인 존재에 기대기 위한 하나의 일반적인 의무다.

넷째, 스스로 철저하고 두려움 없는 도덕률을 만들라. 철저하고 용기있게 자기의 도덕적 생활을 검토해야 한다(직면, 고백의 단계).

다섯째, 일단 약점에 대한 목록이 만들어지면 알코올릭은 이 잘못들을 신과 자기 자신, 타인 앞에서 시인하라.

여섯째, 알코올릭은 반드시 "하나님이 성격적 약점들을 제거해 주시도록 사전에 준비해야 한다." 이것은 영적인 재성숙의 과정에서 어렵고도 중요한 단계다. 바뀐 태도와 변화에 대한 수용, 개방된 마음가짐을 갖추는 것이 필요하다.

일곱째, 겸손한 마음으로 우리의 약점을 제거해 주시도록 하나님에게 간구하라.

여덟째, 해를 끼친 모든 이에 대한 목록을 만들고 그들에게 기꺼이 용서를 구할 준비를 하라.

아홉째, 가능한 어디서든 사람들에게 직접적으로 용서를 구하라. 단, 타인에게 상처를 주지 않는 한에서 실천하라.

열째, 개인적 삶을 목록화하고 빠른 시일 내에 잘못을 시인하고자 노력하라. AA에서 한 번 알코올릭은 영원한 알코올릭이며, AA 모임은 단순히 완치를 위한 치료가 아니라 하나의 삶의 방식임을 마음속

깊이 새겨 두어야 한다.

열한째, 하나님과의 접촉을 위해 기도와 명상을 하라.

열두째, 우리는 영적으로 각성되었고, 다른 알코올릭에게 이 메시지를 전하도록 노력하라.[22]

2) 중독 치유를 위한 영성훈련

중독을 치유하는 영성훈련(Spiritual Training)은 근본적으로 중독을 일으키는 우상인 니코틴, 알코올, 섹스, 음식, 관계 등이 주인이 아니라, 철저히 예수 그리스도를 주인으로 인정하고 모시는데 있다. 그리고 성령의 임재를 간절히 소원하는 의지하는 것이다.

(1) 명상기도를 통한 영성훈련

명상기도(meditative prayer)는 심령 깊이 하나님을 찾는 기도이다. 명상기도를 통해 우리는 우리 속에 있는 중독을 치유할 수 있다.

첫째, 호흡을 통한 준비

호흡조절을 통해 몸과 마음을 차분하게 한다. 마음은 몸 상태에 의해 영향을 받게 되므로 고요한 호흡을 하면서 마음을 고요하게 만드는 것이 우선이다. 호흡할 때는 몸을 편안하게 하되 가능하면 뒤로 기대지 않고 똑바로 한 후에 모든 의식을 자신의 호흡에만 집중한다. 의식이 흐트러질 때는 숫자를 세거나 호흡하는 자신의 몸에 집중하면 호흡 집중에 도움이 된다. 호흡에 집중하는 것은 명상기도 전체에 걸쳐서 진행한다. 그러나 분명한 것은 명상기도는 일반 종교의 명상과 다르다. 명상기도는 우리 영혼의 하나님을 향한 갈망이다.

둘째, 하나님에 앞에 나아감

몸과 마음이 차분해진 상태가 되면 마음으로 하나님을 생각하면서 자신이 지금 기도를 통해 하나님과 일대일의 만남을 가지고 있다는 느낌을 가지고 하나님과 함께 편안히 머물러 있다. 이때 하나님에 대한 이미지는 어떤 특정한 이미지를 활용하여 인위적으로 만들 필요는 없고 단지 자신의 믿음에 근거하여 하나님을 생각하면 된다. 어떤 기도의 제목을 의도적으로 구하지 않고 어떤 떠오르는 생각을 붙잡지도 않는다. 어느 관상적 영성기도가 추구하는 것처럼 하나님과 하나가 되려고 의도적으로 시도하지 않으며 하나님과 자신의 일대일 인격적인 관계에만 마음을 집중한다. 하나님의 나의 삶의 주인이심을 철저히 인정하는 태도가 중요하다.

셋째, 하나님 앞에 머무름

계속적으로 편안하게 호흡하며 하나님아버지 앞에 단지 자녀의 마음으로 계속 머무른다. 기도의 마음이 깊어지면 자신에 대한 하나님의 친밀함과 사랑이 자신을 깊이 감싸고 있음에 마음을 집중한다. 하나님이 자신에게 하시는 말씀을 의도적으로 들으려고 하지 말고 성령께서 마음에 감동을 주심을 믿음으로 받아들인다. 중요한 것은 자신을 비우고 성령의 임재를 간절히 소망하는 마음이다. 성령께서 중독의 뿌리를 치유하신다.

이러한 명상기도 시간을 기독교영성의 기도전통에 따라 하루에 두 번 정도, 그리고 한 번에 30분-1시간 이상 실천하면 좋다. 기도는 영적 성장을 위해 중요한 영성훈련 중 하나이며, 중독의 치유는 전적인 하나님의 은혜임을 고백하자.[23]

3) 중독치유를 위한 다섯 단계의 영성훈련

(1) 절망의 밑바닥(emotional bottom)을 치는 경험

영적 회복의 전주곡이다. 이제 주님 안에서 영적으로 올라갈 일만 남았다.

(2) 겸손

치유를 위해서는 먼저 자신이 중독되었고, 치유가 필요함을 겸손히 인정해야 한다. 진정한 치유는 먼저 자신이 죄인이며, 중독자임을 인정하는 것에서 시작된다.

(3) 자기 포기

중독의 문제는 자기 의지로 해결할 수 없음을 인정하고 자기 포기에 이르러야 한다. 자기 포기는 중독을 치유하기 위한 영성의 핵심이다. 예수님을 주인으로 인정하자.

(4) 회심 경험

자기 포기와 회심 경험은 본질적으로 같다. 하나님을 만나고, 하나님 안에서 죄인은 자신의 실존을 깨닫는 회심 경험은 중독자의 내적 구조를 바꾸고, 중독의 사슬을 끊게 만드는 하나님의 위대한 능력을 경험하게 한다. 중독자의 무의식에서 일어나는 자기 포기와 회심 경험은 하나님의 능력 개입 없이는 불가능하다.

(5) 은혜의 치유 능력

중독자가 중독 물질(addictive substance)에 무기력하다는 것을 받아들이고 하나님의 능력 앞에 철저하게 항복하는 것은, 중독이라는 육체적, 심리적, 영적 질병에 대한 깊은 영적 각성이 일어날 때이다. 그런데 이 영적 각성은 하나님이 주시는 은사, 곧 믿음을 통하여 가능하며, 이 믿음은 하나님의 은혜 안에 붙들렸을 때 가능하다. 만약 하나님의 은혜가 우리를 붙들지 않으면 우리 자신의 자기 포기도 효력이 없다.[24]

5. 나가는 글

한국사회도 이젠 마약 청정국이 아니다. 최근 5년동안 국내 마약류 사범 검거 인원은 매해 평균 15,000명을 웃돌고 있다. 마약 사범이 하루에 47명 꼴로 잡힌다. 코로나 사태 이후에 이러한 마약사범이 더욱 늘어났고, 그 연령대도 낮아지고 있다고 한다.[25] 중독은 우리 사회와 가정 그리고 교회를 파괴하는 사탄의 도구이며, 영적인 우상숭배이다. 예수님의 몸인 교회는 적극적으로 현대판 우상숭배인 중독과 싸워야 하고, 중독사회를 치유해야할 시대적 사명을 가지고 있다. 그러면 어떻게 교회가 날로 심각해지는 중독사회를 치유할 수 있을까?

첫째, 치유의 핵심은 먼저 하나님 앞에서 우리의 죄와 연약함을 인정하는 것이다. 우리가 하나님이 주시는 평안함과 만족 대신 알코올이나 마약, 그리고 도박과 같은 것에서 평안함과 만족을 찾은 것에 대한 우리의 무지함과 연약함을 인정하고 그 죄를 회개해야 한다. 우리의 우상숭배에 대한 진정한 회개에서부터 치유는 시작된다. 예수님은 스스로를 건강하고 의롭다고 생각하는 자를 부르러 오신 것이 아니라, 주님의 발 앞에서 자신이 병든 자임과 죄인임을 고백하는 자를 부르시고 구원하러 오셨다(마 9:12-13). 애통하는 마음으로 하나님 앞에 정직하게 자신의 중독을 인정할 때, 주님의 놀라운 치유를 경험할 수 있다.

둘째, 예수님을 마음에 진정한 주인으로 모시고 성령의 충만함을 받는 것이다. 연약하여 예수님을 세 번씩이나 부인했던 겁쟁이 베드로를 용감한 전도자로 변화시키고, 악명 높은 교회의 박해자였던 사울을 예수님 이후 가장 위대한 그리스도인인 사도 바울로 변화시켰던 성령의 불은 오늘 우리의 인격까지 변화시키는 강한 능력이 있다. 이렇게 교회를 통한 진정한 회개운동과 성령운동이 이 중독사회에 강하게 일어날 때, 우리 사회 속에서 독버섯처럼 번지고 있는 중독이 진정으로 치유될 것이다.

셋째, 우리교회를 더욱 건강하고 능력 있는 치유공동체가 되게 해야 한다. 치유를 목회의 중요한 기능과 사명으로 인식하고 적극적으로 치유사역자를 양육하고, 중독사회를 치유하기 위한 사명감을 가지고 정부기관과 잘 연계해서 대응해야 한다. 그러면 교회가 치유공동체로서 이 중독사회의 희망이 될 것이다. 그 무엇보다도 목회자들이 성령의 능력으로 충만할 때, 우리 사회를 좀 먹는 뿌리 깊은 중독의 힘을 이길 수 있다.

제16장 화해에 대한 영성 목회적 고찰

　　현재 종교계에 대한 전반적인 신뢰도가 갈수록 떨어지고 있지만 특히 기독교의 신뢰도 하락은 걱정할 수준이다.[1] 이러한 신뢰도의 하락의 원인으로 세속화와 더불어 교회문제를 제대로 해결하지 못하는 교회의 갈등과 분열도 지목되고 있다. 한국을 대표하는 대형교회들이 자체적으로 교회 안에서 문제들을 수습하지 못하고 법적 소송이 줄을 잇고 있으며, 이것이 언론을 통해 사회에 알려지면서 교회의 이미지를 훼손시키고 신뢰도를 더욱 떨어뜨리고 있다는 것이다. 이와 같은 화해의 기술의 부족으로 인한 갈등과 분열은 교회성장의 큰 걸림돌이 되고 있다.[2] 그러나 갈등은 꼭 나쁜 것이 아니라 잘 해결하고 화해하면 오히려 사회의 발전적 성장을 가져온다고 할 수 있다. 그래서 갈퉁(Johan Galtung)은 갈등의 이러한 창조적 전환에 대해 "갈등은 문제를 해결하기 위해 '내면적 대화'라고도 불리는 깊은 명상적 자세와 타인과의 '외부적 대 화'로도 발전할 수 있는 것이다. 파괴적 행위는 상처를 주고 아프게 하며, 모든 것을 찢어놓을 수 있지만 건설적 행위는 그야말로 그 무엇을 건설하는 것이다."[3]라고 했다. 오늘날 한국

사회는 많은 갈등들이 불거지고 있으며, "화해의 기술"이 그 어느 때보다 필요하다. 특히 통일한국의 시대를 주도적으로 이끌어 하나님의 샬롬(shalom)을 이 한반도에 실현해야할 막중한 시대적 소명이 한국교회에 있다. 본 논문은 교회가 갈등과 화해의 개념을 잘 이해하고 갈등 상황을 미연에 방지 또는 잘 관리할 뿐 아니라, 화해의 영성을 증진시킬 목적을 가지고 있다. 이를 위해 한국 개교회가 현재 겪고 있는 내적인 갈등의 원인을 분석한 후에, 화해에 대한 성경적, 상담심리학적, 영성신학적 이해를 살펴보고, 갈등을 건설적으로 해결하여 화해의 영성을 증진시키기 위한 영성목회적 방법을 나름대로 제시하고자 한다.

1. 갈등에 대한 이해

원인이 없는 결과는 존재하지 않는다. 갈등이 발생했다면 분명히 그 원인이 있고, 그것을 잘 분석하고 대비한다면 갈등의 요소를 교회에서 줄이고 화해의 영성을 증진시킬 수 있다. 이를 위해 갈등에 대한 이해를 돕고자 어원적 이해, 갈등의 정의, 갈등의 요소들을 살펴보고, 갈등의 영적 원인, 사회 심리적 원인, 현상적 원인 등을 살펴보고자 한다.

1) 갈등의 어원적 이해

갈등(葛藤)은 칡을 의미하는 갈(葛)과 등나무를 의미하는 등(藤)의 합성어이다. 두 낱말의 의미를 생각해 보면 갈등은 칡과 등나무가 서로 얽혀 있는 것과 같이 서로의 감정과 생각들이 서로 대립하고 얽히고 설킨 모습을 말한다. 갈등은 순수한 우리말로는 '부대낌'이라는 말로 표현될 수 있는데, 이것은 물리적이나 심리적으로 서로 마찰을 일으키면서 아픔을 느끼는 것을 말한다. 영어로는 갈등을 'conflict'라고 하는데, 이것은 '함께'라는 의미의 'con'과 '부닥치다'는 의미의 라틴어 'fligere'에서 나온 'flict'가 결합한 형태이다. 영어의 갈등(conflict)은 둘 또는 셋 이상의 주체나 세력이 모두를 수용할 수 없는 공간에서 서로 부닥치는 현상을 나타낸다.[4] 갈등의 이러한 어의를 생각해 볼 때, 갈등이란 인간관계에서 서로의 다른 생각들과 감정들이 모두 수용할 수 없는 공간에서 서로 물리적으로 심리적으로 대립하고 마찰하면서 아픔을 느끼는 것이라고 정리할 수 있다.

2) 갈등의 정의

드 보노(Edward de Bono)는 갈등(conflict)을 "이익, 가치, 행동 또는 방향의 충돌"로 정의하면서 conflict라는 단어를 사용할 때는 충돌이 일어나는 순간부터 사용가능하다고 했다. 그는 특히 confliction(갈등화)이라는 단어를 정의하면서 "conflict의 정착, 진전, 고무 또는 생성의 과정"이라고 했다. 그러면서 confliction은 conflict가 정착되기 전에 발생하는 의도적인 모든 행위, 의도적 과정이며, conflict를 정착시키려는 노력이라고 했다. 또한 그는 confliction의 반대 개념으로 de-confliction(탈갈등)을 말하면서,[5] 이것은 confliction보다 더 중요한 의미가 있다고 했다. 그는 de-confliction(탈갈등)은 conflict의 기저를 제거거나 약화시키는 것을 의미하는 것이며, 협상이나 흥정, 또는 갈등의 해결을 의미하는 것은 아니라고 했다. 그는 confliction(갈등화)이 conflict을 구축하는 과정이라면, de-confliction은 정반대로 conflict를 증발시키고 파괴시키는 과정이라는 것이다.[6] 어떤 면에서는 de-confliction은 conflict의 예방적 차원이라고도 말할 수 있다. 필자는 교회에서 화해를 위한 영성목회를 생각할 때, 이미 발생한 conflict의 해결도 중요하지만, 이러한 conflict가 발생하기 전에 그 원인을 제거하고 관리하는 차원에서 예방적인 de-confliction의 과정을 교회에서 실천하는 것도 중요하다고 생각한다.

3) 갈등의 요소

모든 관계에는 갈등의 요소가 있기 마련이다. 갈등을 일으키는 근본적인 요소는 무엇일까? 대체로 갈등은 다음의 세 가지 요소를 가지고 발생한다. 첫째, 둘 이상의 주체 또는 세력이다. 외손뼉 쳐서 소리 나겠는가? 갈등은 분명히 갈등을 가져오는 상대방이 있기 마련이다. 둘 이상의 사람들이 의사결정이나 조직관리 측면에서 서로 다른 생각이나 주장을 품고 대립할 때, 갈등은 발생한다. 둘째, 상호의존적 관계이다. 다른 사람의 생각이나 언행(言行)이 나와 상관이 없을 때는 갈등이 일어나지 않는다. 서로의 생각이나 언행이 상호의 관계나 목적에 영향을 줄 때 발생한다. 그러므로 갈등은 상호의존적 관계에서 발행한다. 셋째, 상이한 시각과 이해관계이다. 모든 구성원이 같은 생각과 목표와 감정을 가진다면 갈등은 없을 것이다. 그러나 이것은 사실 거의 불가능한 일이다. 갈등은 둘 이상의 주체가 서로 다른 시각이나 목표를 동시에 만족하지 못할 때, 발생하는 것이다.[7]

2. 교회의 갈등의 원인

갈등이 없는 교회가 있을까? 사람이 사는 어느 사회나 갈등이 존재하고, 그 갈등의 건설적인 해결은 오히려 그 공동체의 발전의 디딤돌이 되었다. 갈등은 서로의 목표나 바람이 충돌할 때 생기는 결과이다. 즉 서로의 목표나 바람의 차이점 때문에 생긴다고 할 수 있다.[8] 이 외에도 교회의 갈등의 원인은 근본적으로 다양한 뿌리를 두고 있다. 그것은 영적인 원인, 사회심리적 원인, 현상적인 원인 등이 있다.

1) 영적인 원인

먼저 생각해야 할 것은 인간의 죄성(罪性)이다.[9]

갈등은 근본적으로 인간의 죄성에 근거한다고 할 수 있다. 그것은 육체를 가진 인간의 이기적인 욕망, 다른 사람을 다 이해할 수 없고 수용할 수 없는 인간의 무지와 유한함, 그리고 하나님의 뜻을 알면서도 자신의 악한 뜻을 선택하는 인간의 선택이 근본적인 원인이라고 할 수 있다. 그래서 바울사도는 성도들이 육체의 소욕을 따라 살지 말고, 성령을 좇아 행하라(갈 5:16-24)고 하면서 옛 사람(old self)을 벗어버리고 새 사람(new self)을 입으라고 강조했다(엡 4:22-24).[11] 이렇게 갈등은 옛 사람을 지배하는 욕심에서 시작되는데, 욕심은 자신의 만족을 위해 계속 요구하고(약 4:2), 그 욕심이 채워지지 않으면 상대방을 저주하고(약 4:11-12), 영혼의 눈을 멀게 하고 보는 것을 왜곡시키고, 기만한다. 그리고 결국 욕심은 우상숭배이다(약 4:4).[12] 그 다음 교회에서 갈등을 일으키는 영적인 요소로는 사단의 궤계(詭計)이다. 사단은 욥의 경우에서도 볼 수 있듯이 이간질하고 정죄하는 자요(욥 1:9), 분쟁과 갈등의 원인자이다. 사단은 지금도 두루 다니며 삼킬 자를 찾는다(벧전 5:8). 교회가 잘 성장하다가도 갑작스럽게 까닭 없이 목사와 교인들 사이에 갈등과 불화가 생기는 것은 사단이 그 배후에 있음을 인지해야한다.[13]

2) 사회 심리적 원인

갈등의 사회 심리적 원인에 대해 드 보노(Edward de Bono)는 크게 네 가지로 설명했다. 네 가지 원인은 F로 시작되는 단어로 표현되는데, 두려움(fear), 힘(force), 공정성(fairness), 그리고 자금(fund)이다. 이네 가지 원인들은 서로 밀접한 관계가 있고, 복합적으로 얽혀있다. 이를 정리하면 다음과 같다.[14]

첫째, 두려움(fear)이다. 앞으로 일어날 지도 모르는 상대방으로부터의 비난, 보복 또는 분쟁으로 발생하게 될 스트레스와 비용에 대한 두려움이다. 그리고 이것은 앞으로 당할 패배와 수치심에 대한 두려움을 내포하고 있다. 패배와 수치심에 대한 두려움은 분쟁을 더욱 강화시키는 역할을 한다. 이 두려움은 시간이 갈수록 크게 확산이 된다. 그러나 이러한 두려움은 미래를 전혀 예측하지 못하는 어리석은 자나 위험한 삶의 자극을 즐기는 무모한 자들 그리고 용기 있는 자들에게는 힘을 쓰지 못한다.

둘째, 힘(force)이다. 힘이 존재하지 않는다면 분쟁 또한 발생하지 않을 것이다. 그러므로 힘을 통한 갈등은 이해관계가 충돌할 때 발생한다. 세상에는 물리적인 힘 뿐 아니라 도덕적인 힘, 감정적인 힘, 협력이나 승인을 거부하는 힘 등의 많은 종류의 섬세한 힘이 존재하며 이러한 힘의 충돌이 갈등을 만들어낸다.

셋째, 공정성(fairness)이다. 사람들은 무엇인가 공정하지 못하다고 느낄 때에 갈등한다. 공정함이나 정의, 옳은 것에 대한 감각은 문명의 핵심적 요소이다. 드 노보는 분쟁이나 갈등은 인간의 도덕성 결여 때문에 발생하기 보다는 도덕률의 차이 또는 사물을 보는 관점의 차이에서 발생한다고 지적했다. 그러므로 분쟁에 빠져 있는 당사자들은 자신들의 입장에서 그 분쟁이 정당하다고 믿는다. 그래서 그는 세상에는 이러한 공정성의 판단이나 기준으로 법이나 협정, 국제회의, 동료들의 압박, 여론 등이 활용되고 있다고 했다.

넷째, 자금(fund)이다. 여기서 말하는 자금은 비용이다. 대부분의 분쟁에 따른 비용은 분쟁 당사자와 모두에게 적절하다고 생각하는 수준을 넘어선다. 비용은 분쟁의 타당성을 판단하는 중요한 결정요소가 된다. 만약 분쟁에 의한 비용이 너무 많이 증가한다면 분쟁당사자들은 승리를 얻기 위해 끝까지 투쟁할 것이다. 왜냐하면 비용이 많이

들었기 때문에 어느 누구도 협상을 통해 중도에 해결하려 들지 않을 것이 때문이다.[15]

이 비용에는 돈 뿐 아니라 인간의 생명이나 고통, 전문 인력의 낭비, 농업생산성의 하락, 도덕적 비용 등도 포함된다. 만약 사람들이 분쟁에 많은 비용을 쓰지 않았다면 다른 목적에 그 만큼 그 비용을 유용하게 사용할 수 있을 것인데, 불행히도 사람들은 거의 인식하지 못하고 살고 있다.

3) 현상적 원인

교회는 예수 그리스도의 몸으로서 영적 공동체이면서 또한 사람들의 모임이다. 그러므로 교회의 갈등에도 사회의 다른 조직체와 같이 다양한 현상적인 원인들이 발견된다. 포이리에(Alfred Poirier)는 교회 갈등의 원인을 파벌로 인한 충성심 분열의 문제, 권위의 문제, 유유상종(類類相從)의 경계선 설정의 문제 그리고 개인의 문제 등 네 가지로 분석했다.[16] 양병모는 교회에 나타난 현상적인 문제들을 종합해서 그 갈등의 주요 증상들을 각 개인의 내적 갈등, 교인 상호 간의 갈등, 구체적인 요인들로 인한 갈등, 그리고 구조적 요인으로 인한 갈등으로 정리했다.[17]

첫째, 개인의 내적 갈등(Intrapersonal Conflict)
인간의 내적 갈등은 개인의 자아를 구성하고 있는 부분들이 서로 충돌하여 일으킨다. 예를 들면, 교회에서 가르치는 절제된 청교도적인 삶과 어떤 개인의 놀기 좋아하는 성향은 그 사람의 내면에서 갈등을 일으킨다. 또한 이성적이고 계산적인 성향을 가진 사람이 무조건적이고 정서적인 사랑에 대한 교회의 가르침과 내적인 갈등을 일으킬 수 있다. 이러한 갈등이 개인적인 수준에만 머물러 있으면 교회에는 직접적으로 영향을 미치지 않지만, 개인이 자신의 내적 갈등을 해결하기 위해 교회에 투사할 경우 교회에 부정적인 영향을 미칠 수 있다.[18]

둘째, 교인 상호 간의 갈등(Interpersonal Conflict)

교인 상호 간에 일어나는 갈등은 한 개인이 상대방과 융화를 이루지 못해 서로 충돌하는 경우 발생한다. 그런데 이 갈등은 상대방의 생각이나 행동의 차이로 인해 생기기보다는 상대방에 대해 갖는 감정이나 느낌 때문에 발생한다.[19] 교회 안에서 흔히 발생하는 갈등들의 원인은 서로 얽혀있고 복잡하지만, 보통 그 원인을 세 가지로 정리할 수 있다. 먼저는 태도의 차이로 인한 갈등인데, 편견이나 선입견 또는 신념의 차이 때문에 어떤 사람이나 안건을 대할 때 생기는 갈등이다. 그 다음은 신앙적인 헌신의 차이 때문에 발생하는 갈등인데, 주로 회원규정이나 사역의 이념, 또는 프로그램에 대한 평가 등의 구체적인 안건들을 다룰 때 나타난다. 한 교회의 교인들이라면 같은 믿음을 가지고 출석하겠지만, 동일한 믿음을 가졌다고 하더라도 믿음과 헌신의 정도가 다를 수 있다. 마지막으로는 의사소통의 문제로 인한 갈등이다. 건강하지 않은 의사소통은 태도의 차이나 신앙의 헌신의 정도의 차이에서 오는 갈등 상황을 더욱 악화시킨다. 그러므로 교회는 바람직한 의사소통방법을 사전에 교육하는 것도 갈등을 예방하는 좋

은 방법이 된다.[20]

셋째, 구체적 요인들로 인한 갈등(Substantive Sources)

구체적인 요인들로 인한 갈등은 두 사람 또는 개인과 집단, 집단과 집단 사이에서 발생하는데, 어떤 구체적인 일이나, 목적이나 목표 또는 수단들에 대해 의견차이가 드러날 때 발생한다. 다시 말하면, 어떤 상황에서 발생하는 일들로 인한 갈등, 문제해결을 위한 방법이나 차이로 인한 갈등, 목표나 목적의 차이로 인한 갈등, 그리고 목표나 목적의 기초가 되는 가치기준의 차이로 인한 갈등이 대표적인 경우이다.[21]

넷째, 구조적 요인으로 인한 갈등(Structural Sources)

교회 내의 계층, 성별 그리고 세대 간의 갈등들이 이러한 구조적 요인으로 인한 갈등의 대표적인 경우라고 할 수 있다. 구조적인 요인으로 인한 갈등의 네 가지 주요원인은 구조적 불명확성, 목회사역의 역할들에 대한 혼동, 목회자의 지도력 유형 그리고 성장과 쇠퇴를 포함한 교회규모의 변화 등이다.[23] 특히 포이리에(Alfred Poirier)는 갈등의 구조적인 요인으로서 권위의 문제를 제기한다. 이것은 세 가지 유형으로 분류할 수 있는데, 첫째는 권위를 가질 권리에 대해 의심이 생길 때 갈등이 생긴다. 두 번째 유형은 권위의 남용이다. 목회자가 교회 안에서 자신이 져야할 책임을 다른 사람에게 전가(轉嫁) 한다든지, 목회상담이나 배려가 필요한 사람들에게 교회의 공식적인 징계를 너무 신속하게 적용하는 것을 그 예로 들 수 있다.세 번째 유형은 권위를 전혀 행사하지 않는 것이다. 여기에서의 문제는 권위의 남용이 아니라 아예 권위를 사용하지 않는 우유부단함이 문제가 된다.

3. 화해의 개념이해

성경에는 화해(reconciliation)를 의미하는 여러 가지 단어가 나온다. 첫째는 카탈랏소(katallasso, 고전 7:10)인데 증오의 관계에서 우호적인 관계로의 변화를 의미한다. 둘째는 아포카탈랏소(apokatallasso, 골 1:20)로서 완벽한 화해를 의미한다. 이것은 카탈랏소의 차원을 넘어서 모든 증오와 장애물을 없애는 것을 말한다. 세 번째는 디알랏소마이(diallassomail, 마 5:24)로서 화해하는 말인데, 상호 적대감이 발생했을 때 서로 양보하고 화해하는 것을 말한다. 네 번째는 카탈라게(katallage, 롬 5:11)인데 상대방의 행동에 유도되어 그 사람의 행동이 변화되는 것을 말한다. 이것은 주로 예수 그리스도에 의해 표현된 하나님의 사랑에 의해 인간이 하나님께 감화 받는 것을 표현할 때 사용한다. 이러한 성경에 나타난 화해에 대한 단어들을 살펴볼 때, 화해란 증오에서 우호적인 관계의 변화이며, 서로 합의하고 양보하는 것이며, 더 나아가 증오와 장애물을 없애고 적대감 이전에 존재했던 본래의 관계로의 회복을 의미한다.[25] 그러나 사실 화해라는 용어를 한마디로 정의하고 이해기는 어렵기 때문에 용서, 정의, 치유, 평화, 회복, 온전함(wholeness), 구원(redemption)과 같은 다양한 용어들이 대체되어 사용되고 있다. 드 그루치(John De Gruchy)가 화해를 로마서와 고린도후서에 나타난 바울의 신학에 근거하여 개인 간에 조화로운 관계를 새롭게 창조하는 것, 그리고 종말론적으로 모든 창조의 새롭게 됨을 소망하는 것으로 하나님의 구원사역과 새로운 창조의 의미로 사용되었다고 했다.[26]

여기서 주목해야할 것은 화해는 하나님을 배반한 가해자인 죄인인 인간에서 시작된 것이 아니라 배반을 당하신 피해자가 되시는 하나님의 은혜로부터 시작되었다는 것이다. 그리고 이 화해의 과정에서 화목제물이 되신 어린 양 예수 그리스도의 희생을 기억해야 한다. 화해는 사실상 피해자의 용서에서 시작되는 것이며, 관계회복을 위해 반드시 희생이 따라야 한다.[27]

4. 화해에 대한 성경적 이해

성경 속에는 갈등과 화해의 스토리가 가득하다. 필자는 그 중에 구약성경에서는 에서와 야곱의 화해이야기, 요셉과 형제들의 화해이야기, 그리고 신약성경에서는 초대 예루살렘교회의 화해이야기를 분석해보고자 한다.

1) 에서와 야곱의 화해

에서와 야곱의 갈등은 사실 어머니 리브가의 태중에서부터 시작되었다. 하나님은 '리브가의 태중에 두 국민이 있는데, 큰 자가 어린 자를 섬길 것이다'라고 예언하셨다(창 25:23). 그리고 형 에서가 태어날 때, 아우인 야곱은 그의 발꿈치를 잡고 태어났다(창 25:26). 그 후 야곱이 떡과 팥죽으로 형의 장자의 명분을 사는 것에서 갈등이 표면화 되었고(창 25:29-34), 결국 야곱이 형 에서를 대신해서 눈이 어두운 아버지를 속이고 장자의 축복을 받음으로 갈등은 폭발했다(창 27:5-41). 정석규는 에서와 야곱의 갈등의 원인을 부모의 편애로 보았다. 즉 임종을 앞둔 이삭이 오직 맏아들 에서만 부른 것(창 27:1)이나, 그 장자의 복을 야곱에게 돌리려한 어머니 리브가의 야곱에 대한 편애(偏愛)가 문제라는 것이다. 또한 남의 자리를 탐내는 야곱의 욕심이 또한 갈등의 원인이다.[28] 형의 분노를 피해 외삼촌 라반의 집으로 도피했던 야곱이 20년 만에 가솔(家率)들을 거느리고 고향으로 돌아오면서 사백인의 군사를 거느리고 달려온 형 에서와의 화해하는 장면은 참으로 극적(劇的)이다(창 33:1-20).

이 화해의 과정을 좀 더 구체적으로 살펴보면, 먼저 야곱은 에서의 분노를 피하여 갈등의 현장을 떠나 있었다. 어머니 리브가는 야곱에게 외삼촌 라반의 집으로 도피하라고 지시했다. 이것은 형의 분노감정이 좀 식을 때까지 잠시 갈등의 현장을 떠나 있으라는 것이다(창 27:42-45). 갈등의 회피가 아니라 치솟는 분노감정을 조절을 위해 잠시 그 현장을 벗어나서 냉각기를 갖는 것도 갈등해결을 위해 지혜로운 시도라고 할 수 있다.

둘째, 하나님의 말씀에 대한 야곱의 온전한 순종이다. 야곱이 외삼촌 라반의 집을 떠나 다시 가나안으로 돌아가게 된 것도 "네 조상의 땅 네 족속에게 돌아가라 내가 너와 함께 있으리라."(창 31:3)는 하나님의 말씀에 대한 순종이었다. 그는 하나님의 말씀에 순종하여 두 아내 라헬과 레아를 설득했고(창 31:4-16), 20년이나 머물렀던 아내들의 고향인 하란을 떠나 가나안으로 가는 결단을 했다. 이 순종을 통해 결국 야곱은 깨어졌던 형 에서와의 관계를 회복하고, 약속의 땅 가나

안을 차지하는 복을 누리게 되었다(창 33:19).[29]

셋째, 야곱은 형과의 화해를 위해 최선을 다해 예물을 준비했다(창 32:13-20). 이것은 화해를 위한 적극적인 제스처였다. 그는 형이 이 예물을 받고 감정을 풀고 자신과 화해하기를 원했다(창 32:20). 이러한 에서의 상한 감정을 치유하기 위한 야곱의 친절은 화해의 전 단계였다(잠 21:14).[30] 넷째, 하나님께 드린 간절한 기도이다(창 32:23-32). 형과 화해하기 위해 최선을 다했지만, 그것으로는 부족했다. 형과의 화해를 위해 하나님의 축복을 간절히 소원한 야곱은 환도뼈가 위골이 될 정도로 하나님과 씨름하면서 기도했다. 결국 화해는 에서의 마음을 변화시키시는 하나님의 역사인 것이다.

2) 요셉과 형제들의 화해

요셉과 형제들의 화해이야기는 정말 드라마틱하다. 요셉과 형제들의 갈등도 표면적으로는 아버지 야곱의 요셉에 대한 편애에 있다(창 37:3-4). 그러나 근본적으로는 요셉에 대한 하나님의 섭리(攝理)에서 비롯되었다(창 37:5-11). 형들의 시기와 미움으로 애굽에 팔려한 요셉은 하나님의 인도하심을 따라 결국 30세의 나이에 애굽의 총리가 되었으며(창 41:46), 하나님의 말씀대로 임한 극심한 기근에 양식을 사러온 형제들과 화해하게 된다. 이 화해의 과정에서 몇 가지 지혜를 얻을 수 있다. 먼저 하나님의 뜻을 이해하고 순종하는 요셉의 영성이다. 요셉은 형들에게 팔려서 애굽에서 온갖 고난을 당하였으며 심지어 누명을 쓰고 감옥에 까지 갇혔다(창 39장). 요셉이 받은 형들의 배신에 대한 마음의 깊은 상처는 형제들을 만났을 때의 그의 통곡에서 확연히 드러난다.(창 42:24; 43:30-31) 그러나 이 모든 마음의 분노와 상처를 넘어 형제들과 화해할 수 있었던 것은 무엇보다도 하나님의 뜻을 이해하고 순종하는 요셉의 깊은 영성이었다(창 45:5-8). 둘째, 형들의 진심어린 사과(謝過)이다. 형들은 아버지 야곱의 죽음 이후에 요셉에게 가서 용서를 비는 진심어린 사과를 한다(창 50:17-18). 요셉 앞에 엎드려 진심으로 사죄(謝罪)하는 형제들의 회개는 요셉의 마음의 상처를 치유했다. 셋째, 요셉의 용서이다. 요셉은 용서를 비는 형들의 진심어린 사과를 받아주었다. 요셉은 형들에게 이 모든 일들이 만민의 생명을 구원하시려는 하나님의 뜻이며, 형들의 미움과 범죄까지도 하나님은 선으로 바꾸셨다고 고백한다. 그리고 간곡한 말로 그들을 위로한다(창 50:19-21). 용서는 화해과정에서 가장 고통스런 부분이다. 그러나 용서하지 않고는 화해의 다리를 건널 수 없다.[31]

3) 예루살렘 교회의 화해

초대 예루살렘 교회의 갈등은 표면적으로는 과부들에 대한 구제 문제였다. 그러나 그 내면을 들여다보면 헬라파 유대인들과 히브리파 유대인들의 보이지 않는 갈등의 벽이 있었음을 알 수 있다. 그런데 이 갈등이 헬라파 유대인들이 그들의 과부들이 매일 구제에서 빠지는 것에 대해 히브리파 유대인들을 원망하면서 불거졌다(행 6:1). 그러나 교회의 지도자들인 열 두 사도들은 이 갈등을 지혜롭게 해소하고 화해를 통해 교회를 더욱 크게 부흥시켰다(행 6:7). 그 화해의 지혜를 살펴보면 첫째, 갈등을 일으킨 문제에 대한 정확한 분석이다. 사도들은 모든 제자들을 불러 놓고 갈등의 두 가지 원인을 분석했다. 그것은 먼저 열 두 사도들이 하나님의 말씀을 제쳐 놓고 행정에 몰두하여 문제가 발생했다는 것이고(행 6:2), 또 하나는 교회 성장에 행정력이 미치지 못했다는 것이다. 그래서 교회 행정을 도울 일꾼 일곱을 택하라고 말했다(행 6:3). 둘째, 교인들과의 소통이다. 사도들은 갈등이 불거지자 즉시 제자들을 불러 모았다. 그리고 스스로의 부족함을 솔직히 고백했다. 즉 자신들이 교회행정에 몰두하다보니 기도하고 말씀을 전하는 가장 중요한 영적인 부분을 등한히 했다는 것이다(6:2,4). 사도들은 이러한 자신들의 부족한 부분에 대해 변명하거나 적당히 덮으려고 하지 않았다. 셋째, 갈등 해결을 위한 대안제시이다. 그것은 사도들은 본연의 사명인 기도하는 것과 말씀을 전하는 것에 전무하고, 과부들을 구제하는 것과 같은 교회행정은 교인들 가운데 성령과 지혜가 충만하고 칭찬을 듣는 일곱 명의 일군들을 뽑아 맡기는 것이다. 이러한 대안제시를 교인들은 기쁘게 받아들였고, 화해와 일치의 분위기 속에서 교회는 더욱 크게 성장했다(행 6:3-7).

5. 화해에 대한 상담 심리적 이해

갈등을 해결하고 화해하려면 사과와 용서가 필요하다. 그러나 사과와 용서가 꼭 화해로 이어지는 것이 아니다. 사과와 용서는 한 쌍이지만, 그 사이에 안타깝게도 '돌로 된 장벽'이 있다. 여기서 주목해야할 것은 어느 한 쪽의 일방적인 사과도 가능하고, 일방적인 용서도 가능하다는 것이다. 심지어 사후(死後)에도 사과와 용서는 가능하다.[32] 위딩턴(Everett L. Worthington Jr.)은 용서와 화해의 차이를 다음과 같이 간략하게 비교했다.[33]

	용서	화해
누가	한 사람	두 사람 이상
무엇을	선물을 베푼다	베푸는 것이 아니라 이룬다
어떻게	정서의 대체	행동의 대체
어디서	내 몸 속에서	관계 속에서
구체적인 방법	용서에 도달하는 피라미드 모델	화해의 다리

표22. 용서와 화해의 간략한 비교

용서의 피라미드모델은 용서의 다섯 단계를 말하는데, 상처의 회상(Recall the hurt) ⇒ 공감(Emphathize) ⇒ 용서의 이타적 선물(Altruistic gift of forgive) ⇒ 용서의 선언(Commit publicly to forgive) ⇒ 용서의 지속(Hold on to forgiveness)을 말한다. 용서와 화해의 차이를 설명하면서 화해의 다리를 제시했다.[34] 화해는 한쪽의 일방적인 노력에 의해서 이루어지는 것이 아니기 때문에 양쪽 모두 화해에 대한 최소한의 솔직한 시도가 필요하다. 화해의 다리는 양쪽에서 이루어지는데 내 입장고수(사람1) - 화해의 결단 - 대화 - 해독 - 헌신 - 헌신 - 해독 - 대화 - 화해의 결단 - 내 입장 고수(사람2)로 이뤄진다.[35] 론 크레이빌(Ron Kraybill)은 화해를 사건이 아닌 과정으로 이해하고, 이 화해의 과정은 하나의 주기로 작용한다고 했다. 그러므로 이 주기를 이해한다면 화해를 예측할 수 있을 것이고, 아직 시간이 필요한 시점에서 억지로 화해를 주장하지 않을 것이다.

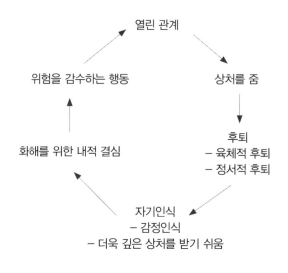

그림 2. 화해의 주기

화해의 주기는 열린 관계에서 출발하는데, 열린 관계는 서로 공유하고 믿음을 가지며 위험 부담도 감수하게 된다. 두 번째는 상처를 주는 단계인데, 서로의 기대치가 일치하지 않아 서로 상처를 주고 위험한 상황에 이르게 된다. 세 번째는 후퇴의 단계로서, 서로 상처 받는 것에서 한 발 뒤로 물러서서 상황을 판단하는 경향이 있다. 이 단계는 1초도 걸릴 수 있고, 10년이 걸릴 수도 있다. 이 단계에서 성급한 화해의 시도로 억지로 관계를 회복하려고 노력해도 여전히 상대방은 거리감, 냉담함, 그리고 경계심을 느낀다. 네 번째는 자기 인식의 단계이다. 이것은 후퇴의 단계를 넘어 자신의 감정을 인식하게 되는데, 화나고 감정이 상했으나 그리 염려할 정도는 아니라는 것을 인식하게 된다. 또한 과거의 상처를 인식함으로 감정은 위력을 상실하게 된다. 이 단계에서는 편견 없이 상대의 감정을 들어줄 친구가 필요하다. 다섯 번째는 화해하겠다고 결심하는 단계로서, 화해를 위해 의식적으로 노력하게 된다. 마지막 단계는 위험을 감수하는 행동을 하는 단계인데, 자신의 감정을 상하게 한 상대방과 의사소통을 재개하는 위험을 감수하는 것을 선택하는 단계이다. 이 때 상대방의 반발은 거의 일어나지 않는다.[36] 교회도 사람들이 모여 있는 사회적인 공동체이다. 그러므로 교회가 앞으로의 갈등을 예방하고 관리하며, 이미 일어난 갈등을 해결하고 치유하여 화해와 일치를 이루는 건강한 교회를 만들기 위해서 이러한 용서와 화해에 대한 상담 심리학적인 이해와 학습이 꼭 필요하다.

6. 화해에 대한 영성 신학적 이해

홈즈(Urban Holmes)는 영성을 감각현상을 초월한 존재인 하나님과 인간의 관계성 형성능력(a human capacity for relationship)이며, 하나님의 은혜 속에서 이 신비스런 관계를 통해 인간은 새로운 영적 각성(spiritual awareness)을 경험하게 되고, 역사적 상황 속에서 창조적 행위를 통해 그 영성이 드러난다고 했다.[37] 이렇게 영성을 관계성 형성이라고 한다면, 구원이란 하나님과의 잃어버린 관계회복이라고 할 수 있으며, 그 핵심은 하나님과 타락한 인간의 화해(和解)이다. 화해에서 성삼위 하나님의 역할을 생각해보면 다음과 같다.

1) 화해를 시작하시고 인도하시는 분은 성부 하나님이시다.

하나님은 용서와 화해의 근원이시다.[38] 하나님은 죄에 대해 분노하시고 심판하시는 하나님이시지만, 또한 은혜롭고 용서하시는 자비로우신 하나님이시다(출 34:6-7). 하나님을 배신하고 타락한 인간을 위해 항상 용서와 화해의 손을 먼저 내미신 분은 하나님이시다. 하나님의 자비하심은 아담과 하와를 위해 만든 가죽옷이나(창 3:21), 하나님의 심판을 앞두고 회개한 니느웨 성에 대한 용서(욘 4:9-11) 등을 통해 나타난다. 무엇보다도 예수님의 십자가는 하나님의 공의를 만족시키면서 배반한 죄인들을 향한 하나님의 분노와 상처를 사랑과 용서의 긍정적인 정서로 대체한 화해의 상징이다.[39] 교회의 갈등을 해소하고 화해영성으로 나아가기 위해서는 신자들이 배신의 상처와 분노의 감정을 넘어서 화해의 손을 먼저 내미시는 하나님의 아가페 사랑을 배워야 한다.

2) 화해는 성자 예수님을 통해서 이루어진다.

하나님이신 예수님이 신성을 비우고 후에 목숨까지 버림으로(빌 2:5-8) 기독교의 심장인 무조건적인 사랑을 보여주셨다. 이 사랑은 대부분 상호 교환적이고 조건적인 사랑의 차원에서 벗어나지 못한 세상의 많은 종교, 도덕, 윤리, 그리고 철학의 체계를 뛰어넘는 것이었다. 이 하나님의 사랑을 근거로 해서 예수님은 개인과 공동체에 전혀 다른 도덕체계를 만드셨으며, 인간관계도 바꿔 놓았다. 예수님은 사랑의 화신이 되셨다. 동시에 그는 성부 하나님의 공감과 긍휼과 사랑의 표현이셨다.[40] 화해의 영성을 교회공동체에서 실천하기 위해서는 신자들이 겸손과 자기 비움, 순종과 희생의 예수님의 마음을 품어야 한다. 이것이 바로 개인적으로 예수님과 합일(合一)에 이르는 영적 성숙의 길이며, 교회공동체가 진정한 화해의 평화를 누리는 길이다(빌 2:5-8).

3) 화해는 성령 하나님의 능력 안에서 이루어진다.

화해는 고통스런 과정이며, 그 과정은 적대자를 더 이상 위협적인 존재로 생각지 않고 함께 더불어 살아가야하는 동료, 혹은 친구로 받아들인다고 하는 그 존재 변화를 수용할 것을 요구한다. 즉 과거 적대자였던 상대방을 과거와는 다르게 받아들여야 한다는 것이다. 그래서 화해는 용서와 회개, 화해에 대한 소명인식, 과거와의 단절과 같은 결단 등의 내면의 변화가 있어야 한다. 그러므로 화해의 과정은 사람들 간의, 또는 공동체 간의 분열, 갈등, 폭력, 상처로 얼룩진 역사와 현재의 문제들을 해결하고 상호인정, 상호공존, 평화의 관계를 함께 만들어가는 과정이다.[41] 이러한 내면의 변화, 관계의 변화는 사람의 능력으로는 거의 불가능하다. 영화 "밀양"은 용서가 얼마나 어려운 일인지, 더욱이 화해는 결코 쉽게 이루어질 수 없는 과정임을 보여준다. 오히려 성급한 화해시도는 더 큰 상처를 남길 수 있다.[42] 그러므로 진정한 변화와 내면의 치유를 위해 성령의 도우심이 있어야 한다. 성령은 신자와 영원토록 함께 하시는 보혜사로서 위로자, 상담자, 보호자가 되시는 분이시다(요 14:16). 성령은 화해사역에서 중생케 하시며, 성화시키시며, 사역의 능력을 부여하시고, 교제를 촉진하시는 분이시다. 용서와 화해는 우리를 대신하신 예수 그리스도의 희생적 죽음과 성령의 능력 안에서 이루어진다. 갈등을 치유하고 신자들이 화해의 영성을 가지고 그리스도 안에서 한 몸으로 연합을 이루려면 성령의 능력이 필수적이다. 성령은 사람들을 권유하여 서로 용서하게 하시고 관계를 회복시키신다. 그분은 사람들을 용서의 결단으로, 그리고 조건이 맞을 경우 장벽을 넘어 화해의 결단으로 인도하신다.[43]

7. 화해를 위한 영성목회전략

영성은 초월적 존재와의 관계 뿐 아니라 그 관계가 개인과 대인관계, 그리고 사회 문화 속에서 관계 방식에 역동적으로 영향을 미친다.[44] 기독교영성의 관계성은 크게 네 가지로 나눌 수 있는데, 자기 자신과의 관계(대자관계, intra-personal relationship), 초월적 존재인 하나님과의 관계(대신관계, trans-personal relationship), 이웃과의 관계(대인관계, person to person relationship), 자연 또는 환경과의 관계(대물관계, meta-personal relationship)로 설명할 수 있다. 이웃과의 관계 속에 대사회관계(super-personal relationship)가 포함된다고 할 수 있다.[45] 화해도 관계성을 치유하는 것이고 회복하고 구원하는 사역이다. 스티븐스 (David Stevens)는 화해를 깨어진 관계의 회복이며, 다름 속에서 함께 사는 방법을 찾는 것이라고 했다.[46] 이러한 영성과 화해의 관계성을 생각할 때, 필자는 교회의 갈등을 극복하고 화해와 일치를 이루는 바람직한 목회의 본질이자, 전략으로서 그리스도인의 영성을 개발하는 관계중심의 전인적 영성목회를 제시한다.[47]

1) 자신과의 관계를 증진하는 영성목회: 낮은 자존감 회복

화해를 위해서는 자기 자신과의 관계를 회복하는 내적치유(inner healing)가 필요하다. 자기를 사랑하는 사람이 남을 사랑하고 용서할 수 있다. 마음의 상처는 우리의 자존감을 현저히 낮춘다. 그러나 예수님을 통해 구원 받는 그리스도인은 마음의 상처를 이기고 하나님의 자녀라고 하는 높은 자존감을 회복해야 한다. 이것도 예수 그리스도의 구원의 열매이다. 자기 자신과의 관계 회복을 위해 낮은 자존감 회복이 중요하다. 낮은 자존감은 용서하려는 마음을 막을 수 있다. 이것은 자신의 자아존중감이 아주 적기 때문이다. 자존감이 낮은 사람은 우선 자신에게 일어나는 모든 일을 하찮게 여긴다. 그러나 일이 터지면 자존감이 낮은 사람은 용서할 수가 없다. 왜냐하면 용서한다는 것이 자신이 지금까지 핑계를 삼아왔던 것들을 소용없게 만들기 때문이다. 그는 계속 문제의 원인을 외부의 것으로 돌리고 남 탓하면서 스스로 해결하려는 의지가 없다. 낮은 자존감의 원인은 어린 시절 사랑을 받지 못했거나 거절당한 경험을 가지고 있는 경우가 많다. 어린 시절 일반적인 부모와 자식과의 관계에서 생기는 유대감이나 안정감을 경험하지 못하면, 나중에 어른이 되어서 나름대로 엄청난 성취나 성공을 거두었다고 해도 낮은 자존감과 자기비하의 감정에 시달리게 된다. 건강한 자아는 그리스도를 통해 하나님과의 관계 안에서 발견하는 것이다. 하나님의 자녀로서 낮은 자존감이 회복이 된다면 스스로에게 책임 있는 행동을 하게 되고, 포용력 있게 자신에게 부당하게 한 사람을 용서하고, 자신을 귀하게 여기게 된다.[48]

씨맨스(David A. Seamands)는 자신의 상한 감정을 치유하고 낮은 자존감을 치유하기 위한 실제적인 몇 가지 단계를 정리했다. 첫째는 평소 알고 있던 잘못된 신학을 교정하라는 것이다. 즉 자신을 스스로 격하시키는 태도가 하나님을 기쁘시게 하는 것이라는 생각은 진정한 겸손과는 거리가 먼 잘못된 신학이다. 둘째는 자신의 평가를 하나님께로부터 받으라는 것이다. 자신의 가치와 귀중함에 대한 인식을 하나님으로부터 받고 과거의 거짓된 영상에 의존하지 말라는 것이다. 셋째는 성령님과 동역하라는 것이다. 하나님께서 낮은 자존감을 가진 사람의 생각을 재조정하고 마음을 새롭게 하실 때, 그는 하나님의 동역자가 된다. 우리의 자아상은 하루아침에 변화되지 않고 지속적인 작업이 필요하다. 변화는 성령께서 인도하신다. 자신을 깎아 내리고 부정적인 생각이 들 때마다 성령께 그것이 옳은가 그른가를 판단해 달라고 부탁하라는 것이다.[49] 목회자는 교회 내 갈등을 예방하는 차원에서 성도들의 낮은 자존감을 치유하는 설교와 성경공부 등의 목회적 돌봄을 전략적으로 시행해야 한다.

2) 하나님과의 관계를 증진하는 영성목회: 순종훈련

하나님과의 관계를 증진하기 위해 영성제자훈련을 해야 한다. 영성제자훈련은 관계성을 중심으로 영성훈련을 강화하는 제자훈련이다. 성경에 나타난 제자도의 영성은 신적인 주도에 의해 예수 그리스도와의 관계가 시작이 되고, 과거와는 단절된 삶 속에서 그리스도의 존재(being)와 행동(acting)을 성육(incarnating)하는 것이다.[50] 즉 제자의 핵심은 스승이신 예수님과의 친밀한 관계와 신뢰를 통해 전적으로 그분의 말씀과 뜻에 순종하는 것이다. 진정한 화해의 영성을 고양하기 위해서는 하나님의 말씀과 그 인도하심에 순종하는 훈련이 필요하다. 예수님의 부르심에 응답하는 순간, 우리는 즉시 그분의 제자가 된다. 그리고 우리의 믿음은 순종할 때 비로소 진짜 믿음이다.[51] 예수님의 제자로의 부르심은 다른 삶을 살라는 부르심에 순종하라는 것이요, 철저한 자기부인이 필요하다(눅 9:23). 자기부인의 핵심은 하나님의 뜻을 순종하는 것을 가로막는 일체의 장애물을 제거하는 것이다.[52] 사실 용서하는 것도, 화해하는 것도 결코 쉽지 않은 일이며, 우리의 악한 본성을 거스르는 일이다. 분열과 다툼, 그리고 원수 맺는 것과 같은 육신의 일은 사탄의 영역이지만(갈 5:19-21), 용서와 화해는 하나님의 영역에 속한 것이기 때문이다(갈 5:22-24).

그러나 자기부인을 통한 용서와 진정한 화해가 사람의 노력만으로 가능할 것인가? 필자는 불가능하다고 생각한다. 그러므로 보혜사(Counselor) 성령의 도우심이 필요하다. 성령세례는 "불세례(baptism with fire)"로 표현되며, 정결의 불, 사랑의 불, 능력의 불로 나타난다.

특히 사랑의 불로서 성령세례는 귀신의 영향을 받은 자기중심적 사랑을 하나님과 이웃을 향한 사랑이 우리 영혼 속에서 불타오르도록 한다. 이러한 성령의 능력으로 용서도 화해도 할 수 있다.[53]

3) 이웃과의 관계를 증진하는 영성목회: 경청과 공감훈련

앞에서의 영성훈련도 화해의 영성을 위해 중요한 목회의 전략이 될 수 있지만, 특히 갈등으로 인해 상처가 생겨서 해결해야 할 때에는 목회 상담적 접근이 필요하다. 실제로 교회가 화해를 이루기 위해 건설적인 대화가 중요한데, 대화의 기술 중에서 가장 중요한 요소는 경청과 공감이다. 진정한 용서와 화해도 서로 상대편의 입장과 상황을 이해하고 공감할 때 이루어진다.[54]

(1) 경청훈련

경청(Listening)으로 상대방의 입장을 이해하게 된다면 훨씬 용서와 화해는 가까워질 것이다. 성경에서도 경청의 중요성은 강조되어 있다. 야고보서 1장 19절-20절에 "내 사랑하는 형제들아 너희가 알지니 사람마다 듣기는 속히 하고 말하기는 더디 하며 성내기도 더디 하라. 사람이 성내는 것이 하나님의 의를 이루지 못함이라."라고 했다. 분노의 감정을 다스리고 상대방의 말을 귀담아 듣는 행동이 바로 화해의 첫 걸음이다. 상대방의 말을 경청할 때, 그는 자신을 가치 있는 존재로 여기게 되고, 그의 슬픔, 고독, 좌절, 우유부단, 죄책감의 짐을 함께 나누게 된다. 훌륭한 경청은 귀를 기울일 뿐 아니라 주의 깊게 관찰하면서 말을 통해 전달되는 메시지를 들어야 한다. 그리고 숨겨진 메시지를 머릿속으로 정리해야 한다.[55] 이렇게 적극적인 경청을 해야 한다. 적극적 경청은 상대방이 한 말을 바로 되묻거나 자신의 말로 변형하여 대답함으로써 상대방으로 하여금 충분히 자신을 드러내고 표현할 기회를 주는 것이다. 이러한 적극적인 경청은 자기가 받아들여지고 존중 받고 있다는 느낌을 갖게 한다. Charles Allen Colla/유재성 옮김, 『해결중심 목회상담』(서울: 요단출판사, 2004), 189–190.

허기트(Joyce Huggett)는 더 잘 듣기 위해 3차원의 경청방법을 제시했는데, 그것은 첫째 상대방이 선택하는 어휘에 귀를 쫑긋 세워야 한다. 둘째 눈, 얼굴, 신체, 눈물의 언어에 귀를 기울어야 한다. 셋째 감정을 정확하게 파악하는 기술을 배워야 한다고 했다.[56] 사실 우리는 학교에서 듣는 훈련을 하지 않았다. 그래서 경청하는 태도가 부족하다. 잘 들으면 상대방의 마음을 알고 그 상황을 이해하게 되어 더욱 진실한 용서와 화해에 이르게 될 것이다. 많은 오해와 갈등이 경청하지 않는 마음의 태도에서 온다.

(2) 공감훈련

공감(empathy)한다는 것은 한 마디로 기분을 함께 하는 것이다. 성경에도 공감의 중요성을 이렇게 말씀하셨다. 로마서 12장 15절에 "즐거워하는 자들과 함께 즐거워하고 우는 자들과 함께 울라"고 하셨고, 갈라디아서 6장 2절에 "너희가 짐을 서로 지라 그리하여 그리스도의 법을 성취하라"고 하셨다. 고통과 슬픔은 나누면 반감(半減)되고, 기쁨과 행복은 나누면 배(倍)가 된다.[57] 공감은 "상대방과 함께 느낀다." "상대방의 감정에 동참한다."는 뜻이다. 상대편의 관점에서 문제를 볼 수 있다면 그를 이해하는데 큰 도움이 될 것이다. 그리고 상대편은 누군가 진심으로 자기를 이해하려고 애쓰는 것을 느끼게 될 것이다. 이것은 서로 친화관계를 이루는데 큰 도움이 된다.[58] 워딩턴 (Everett L. Worthington Jr.)은 용서에 도달하는 5단계의 피라미드 모델을 설명하면서 두 번째 단계로 공감(Empathize)을 말했다. 그는 공감이란 입장을 바꿔 놓고 생각해보는 것이라고 했다. 용서하려면 가해자의 감정을 느끼도록 노력해야 한다. 자신에게 상처를 준 가해자의 힘든 처지를 어렵더라도 공감해 보라는 것이다. 이러한 공감의 노력은 고통에 인간의 얼굴을 입힌다. 그리고 가해자에게 동정, 긍휼, 아가페 사랑, 낭만적 사랑을 품을 수 있다고 했다.[59] 워딩턴(Everett L. Worthington Jr.)은 가해자에 대한 분노나 복수심이 사라졌다고 용서가 이루어진 것이 아니라, 가해자에 대한 공감이 생겨야 진정한 용서가 이루어진다고 했다.[60]

(3) 교회 내 CR(conflict resolution) 전문가 양성

일반적으로 갈등해결(conflict resolution: CR)은 사람들이나 기관들 사이의 갈등을 다루고 화해시키는 방법인데, 갈등의 사안에 따라 적어도 7가지의 CR의 역할이 있다고 한다. 그것은 촉진자(facilitator), 치유자(healer), 전문가/자문가(expert/consultant), 심판자(arbitrator), 행정가(administrator), 완충자(buffer), 처벌자(penalizer)의 역할 등을 말한다.[61] 목회자는 교회 안에 갈등을 해결하기 위해 이러한 CR의 역할들을 감당해야할 때가 있다. 그러나 아무리 유능한 화해자라도 양 당사자들에게 그 신뢰와 권위를 얻지 못하면 결코 성공할 수 없을 것이다. 그리고 진정한 화해자는 교회의 머리이신 예수님임을 고백해야 한다. 그러므로 교회의 갈등해소의 가장 중요한 사실은 교회의 머리이신 예수님을 신뢰하고 최고의 권위를 드리고 그분 앞에서 자기를 부인하고 하나님의 뜻을 따라 순종하는 것이다. 이러한 순종이 진정한 화해를 이끌어 낼 것이다. 그리고 무엇보다도 전문적인 상담훈련과 영성훈련을 통해 개 교회 뿐 아니라 교단 내 갈등을 전문적으로 풀어낼 수 있는 CR 전문가를 양성하는 것이 지금 매우 필요한 시대이다. 그래서 세상 법에 호소하기 전에 CR 전문가(상담자)의 중재 하에 교회 내에서 갈등을 해결하려는 시도가 적극적으로 이루어져야 한다.

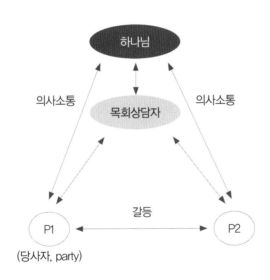

그림3. 교회 갈등해결의 의사소통[62]

갈등은 교회를 위해 꼭 나쁜 것인가? 불편하고 비용이 많이 드는 것은 사실이지만, 반드시 나쁜 것만은 아니다. 갈등은 체제에 활력을 불어 넣어주고 어떤 일이 이루어지도록 만드는 유일한 실질적인 수단일 수도 있다.[63] 분명히 갈등은 목회자나 교회에 달갑지 않은 손님이지만, 갈등을 통해 우리 자신의 나약함을 인정하게 되고, 우리의 지체된 다른 사람들의 처지를 돌아보게 되고, 우리 공동체의 문제점을 파악하게 되고, 아울러 문제해결과 회복을 위한 방안을 함께 모색하게 된다.[64] 어떻게 보면 갈등은 죄가 이 세상에 들어옴으로 피할 수 없는 일일 수 있다. 그러므로 갈등이 발생하는 것보다 더 중요한 것은 갈등을 다루고 관리하는 화해의 영성과 기술이라고 할 수 있다. 지혜로운 갈등의 해결을 통한 화해의 영성은 개인이나 교회를 더욱 건강하게 성장시키는 개혁과 발전의 단초(端初)를 제공할 수 있다.

앞으로 한국교회가 더욱 건강하게 성장하여 이 혼란과 분열의 시대에 평화의 사도가 되기 위해서는 먼저 목회자들이 갈등을 이해하고 해결하는 능력을 증진시켜야 한다. 이를 위해 첫째로 신학교육에서부터 갈등과 화해에 대한 목회상담학적, 영성신학적인 교육을 강화하여 영적인 갈등해결(conflict resolution: CR)의 전문가로 양성할 필요가 있다. 또한 둘째로 개 교회 안에서도 평신도지도자들을 교육하여서 그들로 하여금 교회 내 갈등상황을 예방하고 잘 대처해 나가도록 준비해야한다. 마지막으로 무엇보다도 목회자는 자신과 교회 내에 신자들의 화해의 영성이 증진되도록 끊임없이 성령의 충만함과 영성훈련을 강조하는 관계중심의 영성목회를 지향(志向)해야 한다. 필자는 갈등은 어느 정도 예방할 수 있다고 생각하며 이미 발생한 갈등이라면 이를 성숙하게 해결하는 것이 교회 공동체의 영성의 수준이라고 믿는다. 화해의 영성은 모든 신자들의 영적 수준의 가늠자가 된다(마 5:9; 약 3:18). 오늘날 한국교회는 바울사도의 외침에 귀를 기울여야 한다. "내가 너희를 부끄럽게 하려 하여 이 말을 하노니 너희 가운데 그 형제간의 일을 판단할 만한 지혜 있는 자가 이같이 하나도 없느냐 형제가 형제와 더불어 고발할 뿐더러 믿지 아니하는 자들 앞에서 하느냐."(고전 6:5-6)

13장

1. 칼슨(David Carlson)은 시카고 대학에서 사회사업학, 노던 일리노이 대학에서 사회학, 그리고 트리니티 신학대학에서 신학을 전공한 사회사업가이자 상담자이다. 그는 일리노이주 레이크 쥬리히에 있는 크리스천 심리상담자들의 모임인 베링톤 상담협회(Barrington Counseling Associates)의 협동 책임자와 트리니티 대학의 사회과학대학의 사회학과 학과장이자 부교수로 재직했다.
2. Collins, 「카운셀링 가이드」, 63-87 참고.
3. 아담스(Jay E. Adams)는 목회학 연구소의 소장으로서, Journal of Pastoral Practice 의 편집인으로 활동하면서 동시에 웨스트민스터 신학교 실천신학 객원교수로 재직하고 있다. 존스 홉킨스 대학에서 문학사(B.A.), 미국성공회대 신학부에서 신학사(B.D.), 그리고 템플대학교 신학부에서 신학석사(S.T.M.)와 미조리대학교에서 철학박사학위(Ph.D.)를 받았다. 그후 그는 일리노이 대학에서 심리학을 연구했다. Collins, 「카운셀링 가이드」, 205-18 참고.
4. 그는 유니온 신학대학교, 콜롬비아대학교(Ph. D.)에서 수학했고, 현재 클레이어몬트신학대학교 목회상담학 교수로 재직 중이다. Collins, 「카운셀링 가이드」, 121-39 참고.
5. Howard Clinbell, 「목회상담신론」, 박근원 역 (서울: 한국장로교출판사, 1987), 186.
6. 로렌스 크렙(Lawrence J. Crabb Jr.)은 일리노이 대학에서 임상심리학 석사(M.A.), 박사(Ph. D.)를 취득했다. 현재 플로리다 주에 세운 "성경적 상담 연구소" 소장으로 독자적인 상담활동을 전개하고 있다. Collins, 「카운셀링 가이드」, 219-41 참고.
7. Gary R. Collins 박사는 캐나다 출신으로 캐나다와 미국, 그리고 영국 등지에서 심리학과 신학을 연구했으며, 퍼듀 대학에서 철학박사(Ph.D.)학위를 받았다. 현재 그는 일리노이 주의 터어필드에 있는 트리니티 신학대학교에서 목회상담학과 심리학 교수로 있으면서 지성과 신앙의 조화 있는 통합, 즉 신학과 심리학의 통합을 위해 학문적으로 노력하고 있다. Collins, 「카운셀링 가이드」, 243-62 참고.

14장

1. Ed Murphy, 「영적전쟁핸드북」, 노항규 역 (서울: 두란노, 1999), 13.
2. C. Fred Dickason, 「천사 사탄과 귀신론」, 김달샘 역 (서울: 성광문화사, 1985), 205-6.
3. Merrill F. Unger, 「성서적 마귀론」, 정학봉 역 (서울: 요단출판사, 1984), 69.

4. Ibid.

5. Unger, 『성서적 마귀론』, 98–99; Dickason, 『천사 사탄과 귀신론』, 207.

6. Unger, 『성서적 마귀론』, 99–100.

7. "Isaiah 34–66," Word Biblica Commentary, vol 25 (Waco, Texas: Word Books, Publisher, 1987), 345.

8. Dickason, 『천사 사탄과 귀신론』, 208.

9. Unger, 『성서적 마귀론』, 101.

10. Dickason, 『천사 사탄과 귀신론』, 209–10 참조.

11. 물건이나 생물이 귀신이 될 수 있다는 것은 정령숭배사상에서 비롯된 것이다. 우주의 모든 존재에 정령이 있기 때문에 다 귀신이 될 수 있다는 것이다. 또한 사람이 죽어서 귀신이 되는 것은 사람이 죽으면 그 생명이 혼(魂), 귀(鬼), 백(魄)으로 나뉘는데, 혼은 하늘로 올라가고, 백은 땅에, 그리고 귀는 공중에 존재한다. 그러므로 인간에게 영향을 미치는 것은 귀와 백이다. 백은 묘에서 3년 제사를 받고, 귀는 사당에서 자손 4대까지 제사를 받으면 그대로 흩어져서 사람과의 관계가 없게 된다. 신태웅 『한국귀신연구』(서울: 로고스, 1989), 45–48 참조.

12. Dickason, 『천사 사탄과 귀신론』, 213.

13. Dickason, 『천사 사탄과 귀신론』, 213–16; Unger, 『성서적 마귀론』, 77–80; .Guy P. Duffield & N. M. Van Cleave, 『오순절 신학기초』, 임열수 역 (서울: 성광문화사, 1992), 819–20.

14. Duffield, 『오순절 신학기초』, 820–23; Dickason, 『천사 사탄과 귀신론』, 216–17.

15. Duffield, 『오순절 신학기초』, 823–24; Dickason, 『천사 사탄과 귀신론』, 217–19.

16. Dickason, 『천사 사탄과 귀신론』, 219–20.

17. 박해경, 『챠트로 본 조직신학』 (서울: 아가페문화사, 1996), 166.

18. Dickason, 『천사 사탄과 귀신론』, 224.

19. Dickason, 『천사 사탄과 귀신론』, 228.

20. Ibid., 225.

21. Ibid., 229–30; Unger, 『성서적 마귀론』, 110–11.

22. Unger, 『성서적 마귀론』, 111–12.

23. Ibid., 112.

24. Duffield, 『오순절 신학기초』, 826.

25. Dickason, 『천사 사탄과 귀신론』, 233–34.

26. Dickason, 『천사 사탄과 귀신론』, 251–52.

27. Murphy, 『영적전쟁핸드북』, 116.

28. Duffield, 『오순절 신학기초』, 831.

29. Frederick S. Leahy, 『사단의 세력을 이렇게 추방하라』, 권혁재 역 (서울: 나침반사, 1992), 90–101.

30. Michael Scanlan, Randall J. Cirner, 『능력대결』, 이재범 역 (서울: 나단, 1991), 16–24.

31. Dickason, 『천사 사탄과 귀신론』, 256-57.

32. Peter Horrobin, 『축사와 치유-2』, 박선규 역 (서울: 쉐키나출판사, 2009), 80-118. 호로빈은 귀신들림의 현상을 좀 광범위하게 해석했다. 그래서 꼭 강력하게 귀신에 사로잡히는 귀신들림(demon possession)의 현상이 아니더라도 귀신의 영향(demon influence)에 의한 증상도 모두 열거했다.

33. Merrill F. Unger, 『성도를 향한 귀신들의 도전』, 정학봉 역 (서울: 요단출판사, 1985), 73-77.

34. Charles H. Kraft, 『깊은 상처를 치유하시는 하나님』, 이윤호 역 (서울: 은성, 1995), 302-3.

35. Dickason, 『천사 사탄과 귀신론』, 262.

36. "다중인격장애" [多重人格障碍, MPD(multiple personality disorder)] [온라인자료]; http://enc.daum.net/dic100/contents.do?query1=17XXXX2289; 2010년 4월 7일 접속.

37. Kraft, 『깊은 상처를 치유하시는 하나님』, 279.

38. Ibid., 295.

39. Charles H. Kraft, 『사악한 영을 대적하라』, 이윤호 역 (서울: 은성, 1995), 101-3.

40. Ibid., 246-48.

41. Marilyn Hickey, 『DDD 축사전략』, 윤수인, 이준영 역 (서울: 은성, 2000), 199-209.

15장

1. 2021년 보건복지부, "정신건강실태조사결과발표," https://www.043w.or.kr/www/selectBbsNttView.do?key=150&bbsNo=21&nttNo=44585&searchCtgry=&searchCnd=all&searchKrwd=&pageIndex=1&integrDeptCode=, 2022년 9월 30일 접속. 보건복지부(장관 권덕철)는 정신장애의 유병률 및 정신건강서비스 이용현황을 파악하기 위해 「2021년 정신건강실태조사」를 실시하고, 그 결과를 발표하였다. 본 조사는 정신건강복지법 제10조에 근거하여 2001년 이후 5년 주기로 실시하고 있으며, 이번이 다섯 번째 조사이다. 이번 조사는 전국 만 18세 이상 만 79세 이하 성인 5,511명(가구당 1인)을 대상으로, 국립정신건강센터 주관하에 서울대학교(함봉진 교수)와 한국갤럽조사연구소가 약 3개월간 실시하였다.

2. 2010년 2월 부산에서 성폭력 전과자 김길태가 여중생을 납치해 성폭행하고 살해 · 유기한 사건이다.

3. https://dic.daum.net/word/view.do?wordid=kkw000238292&supid=kku000304675, 2022년 9월 30일 접속.

4. Archibald D. Hart, 『숨겨진 중독』, 윤귀남 역 (서울: 참미디어, 1997), 25.

5. Ibid., 24.

6. CANON주석, 누가복음, Deluxe Bible Ondisc[CD-ROM].

7. CANON주석, 요한복음, Deluxe Bible Ondisc[CD-ROM].

8. 이선이, "우물가의 목마른 여인," [온라인자료] http://www.christiantoday.co.kr, 2013년 12월 접속.

9. Gerald G. May, 『중독과 은혜』, 이지영 역 (서울: 한국기독학생회출판부, 2005), 14-15.

10. Archibald D. Hart, 『숨겨진 중독』, 272.

11. 이정춘, 『생각이 사라지는 사회』 (서울: 청림출판사, 2014), 57; "anomie," [온라인자료] http://dic.naver.com/search.nhn?dicQuery=anomie&query=anomie&target=dic&ie=utf8&query_utf=&isOnlyViewEE=, 2017년 7월 18일 접속.

12. "심리학사전-인지적 와해와 아노미," [온라인자료] http://blog.naver.com/yars/220197050048, 2017년 7월 18일 접속.

13. 이정춘, 『생각이 사라지는 사회』, 55-56; Craig Nakken, 『중독의 심리학』, 오혜경 역 (서울: 웅진씽크빅, 2008), 22.

14. Mark Laseer, 『아무도말하지 않는 죄』 (서울: 도서출판 예수전도단, 2000), 72.

15. Grant Martin, 『좋은 것도 중독될 수 있다』 (서울: 생명의말씀사, 1994), 116.

16. William M. Struthers, 『포르노그래피로부터의 자유』, 황혜숙 역 (서울: 대성, 2013), 55.

17. Tim Sledge, 『가족치유·마음치유』 (서울: 요단출판사, 2011), 48.

18. Grant Martin, 『좋은 것도 중독될 수 있다』, 116-117.

19. 김병오, 『중독을 치유하는 영성』, 42.

20. Grant Martin, 『좋은 것도 중독될 수 있다』, 117.

21. 김병오, 『중독을 치유하는 영성』, 100-105.

22. Ibid., 109-111.

23. 김옥천, "관계중심 명상기도가 중년 남성 성중독 성향에 미치는 영향에 대한 연구,"「신학과 실천」제62호 (2018.11), 7-8.

24. 김병오, 『중독을 치유하는 영성』, 196-218.

25. "소리 없이 다가왔다…파멸의 '백색가루,"「국민일보」, 2022년 10월 4일자, 1, 5. 유엔에 따르면 마약 청정국(Drug Free Country)은 인구 10만명 당 마약류사범이 20명 미만에 해당한다. 지난 해 기준으로 보면, 한국이 마약 청정국의 지위를 계속 유지하려면 마약류 사범이 1만명 아래여야 한다. 그러나 한국은 2016년에 이 기준을 이미 넘어섰고, 코로나19 이후에 연간 12,000-16,000명 선이던 마약사범의 규모가 2020년에는 18,050명으로 증가했다. 이미 한국은 마약 청정국이 아니다.

16장

1. "대국민 종교별 신뢰도 여론조사서 최하위,"「기독교신문」제2264호(11월 8일), 1면. 기독교신문은 2015년 10월 28일 만 16세 이상 전국의 1200명을 대상으로 실시된 '2015년 한국의 사회 정치 및 종교에 관한 대국민 여론조사'에 대한 결과

를 분석하면서 일반인의 종교계에 대한 신뢰도가 갈수록 떨어지고 있는데, 3대 종교별 신뢰도 조사에서는 천주교가 가장 높고, 기독교가 가장 낮은 것으로 나타났다고 했다.

2. "사회법 소송통한 문제해결 부작용 심각," Ibid. 제2263호(11월 1일), 1, 10면.

3. Johan Galtung/강종일 외 4인 역, 『평화적 수단에 의한 평화』(서울: 들녘, 2000), 165, 고영은, "북한 핵 문제에 대한 요한 갈퉁의 갈등 이론적 접근," 「신학과 실천」 46(2015), 706에서 재인용.

4. 현유광, 『갈등을 넘는 목회』(서울: 생명의 양식, 2007), 68-69.

5. 드 보노(Edward de Bono)는 confliction(갈등화)와 그 반대 개념인 de-confliction(탈갈등)은 자신이 새로 만든 단어들이라고 설명했다.

6. Edward de Bono/권화섭 역, 『갈등해소의 논리와 방법』(서울: 한국경제신문사, 1987), 11-12.

7. 현유광, op. cit., 72-75.

8. Alfred Poirier/이영란 역, 『교회갈등의 성경적 해결방법』(서울: 기독교문서선교회, 2010), 46.

9. 죄의 기원설에 대해 멀린스(Edgar Young Mullins)는 3가지로 정리했다. 첫째, 죄는 인간이 물질적 몸을 소유한데 기인하며, 모든 죄는 감각적인 인간의 욕구에서 일어난다는 것이다. 둘째, 죄는 인간의 제약성 때문이라는 것이다. 인간이 무지하고 유한한 존재이기 때문에 죄를 지을 수밖에 없다는 것이다. 즉 죄는 적극적인 성질의 악이 아니라, 단지 선에 대한 거절(소극적 악)이라는 생각이다. 그리고 셋째로 죄는 반대적 선택의 능력을 가진 자유적 지성을 가진 존재로 창조된 인간의 인격적 선택에 의한 것이다. 하나님의 형상으로 창조된 인간은 자유적, 도덕적, 지성적 존재이다. 인간은 독자적으로 자유롭게 할 수 있는 어떤 선택을 할 수 있는 능력을 가진 존재라는 것이다. 그러므로 범죄의 가능성도 인간의 자유의지의 안에 내포된 하나의 요소라는 것이다. Edgar Young Mullins/권혁봉 역, 『조직신학원론』(서울: 침례회출판사, 1987), 350-353.10.

11. 현유광, op. cit., 76.

12. Alfred Poirier, op. cit., 77-91.

13. 현유광, op. cit., 82-83.

14. Edward de Bono, op. cit., 245-270.

15. 분쟁 비용이 너무 많이 들게 되는 경우 분쟁 당사자 중 어느 한 쪽이 처음에 생각했던 승리를 얻기가 불가능하게 느낄 수 있다. 이 때 그 당사자는 꿩 대신 닭이라고, 명예나 혹은 그 동안의 노력과 비용에 대한 무엇인가 보상을 얻었다고 간주하고 분쟁을 끝내고 싶어할 것이다. 이 때 외형적인 혜택(명분)과 실제적인 혜택(실리)을 다 설계하여 제시하는 지혜가 필요하다. 그러면 분쟁은 적절하게 해결된다. Ibid., 275.16.

16. Alfred Poirier, op. cit., 47-53.

17. 양병모, "교회갈등의 주요 원인과 특징," 「복음과 실천」 37(2006), 320-325. 여기에서 양병모는 문화간의 갈등을 한국교회 갈등의 현상적 원인에서 제외했지만, 앞으로 다문화 사회가 변모해가는 한국적 상황을 생각할 때, 앞으로 고려되

어져야하고 깊이 연구해야 할 중요한 과제이다.

18. Speed Leas and Paul Kittlaus, Church Fights (Philadelphia: Westminster, 1973), 29-30.

19. Ibid., 30-31.

20. Larry L. McSwain and William C. Treadwell Jr., Conflict Ministry in the Church (Nashville: Broadman, 1981), 25-26; Norman Shawchuch and Roger Heuser, Managing the Congregation (Nashville: Abingdon, 1986), 251-252; 양병모, op. cit., 322-323.

21. Larry L. McSwain and William C. Treadwell Jr. Ibid., 31-35.22.

23. Norman Shawchuch and Roger Heuser, op. cit., 253.

24. Alfred Poirier, op. cit., 48-50.

25. L. Randolph Lowry, J. D. and Richard W. Meyers/전해룡 옮김, 『갈등해소와 상담』(서울: 두란노, 1996), 58-59.

26. John De Gruchy, Reconciliation; Restring Justice (Minneapolis: Fortress Press, 2002), 48, 53-54, 김경은, "화해사역을 위한 화해의 영성," 「신학과 실천」 36(2013), 449-450에서 재인용.

27. 하용조는 인간과 하나님의 화해 속에서 세 가지 사실을 발견할 수 있는데, 첫째는 아무리 좋은 관계도 죄가 들어오면 깨어진다는 것이고, 둘째는 하나님과 인간 사이의 화해를 이루려면 중보자가 필요하며, 셋째는 중보자가 희생을 치르고 죽어야 한다는 것이다. 그는 희생이 없이 구원을 이룰 수 없다고 하면서 진정한 의미에서의 화해는 손해보고 희생하는 것이 있어야 한다고 강조했다. 하용조, "화해자로 부르신 사명에 응답하라," 「목회와 신학」 237(2009), 168-169.

28. 정석규, 『구약성경으로 읽는 갈등과 화해』(서울: 한들출판사, 2010), 170-178.

29. Ibid., 178-179.

30. Ibid., 182-183.

31. 김경은, op. cit., 465-466.

32. Elisabeth Lukas/엄양선 역, 『더 늦기 전에 먼저 다가서는 화해의 심리학』(서울: 타임스퀘어, 2011), 226.

33. Everett L. Worthington/윤종석 역, 『용서와 화해』(서울: 한국기독학생회출판부, 2006), 213.

34. Ibid., 212-234.

35. Ibid., 219-220.

36. Ron Kraybill, "From Head to Heart: The Cycle of Reconciliation," Conciliation Quarterly, Fall 1988, 2, L. Randolph Lowry, J. D. and Richard W. Meyers/전해룡 역, 『갈등해소와 상담』(서울: 두란노, 1996), 59-61에서 재인용.

37. Urban T. Holmes/김외식 역, 『목회와 영성』(서울: 대한기독교서회, 1988), 29-38.

38. Everett L. Worthington, op. cit., 59.

39. Ibid., 60.

40. Ibid., 59-61.

41. 김경은, op. cit., 453.

42. 2007년 5월 23일에 개봉한 이창동 감독이 연출하고, 전도연, 송강호가 주연한 약 160만명의 관객을 동원한 영화이다. 남편을 잃고 아들과 함께 서울에서 밀양으로 이사 온 이신애(전도연 분)는 외아들을 웅변학원 원장에게 납치당하여 잃게 되고 교회를 의지하게 된다. 그러나 교도소에 있는 원장과의 섣부른 화해의 시도로 오히려 더 큰 고통을 당하고 영적 심리적 방황하는 모습을 담고 있다. "밀양(영화)" https://ko.wikipedia.org/wiki/%EB%B0%80%EC%96%91_(%EC%98%81%ED%99%94), 2016년 1월 21일 접속.

43. Everett L. Worthington, op. cit., 61, 69-71.

44. 이헌주, 이신형, "기독(목회)상담에서 영성평가의 필요성과 적용," 「한국기독교상담학회지」 29(2018), 196-198.

45. 김상백, 『도시를 깨우는 영성목회』(서울: 영성, 2010), 125-126; 박영만, "영성신학과 영성훈련," 「영성의 메아리」 (1999년 9-10월), 45.

46. David Stevens, The Land of Unlikeness: Explornations into Reconciliation (Dublin: The Columba Press, 2004), 42, 39, 김경은, op. cit., 459에서 재인용.

47. 김상백, op. cit., 145.

48. Charles Stanley/민혜경 역, 『용서』 (서울: 두란노, 2005), 146-147; Don Colbert/박영은 역, 『감정치유』 (서울: 미션월드 라이브러리, 2009), 89-90; David A. Seamands/송헌복 역, 『상한 감정의 치유』 (서울: 두란노, 2006), 97.

49. David A. Seamands, Ibid., 105-114.

50. Dennis J. Billy and Donna L. Orsuto, eds., Spirituality and Morality (New York: Paulist Press, 1996), 137-138; 김상백, op. cit., 184.

51. Bill Hull/박규태 역, 『온전한 제자도』 (서울: 국제제자훈련원, 2008), 142.

52. Ibid., 142-151.

53. 배본철, "성령 사역의 한 방식으로서의 귀신추방," 「영산신학저널」 43(2018), 255-260.

54. 손운산, 『용서와 치료』 (서울: 이화여자대학교출판부, 2008), 67 참조.

55. Joyce Huggett/윤관희 역, 『경청』 (서울: 사랑플러스, 2006), 122-127.

56. Joyce Huggett, op. cit., 135.

57. 김상백, 『성령과 함께 하는 목회상담』 (서울: 영성, 2010), 200-201.

58. Gary Collins/정동섭 역, 『훌륭한 상담자』 (서울: 생명의말씀사, 1990), 43-44.

59. Everett L. Worthington, op. cit., 89. 에베레트 워딩턴 교수는 사람들이 용서할 수 있도록 용서의 다섯 단계를 가르친다. 그는 사람들이 이 단계들을 기억할 수 있도록 REACH를 사용한다. R. recall the hurt 상처를 다시 기억해 내다. A. altruistic 용서는 애타적 산물이다. C. commit 당신이 경험한 용서의 결정을 바꾸지 않는 것이다. H. hold on 용서를 했는지 의심이 들 때마다 용서를 붙잡고 있는 것이다. http://blog.daum.net/kys9042/8632895, 2017년 1월 2일 접속.

60. Everett L. Worthington, Jr., "The Pyramid Model of Forgiveness: Some Interdisciplinary Speculations about Unforgiveness and the Promotion of Forgiveness," in Everett L. Worthington, Jr.(ed), Dimensions of Forgiveness,

118-119, 손운산, op. cit., 74 참조.

61. Allan Barsky/한인영, 이용하 역, 『갈등해결의 기법』(서울: 시그마프레스, 2005), 3.
62. Ibid., 8-15 참조.
63. Edward de Bono, op. cit., 276.
64. 이성희, "교회 안의 갈등과 목회리더십,"「목회와 신학」178(2004년 4월호), 65.

참고 문헌

1. 단행본

고영은. "북한 핵 문제에 대한 요한 갈퉁의 갈등 이론적 접근", 「신학과 실천」 46(2015), 701-730.

김경은. "화해사역을 위한 화해의 영성", 「신학과 실천」 36(2013), 447-478.

김무석. 『크리스찬 상담 핸드북』. 서울: 성청사, 1990.

김상백. 『도시를 깨우는 영성목회』. 서울: 영성, 2010.

_____. 『성령과 함께 하는 목회상담』. 서울: 영성, 2010.

김옥천. "관계중심 명상기도가 중년 남성 성중독 성향에 미치는 영향에 대한 연구", 「신학과 실천」 제62호 (2018.11), 211-237.

도양술. 『사도바울의 신학』, 서울: 기독교문서선교회, 1992.

박영만. "영성신학과 영성훈련", 「영성의 메아리」 (1999년 9-10월), 45.

박윤수. 『치유상담의 실제』, 서울: 도서출판 라빠, 1996.

배본철. "성령 사역의 한 방식으로서의 귀신추방", 「영산신학저널」 43(2018), 243-270.

손운산. 『용서와 치료』. 서울: 이화여자대학교출판부, 2008.

안태길. "목회상담을 통한 치유", 『치유목회의 기초』, 대전: 침례신학대학교출판부, 2000.

양병모, "교회갈등의 주요 원인과 특징" 「복음과 실천」 37(2006), 315-341.

오성춘. 『목회상담학』, 서울: 한국장로교출판사, 1993.

위형윤. 『실천신학의 이해』, 서울: 호석출판사, 2006.

유재성. 『현대목회상담학개론』, 대전: 침례신학대학교출판부, 2006.

이관직. 『개혁주의 목회상담학』, 서울: 도서출판 대서, 2016.

이규환, 이근수, 지음. 『지역사회의 이해와 개발』, 서울: 이화여자대학교출판부, 1977.

이선이. "우물가의 목마른 여인." [온라인자료] http://www.christiantoday.co.kr. 2013년 12월 접속.

이성희. "교회 안의 갈등과 목회리더십." 『목회와 신학』 178(2004년 4월호), 50–65.

이원박. 『목회상담학총론』, 서울: n.p., 1999.

이정춘. 『생각이 사라지는 사회』, 서울: 청림출판사, 2014.

이헌주, 이신형. "기독(목회)상담에서 영성평가의 필요성과 적용", 『한국기독교상담학회지』 29(2018), 191–217.

이현규. 『목회상담학』, 서울: 대한예수교장로회총회 출판부, 2003.

정석규. 『구약성경으로 읽는 갈등과 화해』, 서울: 한들출판사, 2010.

전영복. 『기독교상담의 이론과 실제』, 안양: 도서출판 잠언, 1995.

정동섭. 『어떻게 사람을 변화시킬 수 있는가?』, 서울: 요단출판사, 1996.

정태기. 『위기목회상담』, 서울: 대한기독교서회, 1993.

하용조. "화해자로 부르신 사명에 응답하라", 『목회와 신학』 237(2009), 168–171.

황의영. 『목회상담의 원리』, 서울: 생명의말씀사, 1988

현유광. 『갈등을 넘는 목회』, 서울: 생명의 양식, 2007.

Barnette, Henlee H. 『기독교 윤리학개론』, 최봉기 역. 대전: 침례신학대학교출판부, 1995.

Barsky, Allan. 『갈등해결의 기법』, 한인영, 이용하 역. 서울: 시그마프레스, 2005.

Berkhof, Louis. 『교회론』, 신복윤 역. 서울: 성광문화사, 1992.

Bono, Edward de. 『갈등해소의 논리와 방법』, 권화섭 역. 서울: 한국경제신문사, 1987.

Buchanan, D. 『예수님은 어떻게 상담하셨는가』, 천정웅 역. 서울: 아가페서원, 1996.

Colbert, Don. 『감정치유』, 박영은 역. 서울: 미션월드 라이브러리, 2009.

Colla, Charles Allen. 『해결중심 목회상담』, 유재성 역. 서울: 요단출판사, 2004.

Collins, Gary. 『카운셀링 가이드』, 서울: 기독지혜사, 1989.

_____. 『효과적인 상담』, 정동섭 역. 서울: 도서출판 두란노, 1993.

_____. 『크리스챤 카운셀링』, 피현희 · 이혜련 역. 서울: 도서출판 두란노, 1989.

_____. 『기독교상담의 성경적 기초』, 안보현 역. 서울: 생명의 말씀사, 1996.

_____. 『훌륭한 상담자』, 정동섭 역. 서울: 생명의 말씀사, 1990.

_____. 『크리스챤 심리학』, 문희경 역. 서울: 요단출판사, 1996.

_____. 『기독교와 상담윤리』, 오윤선 역. 서울: 두란노, 1995.

_____. 『창의적 상담접근법』, 정동섭 역. 서울: 두란노, 1995.

Corey, Gerald. 『상담학 개론』, 오성춘 역. 서울: 장로회신학대학교출판부, 1995.

Clinebell, Howard. 『현대목회상담: 카운슬링의 기본유형』, 박근원 역. 서울: 대한기독교출판사, 1993.

Clinebell, Howard. 『목회상담신론』, 박근원 역. 서울: 한국장로교출판사, 2000.

Crabb, Larry. 『인간이해와 상담』, 윤종석 역. 서울: 두란노서원, 2011.

Dayringer, Richard A. 『관계중심 목회상담』, 문희경 역. 서울: 도서출판 솔로몬, 2004.

Dobson, James. 『4가지 감정의 치유』, 남미선 역. 서울: 도서출판 서로사랑, 1997.

Egan, Gerald. 『상담의 실제』, 오성춘 역. 서울: 한국장로교출판사, 1991.

Galtung, Johan. 『평화적 수단에 의한 평화』, 강종일 외 4인 역. 서울: 들녘, 2000

Gula, Richard M. Ethics in Pastoral Ministry. New York: Paulist Press, 1996.

Gray, John. 『화성에서 온 남자 금성에서 온 여자』, 김경숙 역. 서울: 도서
　　　출판 친구미디어, 2002.

Hart, Archibald D. 『숨겨진 중독』, 윤귀남 역. 서울: 참미디어, 1997.

Hiltner, Seward. 『목회카운셀링』, 서울: 대한기독교서회, 1976.

Holmes, Urban T. 『목회와 영성』, 김외식 역. 서울: 대한기독교서회, 1988.

Huggett, Joyce. 『경청』. 윤관희 역. 서울: 사랑플러스, 2006.

Hull, Bill. 『온전한 제자도』. 박규태 역. 서울: 국제제자훈련원, 2008.

Hurding, Roger. 『성경과 상담』, 문희경 역. 서울: 기독교 연합신문사,
　　　2003.

Kelsey, Morton T. 『치유와 기독교』, 배상길 역. 서울: 대한기독교 출판사,
　　　1986.

Kirwan, William. 『현대기독교상담학』, 정동섭 역. 서울: 도서출판 예찬사,
　　　2007.

Laseer, Mark. 『아무도말하지 않는 죄』, 서울: 도서출판 예수전도단, 2000.

Leiffer, Murry H. 『도시교회목회론』, 박근원 역. 서울: 대한 기독교출판사,
　　　1985.

Lowry, L. Randolp, J. D. and Richard W. Meyers. 『갈등해소와 상담』, 전
　　　해룡 역. 서울: 두란노, 1996.

Lukas, Elisabeth. 『더 늦기 전에 먼저 다가서는 화해의 심리학』, 엄양선 역.
　　　서울: 타임스퀘어, 2011.

Martin, Grant. 『좋은 것도 중독될 수 있다』, 서울: 생명의말씀사, 1994.

May, Gerald G. 『중독과 은혜』, 이지영 역. 서울: 한국기독학생회출판부,
　　　2005.

Meyers, Richard W. 『갈등해소와 상담』, 전해룡 역. 서울: 두란노, 1996.

Meier, Paul D. 외. 『기독교 상담심리학개론』, 전요섭 외 역. 서울: 기독교문
　　　서선교회, 2004.

Mcminn, Mark R. 『심리학, 신학, 영성이 하나 된 기독교상담』, 채규만 역.
　　　서울: 도서출판 두란노, 2001.

Mullins, Edgar Young. 『조직신학원론』, 권혁봉 역. 서울: 침례회출판사, 1987.

Nakken, Craig. 『중독의 심리학』, 오혜경 역. 서울: 웅진씽크빅, 2008.

Nouwen, Henri. 『상처 입은 치유자』, 최원준 역. 서울: 도서출란 두란노, 1999.

Oates, Wayne E. 『기독교 목회학』, 김득룡 역. 서울: 생명의말씀사, 1990.

Patton, John. 『목회적 돌봄과 상황』, 장성식 역. 서울: 도서출판 은성, 2000.

Palmer, Stephen. 『상담 및 심리치료의 이해』, 김춘경 외 역. 서울: 학지사, 2004.

Poirier, Alfred. 『교회갈등의 성경적 해결방법』, 이영란 역. 서울: 기독교문서선교회, 2010.

Ramm, Bernard L. 『기독교변증학개론』, 권혁봉 역. 서울: 생명의말씀사, 1985.

Seamands, David A. 『상한 감정의 치유』, 송헌복 역. 서울: 두란노, 2006.

Segler, Franklin M. 『목회학개론』, 이정희 역. 서울: 요단출판사, 1977.

Sledge, Tim. 『가족치유·마음치유』, 서울: 요단출판사, 2011.

Stanley, Charles. 『용서』, 민혜경 역. 서울: 두란노, 2005.

Struthers, William M. 『포르노그래피로부터의 자유』, 황혜숙 역. 서울: 대성, 2013.

Wise, Carroll A. 『목회학개론』, 이기춘 역. 서울: 대한 기독교출판부, 1993.

Wiest, Walter E., Elwyn A. Smith. 『목회윤리』, 강성두 역. 서울: 대한기독교서회, 1997.

Wimberly, Edward P. 『치유와 기도』, 전요섭 역. 서울: 아가페문화사, 1998.

Worthington, Everett L. 『용서와 화해』, 윤종석 역. 서울: 한국기독학생회출판부, 2006.

Adams, Jay E. *A Theology of Christian Counseling*. Grand Rapids: Zondervan Publishing House, 1979.

_____. *How to Help People Change*. Grand Rapids: Zondervan Publishing House, 1979.

Benner, David. *Strategic Pastoral Counseling: A Short–Term Structual Model.* Grand Rapids: Baker Books, 1992.

Billy, Dennis J. and Donna L. Orsuto, eds. *Spirituality and Morality.* New York: Paulist Press, 1996.

Collins, Cary. *Can You Trust Counselling.* Illinois: Inter–Varsity Press, 1988.

Clebsh, William A., Charles R. Jackle. *Pastoral Care in Historical Perspective.* Englewood Cliff, New Jersey: Prentice–Hall, 1964.

Gula, Richard M. *Ethics in Pastoral Ministry.* New York: Paulist Press, 1996.

Gruchy, John De. *Reconciliation: Restring Justice.* Minneapolis: Fortress Press, 2002

Halverstadt, Hugh F. *Managing Church Conflict.* Louisville: Westermister/ John Knox Press, 1991.

Leas, Speed and Paul Kittlaus. *Church Fights.* Philadelphia: Westminster, 1973.

May, R. *The Art of Counseling.* New York: Abingdon, 1939.

McSwain, Larry L. and William C. Treadwell Jr. *Conflict Ministry in the Church.* Nashville: Broadman, 1981.

Narramore, C. M. *The Psychology of Counseling.* Grand Rapids: Zondervan, 1960.

Oates, Wayne E. ed., *An Introduction to Pastoral Counseling.* Nashville: Broadman, 1959.

Parrott III, Les. *Counseling and Psychotherapy.* New York: The McGraw– Hill Companies, Inc., n.d.

Shawchuch, Norman and Roger Heuser. *Managing the Congregation.* Nashville: Abingdon, 1986.

Stevens, David. *The Land of Unlikeness: Explornations into Reconciliation.* Dublin: The Columba Press, 2004.

Stone, Howard W. and James O. Duke. *How to Think Theologically*. Minneapolis: Fortress Press, 1996.

Thornton, Edward E. *Theology and Pastoral Counseling*. Philadelphia: Fortress Press, 1964.

2. 정기간행물

안태길. "목회자에 의한 성적 학대: 목회적 이해와 개입." 「복음과 실천」, 제26집 (2000 여름): 125-58.

최원호. "상담자로서의 윤리에 관한 연구." 「가정과 상담」, 1999년 11월, 32-39.

_____. "상담과 윤리의 기본 개념 접근①." 「가정과 상담」, 2000년 9월, 66-72.

3. 기타 자료

2021년 보건복지부, "정신건강실태조사결과발표." https://www.043w.or.kr/www/selectBbsNttView.do?key=150&bbsNo=21&nttNo=44585&searchCtgry=&searchCnd=all&searchKrwd=&pageIndex=1&integrDeptCode=. 2022년 9월 30일 접속.

"anomie." [온라인자료] http://dic.naver.com/search.nhn?dicQuery=anomie&query=anomie&target=dic&ie=utf8&query_utf=&isOnlyViewEE=. 2017년 7월 18일 접속.

CANON주석. 누가복음. Deluxe Bible Ondisc[CD-ROM]. https://dic.daum.net/word/view.do?wordid=kkw000238292&supid=kku000304675. 2022년 9월 30일 접속.

CANON주석. 요한복음. Deluxe Bible Ondisc[CD-ROM].

"OECD 자살율 1위 불명예, 이유는 충분하다" [온라인 자료]. http://
　　www.ohmynews.com/NWS_Web/view/at_pg.aspx?CNTN_
　　CD=A0001004727. 2009년 6월 12일 접속.
"대국민 종교별 신뢰도 여론조사서 최하위", 「기독교신문」 제2264호(11월 8
　　일), 1면.
"밀양(영화)". https://ko.wikipedia.org/wiki/%EB%B0%80%EC%96%91_
　　(%EC%98%81%ED%99%94), 2016년 1월 21일 접속.
"사회법 소송통한 문제해결 부작용 심각", 「기독교신문」 제2263호(11월 1
　　일), 1, 10면.
"소리 없이 다가왔다…파멸의 '백색가루'" 「국민일보」, 2022년 10월 4일자,
　　1, 5.
"심리학사전-인지적 와해와 아노미." [온라인자료] http://blog.naver.com/
　　yars/220197050048. 2017년 7월 18일 접속.
"지구온난(global warming) [온라인 자료]. http://enc.daum.net/dic100/
　　contents.do?query1=rts02j203. 2009년 2월 23일 접속.
"오이디푸스 콤플렉스" [온라인 자료]. http://enc.daum.net/dic100/
　　contents.do?query1=b16a1203a; 2009년 8월 18일 접속.

목회상담과 영성 Pastoral Counseling and Spirituality

2024년 8월 31일 초판 발행

지 은 이 | 김상백

펴 낸 이 | 김수홍
편   집 | 김수홍
디 자 인 | 사라박
펴 낸 곳 | 도서출판 하영인
등   록 | 제504-2023-000008호
주   소 | 포항시 북구 대신로 33 601호
전   화 | 054) 270-1018
블 로 그 | https://blog.naver.com/navhayoungin
이 메 일 | hayoungin814@gmail.com
인스타그램 | https://www.instagram.com/hayoungin7

ISBN 979-11-92254-17-3 (03230)

값 18,000원

※ 도서출판 하영인은 (주)투웰브마운틴즈의 출판 브랜드입니다.

※ 낙장·파본은 교환해 드립니다.